LERNBOX – *GEOGRAPHIE*

Hartwig Haubrich

DAS METHODENBUCH

FRIEDRICH VERLAG

 **Einführung** in die Methode

 **Hinweise** zur Anwendung der Methode

 **Beispiel**, in dem die Methode angewendet wird

 **Aufgabe**, in der die Methode selbständig
angewendet werden soll

Impressum

Die Deutsche Bibliothek – CIP-Einheitsaufnahme
Ein Titeldatensatz dieser Publikation ist bei der
Deutschen Bibliothek erhältlich.

Haubrich, Hartwig: Lernbox Geographie – Das Methodenbuch.

© 2001 by Friedrich Verlag, 30926 Seelze-Velber

Redaktion: Christine Wenzel
Gestaltung: Friedrich Medien-Gestaltung/Marek Banas
Kartographie: Friedrich Medien-Gestaltung/Cordula Johannes
Druck: Jütte Druck
ISBN 3-617-32748-6

Inhalt

Liebe Schülerinnen und Schüler!

Dieses Methodenbuch ist dazu gedacht, euch eine Hilfe anzubieten, Methoden zu erlernen, die ihr nicht nur heute im Geographieunterricht, in anderen Fächern und im Alltag, sondern auch im späteren Leben oft gebrauchen könnt.

Methoden, die in der Geographie angewandt werden, dienen dazu, räumliche Zusammenhänge zu verstehen und räumliche Entscheidungen zu treffen. Räumliche Entscheidungen sind z. B. Entscheidungen über

- die Anfahrt zu einem Freizeitpark
- die Wahl eines Urlaubsortes
- die Wahl eines Wohnstandortes
- die Wahl eines Einkaufszieles entweder im Stadtzentrum oder in einem Supermarkt vor der Stadt
- die Wahl eines zukunftsträchtigen Berufes und Arbeitsplatzes.

Einsichten in räumliche Zusammenhänge sind die Voraussetzung, um z. B.

- die täglichen Nachrichten aus Deutschland und der Welt zu verstehen;
- im eigenen Heimatort die Eignung eines neuen Bebauungsplanes oder
- die Bedeutung eines Wasserschutzgebietes beurteilen zu können.

Nur wenn man über derartige Einsichten verfügt, kann man auch seine Interessen bei Bürgerversammlungen, Wahlen u. Ä. wahrnehmen.

Selten hat man aber alle notwendigen Informationen verfügbar. Umso wichtiger ist es, Methoden zu beherrschen, mit deren Hilfe man sich schnell die richtigen Informationen beschaffen kann.

Bevor man Informationen sucht, muss man zunächst genau wissen, wonach man sucht, sich also seine eigenen Fragen bewusst machen. Wichtige geographische Fragen sind z. B. die folgenden:

- Wo ist etwas?
- Warum ist es dort?
- Wie kam es dorthin?
- Wie sieht es dort aus?
- Womit hängt der Ort zusammen?
- Wer hat den Nutzen und wer hat den Schaden davon?
- Was sind die Probleme?
- Wie kann man die Probleme lösen?

Will man direkt Antworten auf seine Fragen bekommen, so kann man im Gelände eigene Beobachtungen, Kartierungen usw. durchführen. Dazu muss aber die Methode des Beobachtens und Kartierens erlernt sein.

Will man bei Menschen, z. B. bei Experten oder Betroffenen, Erkundigungen einziehen, so muss man natürlich gelernt haben, fremde Menschen freundlich und sachlich anzusprechen und ein erfolgreiches Interview zu führen.

Oft muss man aber die Antworten auf seine Fragen in Medien suchen. Deshalb ist der richtige Umgang mit Texten, Fotos, Luftbildern, Satellitenbildern, Filmen, Stadtplänen, Atlanten und vielfältigen Karten so wichtig.

Das Internet spielt in Zukunft bei der Suche nach Informationen eine immer größere Rolle. Internet-Recherchen und die Nutzung von Computerkarten müssen jedoch geübt sein.

Bei der Suche nach Informationen genügt oft die Fähigkeit aus Dokumenten wie Bildern, Statistiken und Texten Kenntnisse zu entnehmen.

Will man aber die gefundenen Informationen für irgendeinen Zweck benutzen, dann muss man auch Texte, Bilder, Karten, Grafiken usw. selbst erstellen können. Auch das könnt ihr in diesem Methodenbuch erlernen.

Die einzelnen Kapitel sind deshalb überwiegend wie folgt aufgebaut:

 Zuerst wird euch mitgeteilt, welchem praktischen Zweck eine Methode dient.

 Dann folgen die Gesichtspunkte, nach denen man eine Methode anwendet.

 Darauf folgt ein ausgeführtes Beispiel, das ihr nachvollziehen könnt, damit ihr seht, wie man methodisch vorgehen kann.

 Schließlich wird euch eine Übungsmöglichkeit angeboten.

Die Lösungen am Ende des Buches könnt ihr nach der Anwendung einer Methode mit euren Ergebnissen vergleichen, um eure Lernfortschritte zu kontrollieren.

Nun wünsche ich euch viel Spaß und viel Erfolg beim Erlernen wichtiger Methoden, die ihr heute und im späteren Leben oft gebrauchen könnt.

Hartwig Haubrich

Fragen stellen

Unser Leben ist voller Fragen wie z. B.

◆ Welchen Beruf soll ich ergreifen?

◆ Wie komme ich am schnellsten und am preiswertesten von einem Ort zum anderen?

◆ Welches sind die Hauptattraktionen in einer Stadt?

◆ Warum gibt es bei uns BSE und in anderen Ländern nicht?

◆ Warum ereignete sich in X eine Erdbebenkatastrophe?

◆ Warum haben wir so viele Arbeitslose?

Oft heißt es, es ist nichts schwieriger als die richtigen Fragen zu stellen.

Hat man ein Problem bzw. eine Frage, möchte man natürlich die Frage beantwortet haben. In der Regel führt eine Frage zu einer weiteren Frage und schließlich muss man Ordnung in seine Fragen bringen bzw. Haupt- und Nebenfragen unterscheiden.
Hinter den Fragen stecken häufig schon Vermutungen, also mögliche Antworten. Diese Vermutungen oder Hypothesen müssen auf ihre Richtigkeit hin überprüft werden.
Fragen und Hypothesen sind also in ihrer Offenheit ähnlich. Beide benötigen eine Beantwortung.

Fragen stellen

Sieht man ein Bild oder liest man einen Zeitungsartikel oder erfährt man auf anderen Wegen etwas über ein Ereignis oder ein Problem, so fallen einem in der Regel eine Menge Fragen ein. Diese sind zunächst noch nicht nach ihrer Bedeutung oder ihrer Logik geordnet.

Will man einer Thematik gründlich nachgehen, so ist es hilfreich, zuerst einmal in einem Brainstorming alle Fragen zu sammeln, d. h. alle Fragen zu notieren, die einem dazu einfallen. Anschließend sollte man die Fragen ordnen, d. h. Gruppen von Fragen unter einer Hauptfrage zusammenstellen.

Fragen beantworten

Aber wo finde ich eine Antwort auf meine Frage, oder wer kann mir die Frage beantworten? Quellen zur Beantwortung können Personen wie Experten oder Betroffene sein. Es können aber auch die verschiedenartigsten Medien sein: Atlas, Lexikon, Lehrbuch, Zeitung, Zeitschrift, Statistik und nicht zuletzt das Internet. Schließlich kann man manchmal selbst vor Ort eine Antwort suchen.

Als die Hänge zum Verhängnis wurden

In dem Ort Las Colinas in El Salvador herrschen nach dem Erdbeben Zerstörung und Verzweiflung

VON CHRISTIAN GEINITZ

Man riecht den Tod, bevor man ihn sieht. Der Gestank steigt durch die scheibenlosen Fenster in die Gebäude ein und kriecht über das Durcheinander aus umgestürzten Stühlen, Tischen und zerbrochenem Geschirr. Vor dem Haus ein enger Hof, versperrt von Polizisten und gelben Plastikbändern, dahinter die Opfer der letzten Stunden. Ein Leichnam, wahrscheinlich ein Mann, aufgedunsen, umschwirrt von Ungeziefer, daneben kniet ein Arzt, der Fingerabdrücke nimmt und die Inschrift auf dem Ehering notiert.

Die Hoffnung, noch jemand lebend zu finden, sinkt von Minute zu Minute, seit das schwere Erdbeben am Samstag Mittag weite Teile El Salvadors in ein Katastrophengebiet verwandelt hat. Das Beben rief einen Erdrutsch hervor, der die am Hang gebauten Häuser unter sich begrub und auf seinem Weg ins Tal alle weiteren Gebäude zermalmte. Bis zu 600 Häuser sollen hier gestanden haben, aber niemand weiß, wie viele Menschen zu Hause waren. Die Zahl der Opfer wird riesig sein. Offiziell sind es am Dienstag 609 Tote, 2 400 Verletzte, 1 900 Vermisste und 20 000 Obdachlose.

Der Erdrutsch in Las Colinas hat eine Schneise mitten durch den Ort geschlagen. Die Erdlawine leckt wie eine Zunge ins Tal hinein, vielleicht hundert Meter breit, einen halben Kilometer lang, fünf bis zehn Meter dick.

„Die Regierung redet, macht Pressekonferenzen, aber sie hilft nicht", sagt Reyes bei einem Besuch des Lagers Cafetalon, wo die 6 000 Obdachlosen von Santa Tecla untergebracht sind. Die Sportanlage ist das größte Lager dieser Art in El Salvador. „Wir fürchten den Ausbruch der Cholera", sagt Rodas. „Deshalb ist es wichtig, so viel frisches Trinkwasser wie möglich zu haben und eine vernünftige Abwasserentsorgung."

Aracely Orellana wird den vergangen Samstag nie vergessen. Sie wusch gerade Wäsche, als der Boden zu rotieren begann. Sie trieb ihre Kinder gerade noch rechtzeitig aus dem Haus, bevor die Balken barsten und die Decke einstürzte. Auch der Schuppen, in den sie flüchteten, widerstand nicht lange. „Da hat mich das Blechdach getroffen. Zum Glück habe ich mich über mein Baby gebeugt. Dem ist nichts passiert." Dafür ihren Nachbarn. Orellanas Familie hat als einzige in ihrem Viertel überlebt.

QUELLE: Frankfurter Allgemeine Zeitung vom 17.01.01, Nr. 14, S. 11; gekürzt

1. Wo liegt El Salvador?

2. Welche Gebiete in El Salvador sind von der Katastrophe betroffen?

3. Sind auch die Nachbarländer betroffen?

4. Wo lag das Zentrum des Erdbebens?

5. Wie stark war das Erdbeben?

6. Was hat das Erdbeben ausgelöst?

7. War das Beben vorhersehbar?

8. Gab es eine Vorwarnung?

9. Ist das Gebiet schon immer erdbebengefährdet?

10. Gibt es dort auch aktive Vulkane?

11. Wie viele Menschen sind von der Katastrophe betroffen?

12. Sind es nur Arme, die unter der Katastrophe zu leiden haben?

13. Hätte der Staat oder die Stadt durch eine entsprechende Stadtplanung das Schlimmste verhindern können?

14. Warum ist gerade dieser Berg abgerutscht?

15. Ist das Stadtgelände gebirgig?

16. Wie war das Wetter zum Zeitpunkt der Katastrophe?

17. Welches Klima herrscht dort bzw. welches Wetter haben die Menschen in den nächsten Monaten zu erwarten?

18. Ist das Gebiet fruchtbar, sodass sich vielleicht viele Menschen jetzt selbst versorgen können?

19. Haben die Menschen genügend Trinkwasser?

20. Ist das Trinkwasser jetzt verseucht?

21. Wie war die Bauweise der Häuser, d. h. waren sie stabil oder fielen sie leicht bei der Erschütterung zusammen?

22. Ist Feuer ausgebrochen?

23. Haben Feuerwehr und andere Organisationen sofort geholfen?

24. Sind internationale Hilfsorganisationen zur Rettung eingesetzt worden?

25. Hat sich Deutschland bei der Hilfe beteiligt?

26. Gibt es Spendenaktionen?

27. Welche Hilfe stellt die nationale Regierung für die Zukunft in Aussicht?

28. Ist das Land ein armes Entwicklungsland?

29. Wovon leben die Menschen?

30. Gibt es auch Menschen, die einen Nutzen von der Katastrophe haben werden?

31. Gibt es eine politische Schuld für das Ausmaß der Katastrophe?

32. Kann man etwas tun, um eine ähnliche Katastrophe in Zukunft zu verhindern?

Wo liegt El Savador?
1, 2, 3, 4

Warum ist das Erdbeben entstanden?
4, 6, 14, 21, 31

Wie kam es zu dem Erdbeben und Erdrutsch in El Salvador?
6

Wie sieht es in El Salvador aus?
5, 9, 10, 15, 16, 17, 18, 21, 28, 29

Womit hängt El Salvador zusammen?
3, 4, 24, 25, 26, 27

Wer hat den Nutzen und wer hat den Schaden von der Katastrophe?
11, 12, 30

Was sind die augenblicklichen Probleme?
19, 20, 21, 22, 31

Wie kann man die Probleme lösen?
7, 8, 13, 23, 24, 25, 26, 27, 32

 **Fragen beantworten**

Nach dem Auflisten und Ordnen der vielen Fragen ist es nun notwendig Quellen zu finden, die Antworten auf die vielen Fragen geben. Dazu könnten z. B. zählen:

◆ die Botschaft von El Salvador

◆ eine deutsche Hilfsorganisation wie z. B. das Rote Kreuz

◆ das Auswärtige Amt

◆ das Bundesministerium für Entwicklung und Zusammenarbeit

◆ Bevölkerungs-, Agrar-, Vegetations-, Klima- und geologische Karten von El Salvador

◆ ein Geologisches Landesamt

◆ Länderkunden und Statistiken über El Salvador

◆ Menschen, die in El Salvador z. B. als Entwicklungshelfer gelebt haben bzw. die El Salvador bereist haben

◆ eine deutsche Partnerstadt von El Salvador

◆ eine Internet-Recherche unter den Stichwörtern „El Salvador", „Erdbeben", „Entwicklungshilfe", „Rotes Kreuz", …

◆ eine Homepage von El Salvador

A Wähle ein aktuelles geographisches Thema aus (z. B. eine Hochwasserkatastrophe, eine Klimakonferenz, ein Verkehrsprojekt) und führe eine ähnliche Übung durch (Fragen stellen ➡ Fragen zusammenfassen und ordnen ➡ Fragen beantworten).

Bilder beschreiben

Fast alle Menschen möchten sich gerne ein „Bild von der Welt" machen. Sie können aber nicht alle Orte der Welt selbst aufsuchen und benötigen deshalb einen anschaulichen Ersatz. Dieser Ersatz wird heute von Hobbyfotografen und Bildreportern reichlich im Fernsehen, Film und in den Druckmedien angeboten.

Fotos sind zwar konkret und anschaulich und bilden vermeintlich die Wirklichkeit ab, sie zeigen aber immer nur einen Ausschnitt und eine Perspektive der Wirklichkeit. Diese Tatsache kann – ob sie vom Fotografen beabsichtigt ist oder nicht – zur Täuschung des Betrachters über die Wirklichkeit führen.

- **Detailaufnahmen** wie z. B. Brustbilder oder Portraits eines Menschen zeigen oder verdecken angenehme oder unangenehme Seiten des Betreffenden.
- **Bodenaufnahmen** aus der Höhe des menschlichen Auges heben den Vordergrund hervor und lassen den Hintergrund kleiner werden.
- **Totalaufnahmen** einer ganzen Landschaft verdecken viele Details, zeigen aber die Großstrukturen.

Schrägluftbilder lassen eine Landschaft sehr plastisch erscheinen, sie bieten aber keinen Einblick in das hinter den Erhebungen Liegende. Der Maßstab ist im Vordergrund größer als im Hintergrund.
(→ Luftbilder analysieren, Seite 17–26)

Senkrechtluftbilder ähneln einer Karte und erfassen größere Landschaftsteile aus der senkrechten Vogelsperspektive und zwar überall in fast gleichem Maßstab. Vor allem sind die räumlichen Verteilungen von Einzelerscheinungen gut erkennbar. Die Einzelheiten werden aber in ihrem wirklichen Aussehen nur angedeutet.
(→ Luftbilder analysieren, Seite 17–26)

Satellitenbilder zeigen sehr große bis transkontinentale Raumausschnitte der Erde. Details von wenigen Metern Ausdehnung sind dagegen nicht sichtbar.
Je nach Art des Filmmaterials z. B. zur Erfassung des Sonnenlichts in Schwarz-Weiß oder in Farbe oder zur Erfassung der Wärmestrahlung der Erde bzw. der Aufnahme mit Radar ergibt sich ein anderes Bild. Ebenso ist die Entwicklung und Bearbeitung der Aufnahme von entscheidender Bedeutung. Dadurch können bestimmte Erscheinungen und Verteilungen wie Vegetation oder Siedlungen entweder in verschiedenen Grautönen, in natürlichen Farben oder in Falschfarben erscheinen. (→ Satelitenbilder interpretieren, Seite 27–32)

Zusammenfassend lässt sich also sagen, dass Satelliten- und senkrechte Luftbilder ähnlich wie Karten größere räumliche Zusammenhänge verdeutlichen und dass Bodenaufnahmen und schräge Luftaufnahmen vor allem Einzelheiten veranschaulichen. Alle Bildarten bieten Vor- und Nachteile. Je nach Gegenstand oder Ziel des Bildautors sind entsprechende Formen zu wählen.

Bilder beschreiben

1. Inhalt

1.1 Wo ist das Bild aufgenommen worden? (klein- und großräumliche Lage)

1.2 Welche Entfernungen und Größen kann man auf dem Bild abschätzen?

1.3 Was sind die auffallendsten Bildinhalte? (Aussehen und Funktion von Einzelerscheinungen, punktuelle, lineare und flächenhafte Gruppierungen, Aussehen und Tätigkeiten von Menschen)

1.4 Gibt es Hinweise, die Ursachen für Erscheinungen, Tätigkeiten und Veränderungen sein könnten?

1.5 Beinhaltet das Bild Attraktionen und/oder Probleme?

1.6 Gibt es Anzeichen für Problemlösungen?

2. Herkunft/Gestaltungsmittel

2.1 Wo ist das Bild erschienen?

2.2 Wer ist der Bildautor?

2.3 Wer sind die Adressaten?

2.4 Wann war der Aufnahmezeitpunkt? (Datum, Tageszeit, Jahreszeit, Wetter)

2.5 Aus welcher Perspektive ist das Bild aufgenommen worden? (Frosch-, Erd-, schräge oder senkrechte Luft- oder Satellitenperspektive)

2.6 Wie ist der Ausschnitt der Aufnahme zu bezeichnen? (Detail-, Portrait-, Brust-, Total-, Nah-, Fern-, Tele-, Landschaftsaufnahme)

2.7 Wie ist das Verhältnis von Information und wertender Bildgestaltung?

3. Bewertung

3.1 Wie ist die Auswahl des Bildinhaltes zu bewerten?

3.2 Wie ist die Auswahl der Bildperspektive zu bewerten?

3.3 Was wollte wohl der Bildautor mit seinem Bild bezwecken?

3.4 Wie gefällt dir selbst das Bild?

Beschreibung des Bildes „Straßenszene in Jodpur"

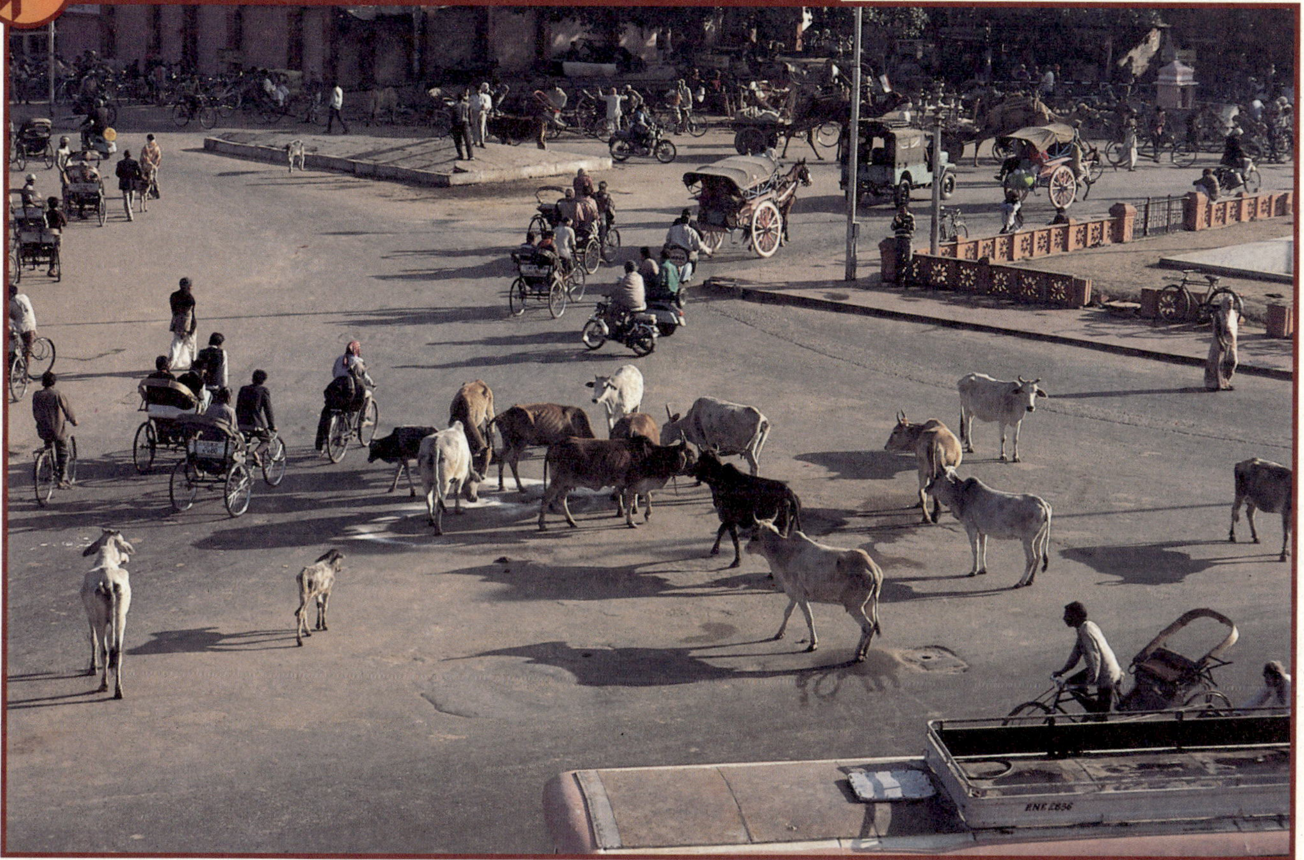

FOTO: H. Haubrich, Dezember 1996

1. Inhalt

1.1 Wo ist das Bild aufgenommen worden? (klein- und großräumliche Lage)
Das Bild ist an einer Straßenkreuzung in der Stadt Jodpur aufgenommen worden. Jodpur liegt in Nordindien, nicht weit von der Wüste Tharr.

1.2 Welche Entfernungen und Größen kann man auf dem Bild abschätzen?
Das Bild erfasst eine Fläche von ca. 20 m in der Breite und ca. 50 m in der Tiefe.

1.3 Was sind die auffallendsten Bildinhalte?

- **Aussehen und Funktion von Einzelerscheinungen**
Die auffälligsten Erscheinungen sind die auf der Straße frei umherlaufenden Kühe sowie die Rikschas. Es sind meistens Fahrrad-Rikschas. Daneben gibt es aber auch noch von Pferden gezogene Kutschen und von Kamelen gezogene zweirädrige Karren. Motorfahrzeuge wie Motorroller und kleine LKWs fallen kaum auf. Im Vordergrund sieht man auf das Dach eines Busses.

- **Punktuelle, lineare oder flächenhafte Gruppierungen**
Mitten auf der Kreuzung findet sich eine Ansammlung von Rindern, deren Fetthöcker auf dem Buckel sie als indische Zeburinder erkennen lässt. Es ist bekannt, dass die Inder ihre Kühe als heilige Tiere verehren. Deshalb dürfen sie frei umherlaufen, obwohl sie den Verkehr behindern. Dass sich die meisten Rinder auf der Mitte der Kreuzung aufhalten, liegt wohl daran, dass es dort etwas zu fressen gibt.
Im Hintergrund zeigt sich am Straßenrand eine linear angeordnete Menschenmenge. Diese deutet auf ein Marktgeschehen hin.

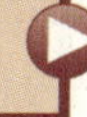

◆ **Aussehen und Tätigkeiten von Menschen**
Das Aussehen der Menschen ist nicht gut zu erkennen. Ein Rikschafahrer links von der Bildmitte trägt einen Turban und eine Frau rechts von der Bildmitte trägt ein langes Gewand, wahrscheinlich einen Sari. Die Menschen auf der Straße sind als Fahrer oder Fahrgast Verkehrsteilnehmer. Die Menschen am Straßenrand sind wohl Händler oder Käufer.

1.4 Gibt es Hinweise, die Ursachen für Erscheinungen, Tätigkeiten und Veränderungen sein könnten?
Am Verkehr teilnehmen, kaufen und verkaufen sind die Haupttätigkeiten der Menschen im Bild, deshalb ihre Verteilung auf der Straße und am Straßenrand. Rechts im Hintergrund ist ein kleiner Tempel ansatzweise zu erkennen, der auf die Bedeutung des Hinduismus hinweist und die Duldung der Rinder im Straßenbild erklärt.
Trotz der wenigen Motorfahrzeuge ist zu erwarten, dass eines Tages die Rikschas und Pferdekarren nicht mehr konkurrenzfähig sein werden und aus dem Straßenbild verschwinden.

1.5 Beinhaltet das Bild Attraktionen und/oder Probleme?
Die Hauptattraktionen des Bildes – zumindest für den Touristen – sind die auf der Straße umherlaufenden Kühe und daneben die Fahrrad-Rikschas.
Ein Problem ist die Behinderung und die geringe technische Entwicklung des Verkehrs.

1.6 Gibt es Anzeichen für Problemlösungen?
Die aufkommenden Motorfahrzeuge scheinen eine Lösung dieser Verkehrsproblematik anzudeuten – obwohl dadurch neue Probleme entstehen werden (z. B. zunehmende Luftverschmutzung und Lärmbelästigung).

2.1 Wo ist das Bild erschienen?
Das Bild ist hier zum ersten Mal erschienen.

2.2 Wer ist der Bildautor?
Der Autor des Bildes ist H. Haubrich.

2.3 Wer sind die Adressaten?
Als Adressaten könnten wohl alle Menschen gedacht sein, die sich für die Exotik fremder Länder interessieren.

2.4 Wann war der Aufnahmezeitpunkt?
◆ **Datum:** Dezember 1996

◆ **Tageszeit:** Nach den langen Schatten zu schließen, müsste es entweder kurz nach Sonnenaufgang oder kurz vor Sonnenuntergang sein. Da das Straßenbild allerdings einen Markt zeigt, wird das Bild eher zu einer frühen Morgenstunde aufgenommen worden sein.

◆ **Jahreszeit:** Da das Bild im Dezember aufgenommen worden ist und Jodpur in der Nähe der Wüste Tharr auf der Nordhalbkugel liegt, ist die Jahreszeit als Winter anzusprechen.

◆ **Wetter:** Die Schatten deuten auf sonniges Wetter. Im Winter ist es in Nordindien trocken, am Tage warm, aber in der Nacht kalt. Die Tücher und Anoraks einiger Menschen auf den Fahrzeugen könnten darauf hindeuten, dass die Temperaturen am frühen Morgen noch recht niedrig sind.

2.5 Aus welcher Perspektive ist das Bild aufgenommen worden?

Das Bild ist eine Erdaufnahme, die von einem erhöhten Standpunkt – möglicherweise von einem Haus oder einer Brücke – aufgenommen worden ist.

2.6 Wie ist der Ausschnitt der Aufnahme zu bezeichnen?

Das Bild ist schwer einzuordnen, sein Ausschnitt zeigt ein Detail einer Stadt und liegt zwischen einer Nah- und einer Fernaufnahme.

2.7 Wie ist das Verhältnis von Information und wertender Bildgestaltung?

Das Bild informiert schon über eine typisch indische Straßenszene, so wie sie sich Europäer vorstellen. Der Bildautor unterliegt aber etwas der Faszination der traditionellen indischen Kultur.

3. Bewertung

3.1 Wie ist die Auswahl des Bildinhaltes zu bewerten?

Die Auswahl des Bildinhaltes wird durch dessen Exotik bestimmt. Es ist durchaus denkbar, andere Straßenszenen in Indien zu fotografieren, die denen bei uns ähneln.

3.2 Wie ist die Auswahl der Bildperspektive zu bewerten?

Die Bildperspektive von einem etwas erhöhten Standpunkt bietet einen guten Überblick über die Straßenszene. Sie lenkt den Blick aber vor allem auf die heiligen Kühe.

3.3 Was wollte wohl der Bildautor mit seinem Bild bezwecken?

Der Autor wollte wohl entweder zur eigenen Erinnerung oder für Interessierte das, was seiner Meinung nach typisch indisch ist, in einem Bild festhalten.

3.4 Wie gefällt dir selbst das Bild?

(individuell unterschiedliche Antwort)

A

Beschreibe das Bild **Szene am Stadtrand von Manila**. Berücksichtige die Hinweise auf Seite 12.

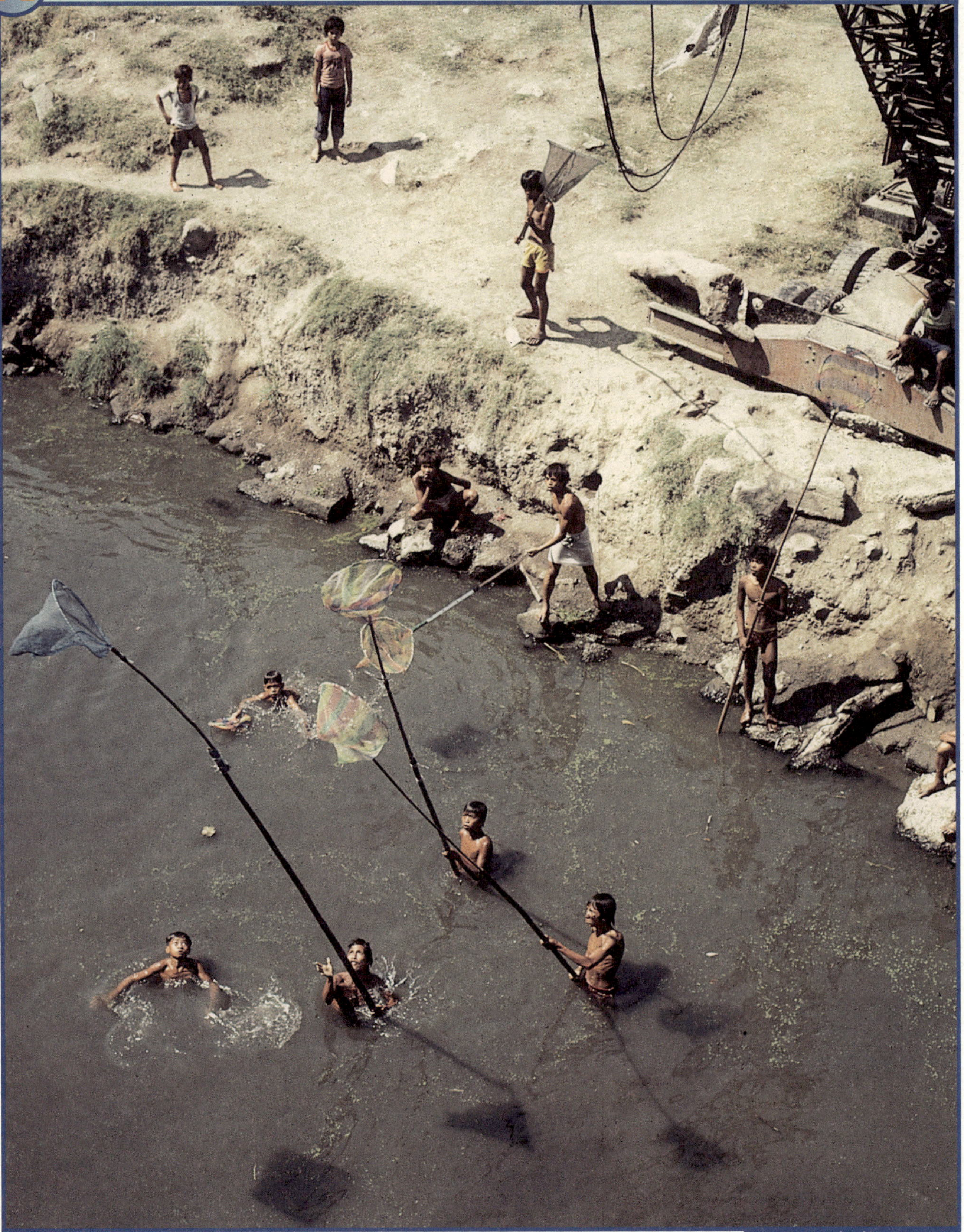

FOTO: **H. Haubrich, März 1990**

Luftbilder analysieren

Luftbilder erfassen die räumlichen Muster einer Landschaft aus der Vogelperspektive. Sie zeigen die Verbreitung von Landschaftsstrukturen bzw. was die Natur oder die Menschen aus der Landschaft gemacht haben. Luftbilder sind besonders gut geeignet größere Raumausschnitte zu zeigen (z. B. Städte, Naturparks, Gebirge, Industrie- und Agrarlandschaften). Luftbilder findet man in den Medien, auf Karten oder Plakaten.

Luftbilder werden je nach Aufnahmeperspektive in Schräg- und Senkrechtluftbilder unterteilt.

Schrägluftbilder

Schrägluftbilder werden häufig von einem Hubschrauber oder von einem Flugzeug, aber auch von einem erhöhten Standort wie einem Turm oder einem Berg aus aufgenommen.

Schrägluftbilder können einen Bildausschnitt aus einem kleinen, mittleren bzw. bis fast 90 Grad umfassenden Winkel erfassen. Je kleiner bzw. spitzer der Winkel ist, umso größer erscheint der Vordergrund und umso kleiner bzw. verzerrter der Hintergrund. Schrägluftbilder mit mittlerem Winkel geben schon einen guten Überblick über eine größere Fläche in der Landschaft. Aufnahmen, die fast senkrecht zur Landoberfläche aufgenommen worden sind, nähern sich der Darstellung in einer Karte. Während die Aufnahmen mit spitzem Winkel die Gegenstände im Vordergrund relativ plastisch zeigen, aber vieles hinter dem Vordergrund verdecken, bieten Luftbilder mit großem Winkel einen guten Überblick bzw. Einblick in einen größeren Landschaftsausschnitt. Einzelheiten erscheinen aber immer abstrakter. Nur ihre räumliche Verteilung ist gut erkennbar. Da räumliche Verteilungen ein wichtiges Forschungsgebiet der Geographie darstellen, sind Schrägluftbilder für derartige Untersuchungen gut geeignet.

Senkrechtluftbilder

Senkrechtluftbilder werden – wie der Name schon sagt – von einem Flugzeug oder Hubschrauber senkrecht zur Landoberfläche aufgenommen. In Wirklichkeit ist die Kamera aber nur genau im Mittelpunkt des Bildes in einem Winkel von 90 Grad auf die Erde gerichtet. Am Bildrand beträgt dieser Winkel schon weniger als 90 Grad. Je größer die aufgenommene Fläche ist, desto kleiner ist auch der Aufnahmewinkel am Bildrand. Dies bedeutet, dass der Bildrand ein wenig verzerrt und nicht im gleichen Maßstab wie die Bildmitte erfasst wird. Das bloße Auge merkt dies bei kleineren Flächen gar nicht. Je höher das Flugzeug fliegt bzw. je größer die aufgenommene Fläche ist, desto größer ist auch die Verzerrung am Bildrand. Will man auf der Grundlage eines senkrechten Luftbildes eine Karte anfertigen, wie es heute die Kartographen tun, so muss der Bildrand entzerrt werden. Dafür gibt es entsprechende optische Geräte. Legt man zwei Bilder mit dem gleichen Bildinhalt teilweise übereinander und betrachtet sie durch ein so genanntes Stereoskop, dann erscheint das Bild sogar plastisch bzw. dreidimensional. Anhand solcher stereoskopischen Betrachtungen können die Kartographen auch die Landschaftsmorphologie erfassen und zum Beispiel durch ihre Geräte Höhenlinien darstellen lassen. Die Erfassung von Höhenunterschieden als Grundlage für die Kartenherstellung erfolgt also heute nicht mehr am Boden im Gelände, sondern aus der Luft durch nachträgliche Bearbeitung senkrechter Luftbilder.

Ebenso wie Karten die räumlichen Muster einer Landschaft durch Signaturen darstellen, so erfassen senkrechte Luftbilder die Struktur einer Landschaft durch fotografische Mittel. Dabei werden die Flächenaufteilung, der Verlauf von Linien und punktuelle Erscheinungen in der Landschaft besonders deutlich. Allerdings sind Einzelheiten kaum erkennbar. Von Häusern sieht man z. B. nur die Dächer. Ein Turm erscheint als Punkt oder ein Wald als eine dunkle Fläche. Schwarz-Weiß-Aufnahmen zeigen die Muster einer Landschaft sehr deutlich. Farbige Luftbilder sind manchmal aussagekräftiger, z. B. wenn es um die Erfassung der Vegetation zu einer bestimmten Jahreszeit geht. Sie können aber auch durch die Farbfülle unterschiedliche Strukturen überdecken. Will man besondere Erscheinungen, z. B. zugeschüttete Ruinen, Unterschiede in der Pflanzenwelt oder Temperaturunterschiede, erfassen, so können die Bilder mit falschen Farben manipuliert werden bzw. die Kamera arbeitet mit Thermalstrahlen oder mit Radar.

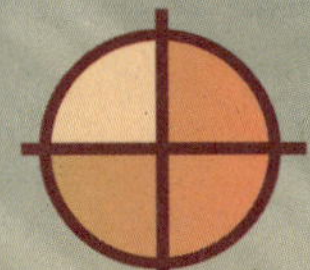

Luftbilder analysieren

Senkrechte und schräge Luftbilder unterscheiden sich zwar, sie können aber nach ähnlichen Gesichtspunkten untersucht werden.

1. Bildorientierung

1.1 Wo, d. h. in welcher Landschaft ist das Bild aufgenommen worden?

1.2 Wann, d. h. zu welcher Jahreszeit ist das Bild aufgenommen worden?

1.3 Von wem ist das Bild aufgenommen worden?

1.4 Zu welchem Zweck ist das Bild aufgenommen worden?

1.5 Aus welcher Perspektive ist das Bild aufgenommen worden?

1.6 Wie unterscheidet sich der Maßstab im Vordergrund von dem im Hintergrund?

1.7 Auf welchen Sonnenstand deuten die Schatten hin?

1.8 Wo wäre in etwa Norden, wenn das Bild frühmorgens auf der Nordhalbkugel aufgenommen worden wäre?

2. Bildbeschreibung

2.1 Welche Teilgebiete kannst du auf dem Bild unterscheiden?

2.2 Zeichne dazu eine einfache Kartenskizze.

2.3 Gib jedem Teilraum einen Namen.

2.4 Beschreibe, was du in jedem Teilraum siehst.

3. Bilderklärung

3.1 Versuche, die Erscheinungen, d. h. die Ausstattung und Formen der Landschaft zu erklären.

3.2 Versuche, die Prozesse bzw. den Wandel, der sich in der Landschaft abzeichnet, zu erklären.

4. Bildbewertung

4.1 Was beurteilst du positiv an den Bildinhalten?

4.2 Was beurteilst du als problematisch an den Bildinhalten?

5. Bildkritik

5.1 Wie beurteilst du die formale Bildqualität?

5.2 Wie beurteilst du die Informationsfülle der Bildperspektive?

5.3 Wo liegen die Grenzen der Bildinformation?

5.4 Welche zusätzlichen Quellen könnten die Bildinformation erweitern?

Analyse eines Schrägluftbildes von Los Angeles

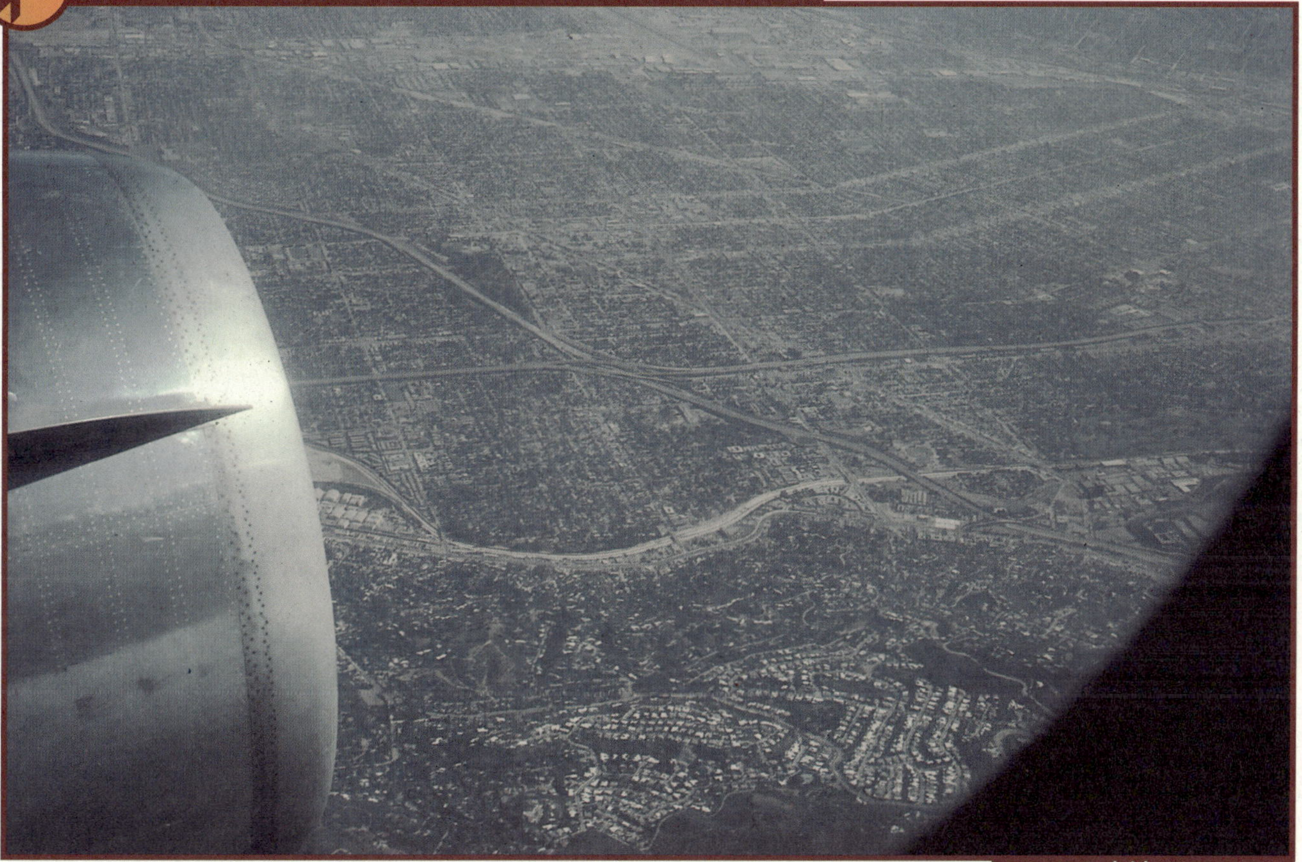

FOTO: H. Haubrich, August 1986

1. Bildorientierung

1.1 Wo, d. h. in welcher Landschaft ist das Bild aufgenommen worden?
Das Bild zeigt eine große Stadtlandschaft, nämlich Los Angeles in Kalifornien/USA.

1.2 Wann, d. h. zu welcher Jahreszeit ist das Bild aufgenommen worden?
Das Bild gibt keine Hinweise auf eine Jahreszeit, aber die Bildunterschrift besagt, dass es im Sommer aufgenommen worden ist.

1.3 Von wem ist das Bild aufgenommen worden?
Das Bild ist von H. Haubrich aufgenommen worden.

1.4 Zu welchen Zweck ist das Bild aufgenommen worden?
Das Bild ist wahrscheinlich zur Erinnerung oder auch zu Vortrags- bzw. Publikationszwecken aufgenommen worden. Genaue Informationen dazu gibt es jedoch nicht.

1.5 Aus welcher Perspektive ist das Bild aufgenommen worden?
Das Bild ist aus einem relativ steilen Winkel – vielleicht aus 3–4 km Höhe – aufgenommen worden und zeigt einen relativ großen Ausschnitt von Los Angeles.

1.6 Wie unterscheidet sich der Maßstab im Vordergrund von dem im Hintergrund?
Im Vordergrund erscheinen die Häuser und Flächen etwas größer als im Hintergrund. Die Unterschiede sind aber nicht beträchtlich.

1.7 Auf welchen Sonnenstand deuten die Schatten hin?
Rechts unten ist ein großer Schatten, der aber vom Fenster des Flugzeugs stammt. Am unteren Bild-

rand sieht man Schatten auf der linken Seite der
Häuser. Danach müsste die Sonne auf der rechten
Seite des Bildes und zwar nicht sehr hoch stehen,
denn die Schatten sind ziemlich lang.

**1.8 Wo wäre in etwa Norden, wenn das Bild
frühmorgens aufgenommen worden wäre?**
Vorausgesetzt das Bild ist früh am Morgen aufgenommen worden, dann müsste Norden am oberen
Bildrand liegen, denn die langen Schatten liegen
links vor den Erhöhungen.

2. Bildbeschreibung

**2.1 Welche Teilgebiete kannst du auf dem Bild
unterscheiden?**
Am unteren Bildrand zeigen das Straßennetz und
die Schatten ein hügeliges und unregelmäßig
bebautes Gebiet.
Die Bildmitte zeichnet sich durch ein Grundmuster
schachbrettartiger Straßen aus. Große Rechtecke
oder Quadrate werden von Haupterschließungs-
straßen umgeben.
Am oberen Bildrand sieht man einen Streifen größerer Gebäude mit hellen Dächern.
Am rechten Bildrand liegt eine Grünfläche neben
einem Komplex größerer Gebäude.

2.2 Zeichne dazu eine einfache Kartenskizze.

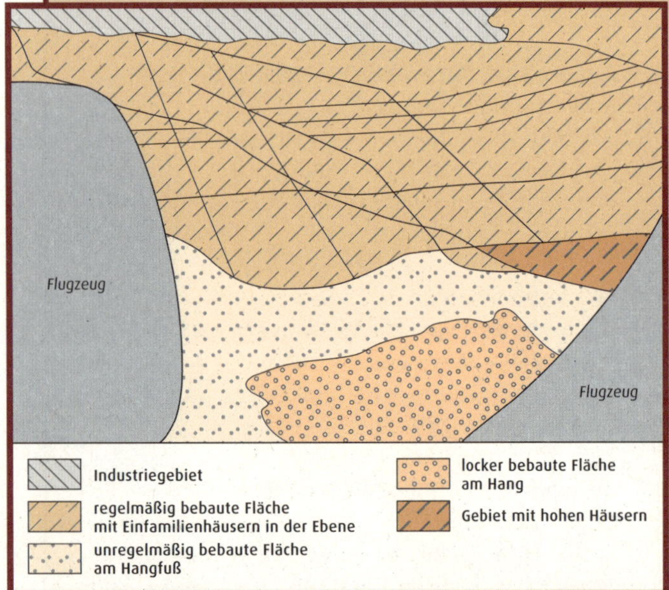

2.3 Gib jedem Teilraum einen Namen.
Bild unten: Hügelland mit unregelmäßigen, der
Morphologie angepassten Straßen und Einzelhaus-
reihen

Bildmitte: zahlreiche, regelmäßig angelegte Quartiere mit frei stehenden, niedrigen Einzelhäusern

Bild oben: Streifen größerer Gebäude mit hellen
Dächern

Bildmitte rechts: Komplex größerer Gebäude neben Grünfläche

2.4 Beschreibe, was du in jedem Teilraum siehst.
Der untere Bildrand erweist sich durch das serpen-
tinenreiche Straßennetz und durch den Schatten
an den Berghängen als Hügelland. Dieses ist fast
vollständig und großzügig mit frei stehenden, niedrigen Häusern bebaut.
Die Bildmitte zeichnet sich durch ein Grundmuster
schachbrettartiger Straßen aus. Große Rechtecke
oder Quadrate werden von größeren Straßen
umgeben. Innerhalb dieser Flächen, die einzelne
Quartiere, Nachbarschaften oder Viertel darstellen
könnten, sieht man auch ein schachbrettartiges
Netz von kleineren Straßen. Auf der rechten Seite
des Bildes machen die Straßen einen deutlichen
Knick und die Viertelaufteilung verläuft etwas
anders.
Am oberen Bildrand sieht man einen Streifen grö-
ßerer, heller Gebäude, die durch eine lange Straße
miteinander verbunden werden.
Am rechten Bildrand wird die Bebauung durch eine
Grünfläche neben einem Komplex größerer
Gebäude aufgelockert.
Das ganze Gebiet wird durch etwas geschwungene
und oft hochgelegte Durchgangsstraßen bzw.
Autobahnen oder Highways überlagert.

3.1 Versuche, die Erscheinungen, d. h. die Ausstattung und Formen der Landschaft zu erklären.
Das Straßennetz in der Ebene entspricht der bekannten Aufteilung in Townships im Westen der USA. Die Straßen verlaufen entweder Nord-Süd oder Ost-West. Die Morphologie im Hügelland erlaubt eine solche schematische Aufteilung des Landes nicht. Bis auf eine kleine Grünfläche ist das gesamte Gebiet überbaut und zwar anscheinend nur mit niedrigen Einfamilienhäusern. Dieser große Flächenverbrauch ist mit starkem Individualverkehr verbunden, daher die vielen Straßen, die einen großen Anteil an der gesamten Fläche einnehmen. Bis auf das linear angelegte Industriegebiet scheinen die übrigen Quartiere alle nur dem Wohnen zu dienen.

3.2 Versuche, die Prozesse bzw. den Wandel, der sich in der Landschaft abzeichnet, zu erklären.
Es ist denkbar, dass das Wohngebiet im Hügelland später als die Quartiere in der Ebene bebaut worden ist. Diese Lage ist natürlich interessanter, aber wohl auch teurer zu bebauen. Wahrscheinlich unterscheiden sich die Einkommen der Bewohner in der Ebene von denen im Hügelland. Obwohl das Gebiet von Anfang an durch Straßen gut erschlossen war, reichten sie nicht aus, sodass sich nun jüngere Highways quer über die rechteckigen Quartiere legen. Bis auf das Industriegebiet im oberen Teil des Bildes sieht man keine Arbeitsstätten. Das bedeutet, dass die Bewohner der Wohngebiete täglich weit zur Arbeit pendeln müssen.

4. Bildbewertung

4.1 Was beurteilst du positiv an den Bildinhalten?
Beispiel (individuell unterschiedliche Antwort):
Die ursprüngliche Planung, d. h. die regelmäßige Aufteilung des Landes, ist schon eindrucksvoll. Auch dass die meisten Menschen in einem eigenen Haus, das mit etwas Grün umgeben ist, wohnen können, ist positiv zu bewerten.

4.2 Was beurteilst du als problematisch an den Bildinhalten?
Beispiel (individuell unterschiedliche Antwort):
Insgesamt erscheint das ganze Gebiet zu sehr zersiedelt. Es bietet wenig Abwechslung und wenig Orientierungspunkte. Nicht nur in der Ebene, sondern auch im Hügelland ist die Bebauung zu einheitlich. Dass die Wohngebiete teils unter großem Verkehr leiden müssen, kann man aus den hochgelegten und die Quartiere querenden Highways schließen.

5. Bildkritik

5.1 Wie beurteilst du die formale Bildqualität?
Soll das Bild einen Überblick über einen Teil von Los Angeles bieten, so ist eine derartige Luftaufnahme geeignet. Die Klarheit des Bildes ist allerdings von der Klarheit der Luft abhängig, die bekanntermaßen in Los Angeles wegen der Luftverschmutzung nicht besonders gut ist.

5.2 Wie beurteilst du die Informationsfülle der Bildperspektive?
Das Bild zeigt die innere Gliederung der Außengebiete von Los Angeles und vor allem das Straßen- und Bebauungsmuster.

5.3 Wo liegen die Grenzen der Bildinformation?
Was wirklich in den erfassten Stadtteilen geschieht, ist aus dieser Perspektive nicht erkennbar.

5.4 Welche zusätzlichen Quellen könnten die Bildinformation erweitern?
Um Genaueres über das Leben in Los Angeles zu erfahren, müsste man noch weitere Erdaufnahmen haben oder Filme über das dortige Leben sehen, vielleicht auch Berichte über die Beurteilung der Stadt durch ihre Bewohner besitzen.

FOTO: **H. Haubrich, September 2000**

FOTO: Fotograf und Aufnahmedatum nicht bekannt; wahrscheinlich aus der Zeit um 1950/60

1. Bildorientierung

1.1 Wo, d. h. in welcher Landschaft ist das Bild aufgenommen worden?
Das Bild ist über einer Flusslandschaft in Norddeutschland aufgenommen worden.

1.2 Wann, d. h. zu welcher Jahreszeit ist das Bild aufgenommen worden?
Die vielen hellen Flächen der Felder deuten darauf hin, dass sie abgeerntet bzw. nicht mit Vegetation bewachsen sind. Demnach dürften Frühjahr und Sommer ausgeschlossen sein und nur Winter oder Herbst als Aufnahmedatum in Frage kommen.

1.3 Von wem ist das Bild aufgenommen worden?
Der Fotograf des Bildes ist nicht bekannt.

1.4 Zu welchem Zweck ist das Bild aufgenommen worden?
Wahrscheinlich ist die senkrechte Luftaufnahme zur Herstellung von Karten gemacht worden. Genaue Informationen dazu gibt es jedoch nicht.

1.5 Aus welcher Perspektive ist das Bild aufgenommen worden?
Das Bild ist aus der senkrechten Flugzeugperspektive aufgenommen worden.

1.6 Wie unterscheidet sich der Maßstab im Vordergrund von dem im Hintergrund?
Das Bild hat keinen Vorder- und Hintergrund. Man kann nur von Bildmitte und Bildrand sprechen. Es ist nicht erkennbar, ob der Bildrand etwas verzerrt, d. h. in einem kleineren Maßstab als die Bildmitte erfasst ist. Das Bild verfügt also ähnlich wie eine Karte überall über denselben Maßstab.

1.7 Auf welchen Sonnenstand deuten die Schatten hin?
Die Schatten sind nur schwach zu erkennen. Nimmt man z. B. die quer verlaufende Straße oberhalb des Flusses, so fällt am unteren Straßenrand der Schatten in Richtung Fluss. Nimmt man die quer verlaufende Straße unterhalb des Flusses, so fällt dort der Schatten von den Gebäuden zum unteren Bildrand. Diese beiden Indizien sprechen dafür, dass die Sonne über dem oberen Bildrand steht.

1.8 Wo wäre in etwa Norden, wenn das Bild frühmorgens auf der Nordhalbkugel aufgenommen worden wäre?
Eine Karte ist in der Regel eingenordet. Hier dürfte aber Norden nicht oben im Bild liegen, da die Sonne in Norddeutschland – also auf der Nordhalbkugel – nie im Norden steht. Ist das Bild frühmorgens aufgenommen worden, dann müsste der Schatten nach Westen fallen. Danach dürfte Norden am linken Bildrand liegen.

2. Bildbeschreibung

2.1 Welche Teilgebiete kannst du auf dem Bild unterscheiden?
Eine durch lange und schmale Flurstreifen oder Parzellen gegliederte Fläche erstreckt sich vom unteren Bildrand bis zur unteren, mit einigen Häusern bestandenen Straße.
Quer durch das Bild verläuft ein Streifen Land entlang eines Flusses.
Die obere Bildhälfte ähnelt der unteren und wird auch durch lange, schmale Parzellen gegliedert und von einer Häuserreihe abgeschlossen.

2.2 Zeichne dazu eine einfache Kartenskizze.

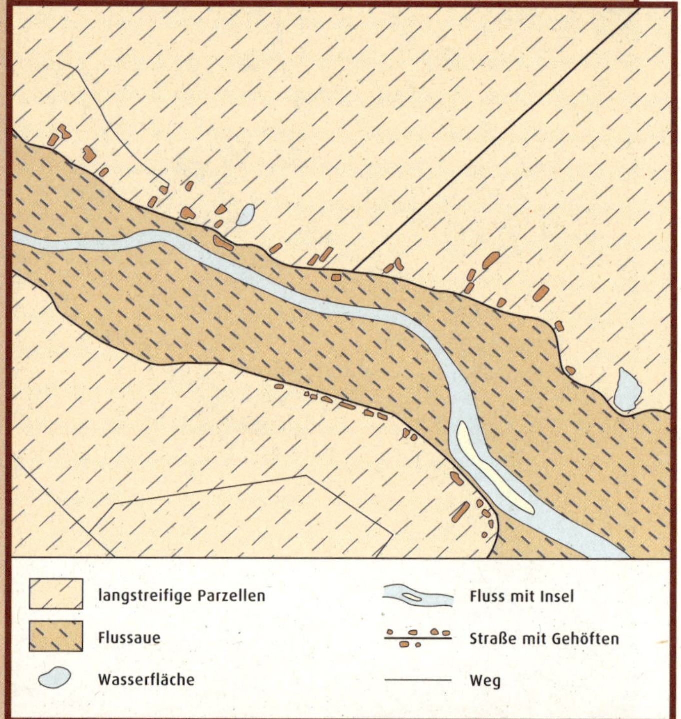

2.3 Gib jedem Teilraum einen Namen.
untere Bildhälfte: Langstreifenflur mit Häuserreihe
mittlerer Streifen: Flussaue
obere Bildhälfte: Langstreifenflur mit Häuserreihe

2.4 Beschreibe, was du in jedem Teilraum siehst.
Am unteren Bildrand sieht man eine große Zahl parallel verlaufender Flurstreifen. Sie erstrecken sich senkrecht zu einer Straße, an der einige Häuser zu erkennen sind. Verschiedene Grautöne der Parzellen deuten auf eine unterschiedliche Entwicklung der Vegetation. Wahrscheinlich sind die ganz hellen Flächen abgeerntet oder umgepflügt. Die Begrenzung der einzelnen Langstreifen könnten Gräben bilden, aber manchmal erkennt man anhand des Schattens deutlich eine Hecke als Begrenzung. Die unterschiedlichen Grautöne bündeln meistens mehrere Streifen zu einer größeren Fläche.

Die Bildmitte ist durch eine Flusslandschaft geprägt. Der Fluss enthält eine Insel und mäandriert zwischen zwei Straßen, die höher zu liegen scheinen als die Flussniederung. Die Parzellierung des flussnahen Gebietes ist teils den anderen Flächen ähnlich und teils großflächiger.

Die obere Bildhälfte ähnelt der unteren sehr. Die Straße ist allerdings dichter bebaut und die Fläche ist stärker durch quer verlaufende Linien gegliedert. Besonders auffallend sind zwei dunkle Flächen, die auf Wasser bzw. Rückhaltebecken hindeuten.

3. Bilderklärung

3.1 Versuche, die Erscheinungen, d. h. die Ausstattung und Formen der Landschaft zu erklären.

Die Landschaft zeigt eine sehr intensive bäuerliche Nutzung. Der mäandrierende Fluss deutet auf häufige Überschwemmungen der Flussaue hin, die trotzdem landwirtschaftlich genutzt wird. Die beiden Straßen verlaufen wahrscheinlich auf einer Terrassenkante, die möglicherweise noch künstlich – vielleicht als Deich – erhöht ist. Diese erhöhte Lage haben die Bewohner für ihre Häuser, Gehöfte bzw. Dörfer ausgewählt. So sind sie weitgehend vor Überschwemmungen geschützt und können sowohl die erhöhte Flussterrasse als auch die tiefer liegende Flussaue nutzen. Die beiden Wasserbecken, aber auch die vielen parallel verlaufenden und die wenigen quer verlaufenden Gräben deuten auf das Wasserüberangebot und auf Entwässerungsmaßnahmen hin. Die Gehöfte liegen in einem größeren Abstand voneinander und es scheint, dass die Langstreifen in der Nähe des Hofes zum Hofeigentum zählen. Nur wer sich schon einmal mit dem Thema beschäftigt hat, kann die senkrechte Aufnahme als ein Marschhufendorf an einem Fluss erkennen.

3.2 Versuche, die Prozesse bzw. den Wandel, der sich in der Landschaft abzeichnet, zu erklären.

Die Landschaft zeichnet sich durch ein einheitliches und anscheinend abgeschlossenes und logisches Nutzungsmuster aus. Brüche oder ein Wandel der Strukturen sind nicht erkennbar.

4. Bildbewertung

4.1 Was beurteilst du positiv an den Bildinhalten?
Beispiel (individuell unterschiedliche Antwort):
Es ist eindrucksvoll, wie intensiv die Menschen die Landschaft genutzt haben. Das gesamte Entwässerungssystem ist wahrscheinlich nur durch einen großen Gemeinschaftssinn der Bewohner aufrechtzuerhalten.

4.2 Was beurteilst du als problematisch an den Bildinhalten?
Beispiel (individuell unterschiedliche Antwort):
Vielleicht hätte man die Flussaue nicht auch noch nutzen, sondern der Natur überlassen sollen.

5. Bildkritik

5.1 Wie beurteilst du die formale Bildqualität?
Das senkrechte Luftbild zeigt wie kein anderes Medium die Gliederung der Landschaft.

5.2 Wie beurteilst du die Informationsfülle der Bildperspektive?
Selbst die Schwarz-Weiß-Aufnahme ist sehr informationsreich.

5.3 Wo liegen die Grenzen der Bildinformation?
Senkrechte Luftbilder zeigen natürlich nur die Landschaftsmuster. Das Leben vor Ort wird kaum ersichtlich. Auch zeigt das Bild nicht den Unterschied zwischen Nutzungs- und Besitzparzellen.

5.4 Welche zusätzlichen Quellen könnten die Bildinformation erweitern?
Interessant wäre eine Besitzkarte, eine Nutzungskarte, ein Diagramm zu den jährlichen Überschwemmungen, ein Bericht über Vorschriften zu Entwässerungsmaßnahmen, Informationen über die Einstellungen der Bewohner zu ihrem Lebensraum u. a. m.

Analysiere das Senkrechtluftbild **Zwei Dörfer und Flure in Süddeutschland**.
Berücksichtige die Hinweise auf Seite 18.

FOTO: Fotograf und Aufnahmedatum nicht bekannt; wahrscheinlich aus den Jahren um 1950–60

Satellitenbilder interpretieren

Tag und Nacht erfassen einige hundert Satelliten mit unterschiedlichen Sensoren das sich ständig wandelnde Bild der Erde. Nicht nur das Wettergeschehen, die Jahreszeiten, die Entwicklung der Vegetation, sondern auch das Wachstum von Siedlungen, der Schädlingsbefall von Kulturen, die Ausbreitung der Wüsten und vieles mehr werden dabei – manchmal sogar täglich – erfasst.

Während geographische Karten immer einen mittleren Zustand wiedergeben, spiegeln Satellitenbilder die **Wirklichkeit in Momentaufnahmen**. Hat man mehrere Bilder in einer Zeitreihe von Tagen, Wochen oder Monaten, so ergibt sich quasi ein Film, der einen Einblick in den Wandel auf der Erdoberfläche erlaubt. Die **Sensoren** der Satelliten erfassen die von der Erde zurückgeworfene Strahlung. Sie erfassen aber ein größeres Spektrum elektromagnetischer Wellen als unser Auge – und zwar infrarote bis ultraviolette Strahlen bzw. Röntgenstrahlen bis Mikrowellen. In der Regel verfügen die Satelliten über Sensoren, die auf einen bestimmten Teil des Spektrums spezialisiert sind. Man spricht dann von Kanälen. Radarwellen können sogar Wolken durchdringen. Sie erfassen sowohl die natürliche Strahlung der Erde als auch die ausgesandten Signale. Radarwellen machen also die Fernerkundung der Erde von der Himmelsbedeckung unabhängig.

Das grundlegende Instrument der Fernerkundung ist ein **Scanner**, der das Aufnahmegebiet in einzelne Bildelemente, sog. Pixel, zerlegt. Diese Pixel haben z. B. beim LANDSAT-Satelliten eine Seitenlänge von 30 m, sie können aber mittlerweile bis unter 5 m reichen. Für jedes Pixel erfasst der Scanner die mittlere Intensität der Reflexion. Diese Werte werden dann digitalisiert, also in Zahlen ausgedrückt. So ergibt sich eine riesige Fülle von Datenmengen, die zu Bildern verarbeitet werden muss. Jedem Wert wird eine bestimmte **Farbe** zugeordnet, um je nach Interesse entsprechende Kontraste herauszuarbeiten. Manchmal nimmt man die natürlichen Farben und manchmal Falschfarben. Jede Manipulation ergibt einen anderen Effekt. Es kommt eben darauf an, ob man z. B. nur Meerwasser darstellen möchte oder auch dessen Temperaturverteilung, dessen Belastung mit Schadstoffen oder auch die Meeresströmung. So ergeben sich viele Möglichkeiten, Strukturen auf der Erde zu erfassen, die unser Auge nicht sehen kann.

Während **Satellitenbilder mit natürlichen Farben** leichter lesbar sind, benötigen **Falschfarbenbilder** eine Entschlüsselung, also eine Legende, die angibt, was die einzelnen Farben, Grautöne oder auch Strukturen in Wirklichkeit bedeuten. Selbstverständlich muss der Bildhersteller sich vor Ort durch Stichproben vergewissern, welche Erscheinungen in der Landschaft mit welchen Farben im Bild wiedergegeben werden.

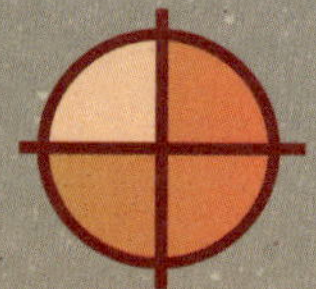

Satellitenbilder interpretieren

Es gibt verschiedene Möglichkeiten, Satellitenbilder zu interpretieren.

Man kann beispielsweise zuerst das Bild mithilfe eines Atlasses lokalisieren, dann beschreiben und schließlich erklären.

Vielleicht ist es aber interessanter, das Bild zuerst einmal in seinen Details zu betrachten und zu beschreiben, um daraus erste Schlüsse auf die Lage und die Struktur des Gebietes zu ziehen.

Je nachdem, wie das Bild bearbeitet bzw. mit welchen Farben es gestaltet worden ist, muss ein entsprechender Schlüssel zur Entzifferung – also eine Legende – vorhanden sein, sonst ist das Bild zwar beschreibbar, aber nicht interpretierbar. Ebenso wie bei einer Karteninterpretation ist es sinnvoll, sich bei der Bildbeschreibung auf die geometrischen Elemente einer Landschaft, nämlich auf deren Punkte, Linien und Flächen zu konzentrieren.

Der Bildausschnitt ist Teil einer LANDSAT-Szene von Schleswig-Holstein, die im Bildungszentrum für Fernerkundung an der Universität Kiel, Prof. Hassenpflug, bearbeitet wurde (© ECO-SAT/W. Hassenpflug/Universität Kiel). Der Satellit zeichnete diese Szene am 09.05.1989 um 9.40 Uhr auf. Für die Bearbeitung wurden die Kanäle 7, 4 und 2 ausgewählt. Der Maßstab ergibt sich aus der Szenengröße von 30,72 km.
Das vorliegende Bild ist ein Falschfarbenbild. Rottöne bedeuten immer Vegetation, Blautöne bedeuten Siedlungen.

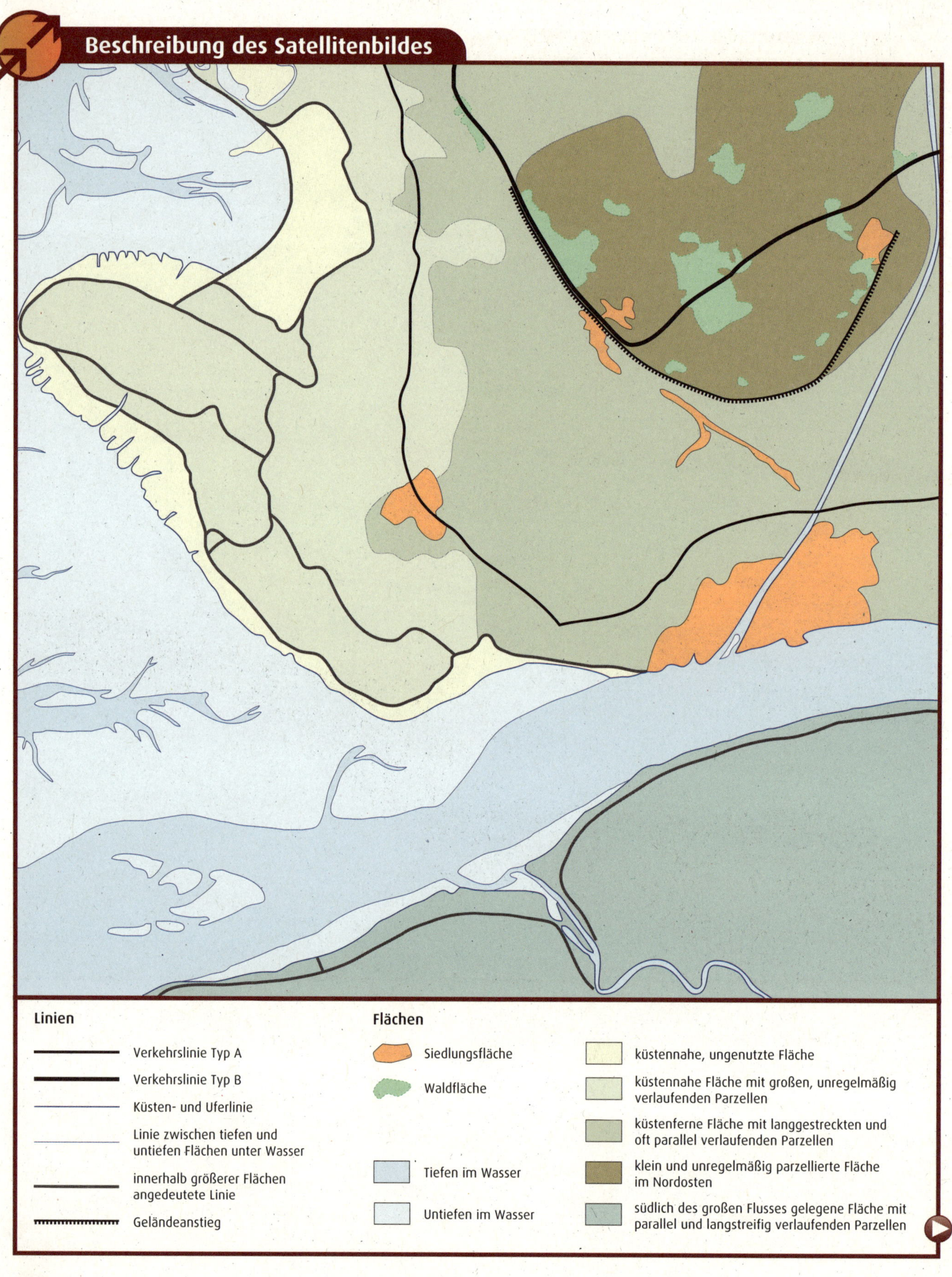

Linien

———	Verkehrslinie Typ A
━━━	Verkehrslinie Typ B
——	Küsten- und Uferlinie
——	Linie zwischen tiefen und untiefen Flächen unter Wasser
——	innerhalb größerer Flächen angedeutete Linie
▪▪▪▪▪	Geländeanstieg

Flächen

	Siedlungsfläche
	Waldfläche
	Tiefen im Wasser
	Untiefen im Wasser
	küstennahe, ungenutzte Fläche
	küstennahe Fläche mit großen, unregelmäßig verlaufenden Parzellen
	küstenferne Fläche mit langgestreckten und oft parallel verlaufenden Parzellen
	klein und unregelmäßig parzellierte Fläche im Nordosten
	südlich des großen Flusses gelegene Fläche mit parallel und langstreifig verlaufenden Parzellen

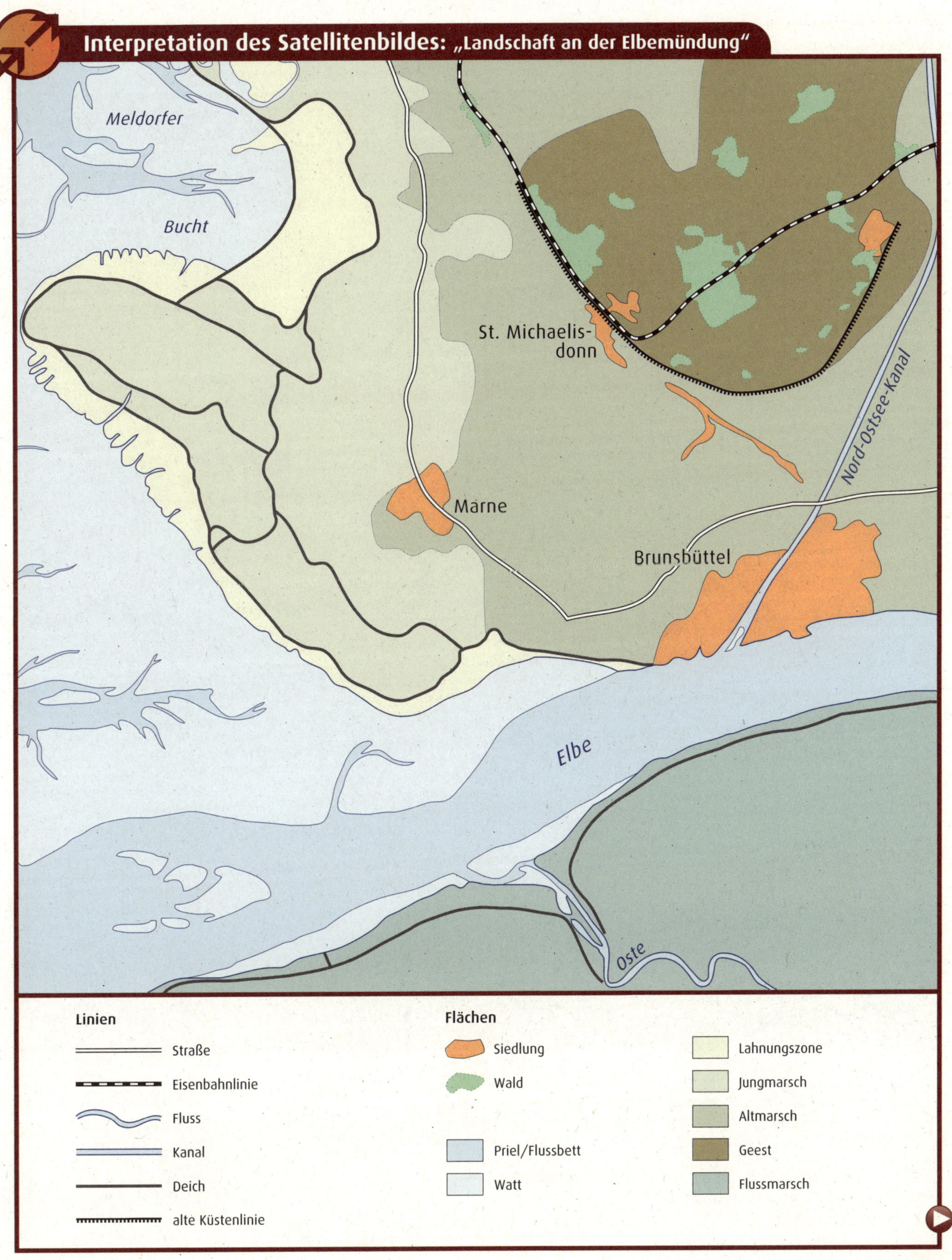

Meldorfer
Bucht
St. Michaelis-donn
Marne
Brunsbüttel
Nord-Ostsee-Kanal
Elbe
Oste
Linien
Straße
Eisenbahnlinie
Fluss
Kanal
Deich
alte Küstenlinie
Flächen
Siedlung
Wald
Priel/Flussbett
Watt
Lahnungszone
Jungmarsch
Altmarsch
Geest
Flussmarsch

Betrachte das Satellitenbild zuerst gründlich, zeichne dann auf transparentes Papier über dem Bild eine einfache Karte und beschreibe schließlich die einzelnen Landschaftsteile stichwortartig.

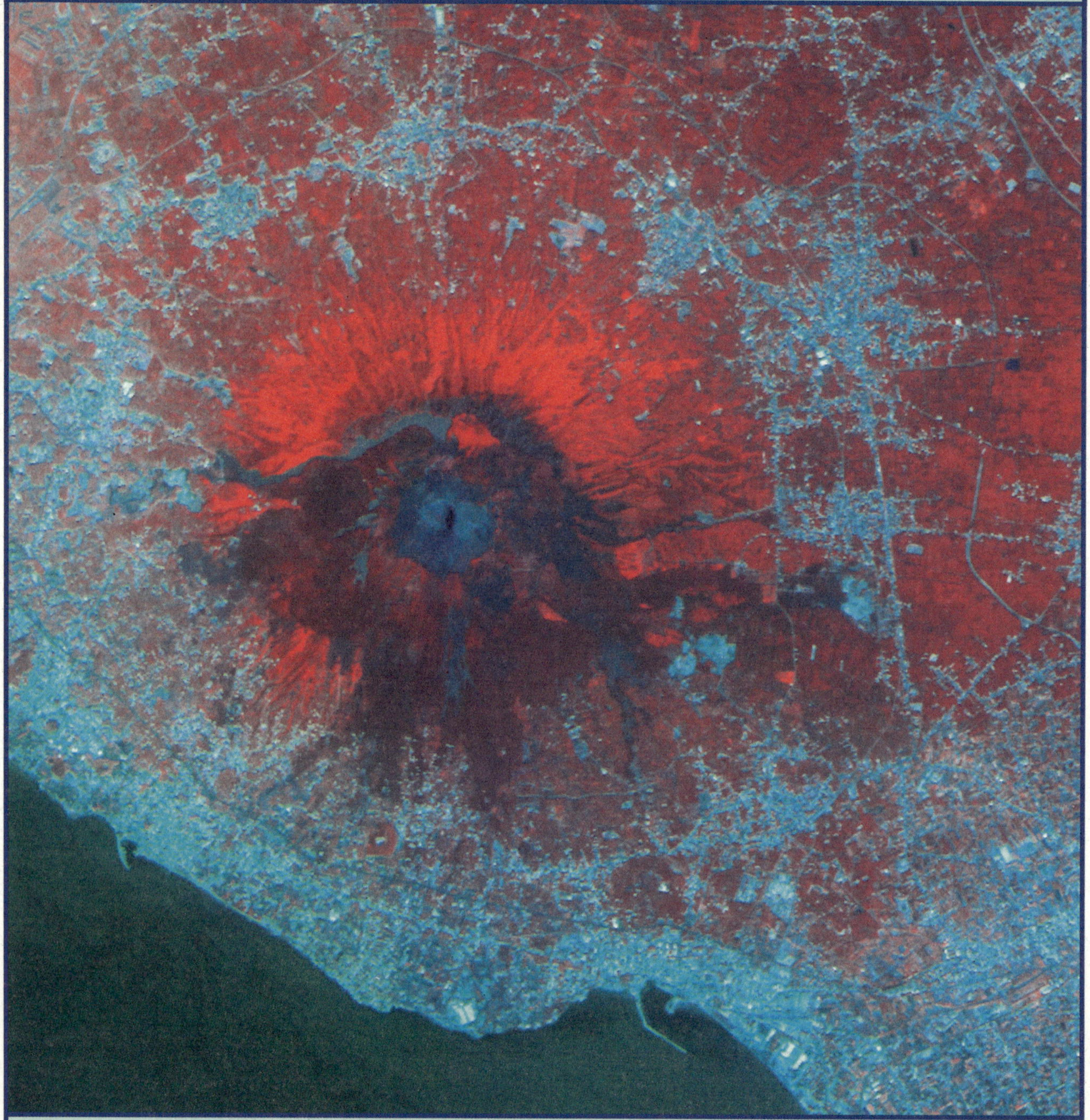

Die Szene wurde im Institut für Physische Geographie der Universität Freiburg von Michael Schnirch unter Leitung von Prof. Dr. H. Goßmann erstellt. Es ist eine SPOT-HRV-Aufnahme mit den Kanälen 1, 2, 3 mit einer Bodenauflösung von 20 m x 20 m vom 07.07.1988.
Das Satellitenbild ist ein Falschfarbenbild. Die roten Farbtöne bedeuten immer Vegetation, blaue Farbtöne bedeuten Besiedlung.

Filme auswerten

Untersuchungen haben ergeben, dass Jugendliche mindestens zwei bis drei Stunden am Tag fernsehen. Meistens schauen sie sich Filme an – wie auch bei Kinobesuchen. Auch in der Schule werden Filme eingesetzt. Mit Filmen verbringen Jugendliche also einen beträchtlichen Anteil ihrer Zeit. Die Filme, die wir fast jeden Tag sehen, enthalten eine schier unüberschaubare Fülle optischer und akustischer Reize bzw. Informationen und wirken damit auf unser Bewusstsein und Unterbewusstsein. Um diese Wirkungen richtig einschätzen zu können, ist es wichtig, wenigstens einige Techniken der Filmemacher zu kennen. Die Kenntnis dieser Techniken verbessert nicht nur unsere Informationsaufnahme, sondern erhöht außerdem unseren Genuss beim Anschauen von Filmen.

Filme unterscheiden sich grundsätzlich dadurch, dass sie entweder mehr unterhalten oder mehr informieren wollen. Um unterhaltsam zu informieren bzw. zu belehren, greift man zu Mitteln des „infotainment" oder „edutainment". Der Zuschauer lässt sich meist gerne durch eine interessante Filmgestaltung sowohl unterhalten als auch belehren. Die beste Unterhaltung ist diejenige, die auf künstliche Tricks verzichtet und stattdessen nur vom Filminhalt her so interessant ist, dass die Aufmerksamkeit des Zuschauers schon allein dadurch gefesselt wird.
Den Filmtyp zu erkennen ist schon ein erster Schritt, einen Film richtig beurteilen und nutzen zu können.

Bezüglich der Intention des Films unterscheidet man

◆ Spielfilme, wie z. B. Krimis, Lustspielfilme, Abenteuerfilme, die Spannung erzeugen und unterhalten wollen;

◆ Dokumentarfilme, die eine Erscheinung oder einen Vorgang wahrheitsgemäß dokumentieren wollen;

◆ Lehrfilme wie Schulfilme bzw. Filme des Schul- oder Bildungsfernsehens, die vor allem belehren bzw. das Lernen erleichtern wollen;

◆ Videoclips, die einen Musiktitel optisch darstellen.

Bezüglich der Machart unterscheidet man

◆ Stummfilme   ◆ Schwarz-Weiß-Filme

◆ Tonfilme   ◆ Farbfilme

◆ Trickfilme   ◆ Kurzfilme

Eine Auswahl von Kriterien zur Filmanalyse

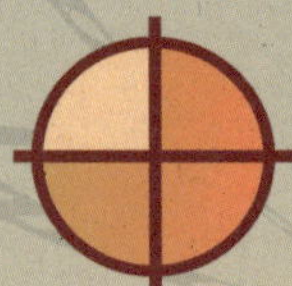

1. Filmproduktion

1.1 Thema

1.2 Produzent

1.3 Buch- oder Drehbuchautor

1.4 Aufnahmejahr

2. Thematische Inhaltsanalyse

Teilthemen
–
–
...

3. Formale Inhaltsanalyse

z. B.
- Einführung/Einstieg
- Spielphase
- Problemphase
- Höhepunkt
- Lösungsphase
- Ausklang

4. Soziale Inhaltsanalyse

4.1 Im Bild erscheinende und sprechende Personen oder Gruppen
–
–
...

4.2 Im Bild erscheinende, aber nicht sprechende Personen oder Gruppen
–
–
...

4.3 Im Bild nicht erscheinende, aber sprechende Personen oder Gruppen
–
–
...

4.4 Nicht erscheinende und nicht sprechende, aber erwähnte Personen
–
–
...

4.5 Personen oder Gruppen, die eigentlich erscheinen und sprechen sollten
–
–
...

5. Visuelle Filmanalyse

5.1 Fernaufnahmen
–
–
...

5.2 Nahaufnahmen
–
–
...

5.3 Detailaufnahmen
–
–
...

6. Analyse der bewegten und unbewegten Bilder

6.1 Filmausschnitte mit bewegtem Inhalt

–

–

...

6.2 Filmausschnitte mit statischem Inhalt

–

–

...

6.3 Filmausschnitte mit bewegter Kamera
- Bewegung auf einem Fahrzeug mit unbewegtem Bild:

- Bewegung auf einem Fahrzeug mit bewegtem Bild:

- Schwenk von links nach rechts, von rechts nach links, von oben nach unten, von unten nach oben:

- Zoom vom Detail zum Ganzen bzw. vom Ganzen zum Detail:

7. Akustische Inhaltsanalyse

7.1 Natürliche Geräusche

7.2 Gesprochener Text im Off

7.3 Gesprochener Text im On

7.4 Dialog

7.5 Monolog

7.6 Interview

7.7 Musik

8. Analyse des Zusammenhangs von Bild und Ton

- Bild und Ton sind kongruent:

- Bild und Ton sind nicht kongruent:

9. Abschließende, persönliche Bewertung des Films

- Warum mir der Filminhalt gefallen/nicht gefallen hat:

- Warum mir die filmische Gestaltung gefallen/ nicht gefallen hat:

Filme sind sehr komplexe Medien. Deshalb gibt es auch sehr viele und komplexe Methoden Filme zu analysieren. An dieser Stelle kann natürlich kein konkreter Film „abgedruckt" werden, um ihn beispielhaft zu analysieren. Deshalb werden im Folgenden nur die Kriterien und Gesichtspunkte zur Analyse vorgestellt. Um die Information aber etwas anschaulicher zu gestalten, wird häufiger auf konkrete Beispiele aus dem Film des Schulfernsehens „Leben in der Stadt" hingewiesen.

1. Filmproduktion

Die Produzenten eines Films werden auch als „gatekeeper", d. h. Torwächter, bezeichnet. Diese Bezeichnung will andeuten, dass die Produzenten durch ihren Film ein Tor zur Welt öffnen bzw. auch schließen können. Sie erlauben oder verhindern bewusst oder unbewusst einen Blick in die Welt.

Deshalb ist es gut, die „gatekeeper" zu kennen, also z. B. die Filmgesellschaft, den Regisseur, den Buch- und/oder Drehbuchautor.

Da die Ansichten, aber auch die formalen Möglichkeiten der Filmgestaltung einem zeitlichen Wandel unterliegen, ist es auch informativ, das Aufnahmejahr des Films zu erfahren.

2. Thematische Analyse

Ein Film wird natürlich vor allem wegen seines Inhaltes gedreht – und deswegen auch betrachtet. Deshalb ist eine inhaltliche Analyse besonders wichtig. Zur Übung ist eine schriftliche Aufzeichnung der einzelnen Filmabschnitte besonders hilfreich.

Das sehr knappe Protokoll der Inhaltsanalyse des Schulfernsehfilms „Wohnen in der Stadt" (s. Kasten) enthält eine Auflistung der einzelnen dargestellten Themen, deutet aber auch schon den formalen Aufbau des Films an.

3. Formale Analyse

Die formale Analyse des Films „Wohnen in der Stadt" ergibt eine Einstiegsphase, eine Problemphase, eine Spielphase, eine Lösungsphase und einen abschließenden kritischen Ausblick.

Wie in diesem Fall lassen sich auch andere Filme nicht nur in einzelne thematische Abschnitte, sondern auch in größere Phasen, also in Bündel von Abschnitten gliedern.

BEISPIEL: Thematische Analyse des Schulfernsehfilms „Wohnen in der Stadt"

Der Film beginnt mit einer Einführung durch einen „Fernsehlehrer", der kurz erklärt, warum das Thema so wichtig ist und welche Themen im Film aufgezeigt werden sollen.

Dann folgen Filmsequenzen mit städtischen Wohnproblemen wie Wohnungssuche, Miete, Wohndichte, Hausformen, „Wohnsilos", Anonymität, Luftverschmutzung, Verkehrslärm usw.

In der Mitte des Films ist eine Spielszene, in der eine Familie bestehend aus Eltern, Kindern und Jugendlichen ihre Wohnwünsche diskutiert und daraufhin Zeitungsannoncen untersucht.

Eine weitere Sequenz zeigt einige Modelle zur Lösung von Wohnproblemen wie Zusammenführen von Wohnen und Arbeiten, Verbesserung der Umweltqualität durch beruhigte Zonen, Verkehrsbeschränkungen im Wohnquartier und schließlich Modelle des utopischen Städtebaus.

Den Abschluss des Films bildet wieder ein Statement des Fernsehlehrers, das den Kontrast zwischen Wirklichkeit und Lösungsmodellen aufgreift.

Beide Analysen – die thematische und die formale – dienen dazu, sowohl die Inhalte aufzuzeigen als auch ihren logischen Zusammenhang und den dramaturgischen Aufbau zu erkennen.

4. Soziale Analyse

Eine soziale Analyse ist natürlich nur dort anwendbar, wo Menschen in einem Film auftreten. Sinn dieser Analyse ist es festzustellen, ob die ins Bild kommenden Menschen die wirklichen Repräsentanten einer Situation, eines Problems oder einer Handlung sind. Erscheinen sie im Bild und sprechen sie auch im Bild, ist die Frage, ob sie eine größere oder kleinere Chance hatten, ihre Meinung zum Ausdruck zu bringen. Im Film „Wohnen in der Stadt" kamen z. B. die folgenden Personen ins Bild: Vermieter, Mieter, Kinder, Jugendliche, Erwachsene, Vater, Mutter, Fußgänger, Autofahrer, Familie, Immobilienhändler.

Davon wurden der Mieter, die Jugendlichen, Vater, Mutter, Autofahrer und Immobilienhändler sehr oft und lange gezeigt und die anderen selten und kurz. Nur der Mieter, der Vater und der Immobilienhändler kamen zu

Wort, die anderen Personen wurden nur gezeigt. Andere Gruppen wie ältere und jüngere Ehepaare wurden zwar oft erwähnt, aber nicht gezeigt.

Die soziale Analyse hat den Sinn zu fragen, ob die betroffenen Gruppen alle berücksichtigt und chancengleich behandelt wurden. Beim Thema „Wohnen in der Stadt" wäre z. B. zu fragen, ob nicht auch die Meinung von Fremden, Obdachlosen, Bauunternehmern usw. von Bedeutung gewesen wäre.

5. Visuelle Analyse

Die visuelle Analyse ist deshalb so wichtig, weil ein Film vor allem vom Bild her lebt. Bilder können einerseits informieren, andererseits aber auch vertuschen und verzerren.

Bilder unterscheiden sich je nach Kameraeinstellung (Shot) bzw. Aufnahmetyp. Eine Kameraeinstellung ist ein ununterbrochener Filmstreifen, der mit einem Schnitt beginnt und mit einem Schnitt endet. Eine Einstellung kann verschiedene Aufnahmetypen wie z. B. die folgenden enthalten:

Eine **Fernaufnahme** zeigt eine Szene aus einer sehr großen Entfernung. Wird eine Handlung gezeigt, so werden nicht nur die Handelnden, sondern auch das gesamte Umfeld ins Bild gerückt. Der Film „Wohnen in der Stadt" gibt in einer Sequenz einen Überblick über die ganze Stadt, um die Lage der City zu verdeutlichen. Ein Slumviertel, das an einem steilen Berghang liegt und von weitem aufgenommen worden war, erscheint dadurch sehr klein. Fernaufnahmen zeigen also in der Regel einen Überblick bzw. das Umfeld einer Handlung. Sie zeigen jedoch keine Details.

Eine **Nahaufnahme** kann aus einer mittleren oder einer sehr nahen Entfernung aufgenommen worden sein. Sie zeigt einen bestimmten Gegenstand bzw. eine oder mehrere Personen vollständig, blendet aber das Umfeld aus.

Detailaufnahmen beschränken sich wie der Name schon sagt auf Details. Das Bild wird mit einem Detail ausgefüllt, das vom Filmemacher als besonders bedeutsam oder charakteristisch bewertet wird. Das kann z. B. ein Brustbild, ein Porträt, ein Auge oder nur eine Pfeife im Mund sein. Detailaufnahmen sind meistens sehr intime Aufnahmen. Oft wollen sie eher Gefühle ansprechen als informieren.

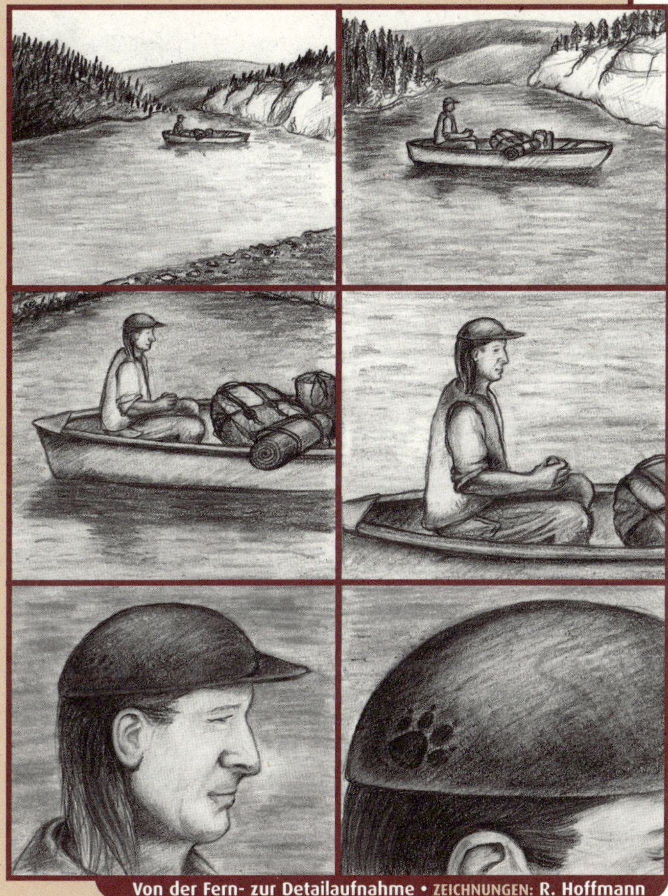

Von der Fern- zur Detailaufnahme • ZEICHNUNGEN: R. Hoffmann

6. Analyse der bewegten und unbewegten Bilder

Wie bereits erwähnt, setzt sich ein Film aus einzelnen Kameraeinstellungen zusammen, die mit einem Filmschnitt beginnen und mit einem nächsten Filmschnitt enden. Zwischen zwei Schnitten liegt also eine Filmaufnahme von wenigen Sekunden bis wenigen Minuten Dauer, die entweder ein bewegtes oder ein stehendes Bild zeigt.

Filme sprechen die Zuschauer am stärksten an, wenn sie natürliche Handlungen zeigen wie im o. a. Film fahrende Autos, spielende Kinder, arbeitende Maurer usw. Soll im Film ein Bild gezeigt werden, das unbewegt ist, wie z. B. eine Stadtansicht, so greift der Kameramann oft zu künstlichen Mitteln, die eine Bewegung vortäuschen. Dazu zählen eine bewegte und schwenkende Kamera wie z. B. bei einem Flug über die Stadt. In Wirklichkeit bewegt sich aber nicht die Stadt, sondern das

Flugzeug. Filmaufnahmen während eines Ganges durch eine Straße oder während einer Autofahrt durch eine Landschaft erzeugen ebenso künstliche Bewegungseffekte. Bei einer sich bewegenden Kamera kann der Bildinhalt statisch (Hausfassaden), aber auch bewegt (Straßenverkehr) sein. In der Regel bietet eine bewegte Kamera einen flüchtigeren Eindruck von einem statischen Gegenstand als z. B. ein Foto. Um Bewegung künstlich zu erzeugen, kann die Kamera von links nach rechts, von rechts nach links, von oben nach unten und von unten nach oben geschwenkt werden. Jeder Schwenk vermittelt einen anderen Eindruck. Ein Schwenk z. B. an einem Wolkenkratzer von unten nach oben hebt die Gebäudehöhe hervor. Aber auch die Technik des Zoomens schafft einen Eindruck von Bewegung. Ein Zoom z. B. von einem Teil zum Ganzen bietet zuerst eine konkrete Anschauung von einem Detail und anschließend einen Überblick über den gesamten Kontext. Derartige Techniken haben Bedeutung nicht nur für die Übermittlung oder Behinderung von Informationen, sondern auch für die emotionale Vermittlung von Filminhalten.

7. Akustische Filmanalyse

Die meisten Filme sind heute Tonfilme. Darin wird gesprochen, es ertönt Musik oder es werden Geräusche wiedergegeben.

Sprecher können im On erscheinen, dann sind sie als Sprechende im Bild zu sehen. Sie können aber auch im Off verdeckt sein, dann hört man sie sprechen, aber man sieht sie nicht im Bild. Kommentare werden in der Regel im Off gesprochen, ohne dass die Kamera den Kommentator erfasst. Der gesprochene Text sowohl im On als auch im Off kann ein Monolog, ein Dialog oder ein Interview sein.

Lehrfilme haben oft einen Kommentar. Man hört zwar einen Monolog, aber man sieht den Sprecher nicht.

Manche Lehrfilme zeigen aber auch den Filmlehrer, der erklärt und demonstriert.

Dokumentarfilme bedienen sich oft des Interviews und man sieht die Interviewpartner.

Spielfilme leben in der Regel vom Dialog.

Musik kann vom inhaltlichen Geschehen stark ablenken, aber auch Emotionen wie Freude und Trauer beeinflussen.

Natürliche Geräusche, die parallel zu einem entsprechenden Bild zu hören sind, erhöhen den dokumentarischen Wert der Information.

8. Analyse des Zusammenhangs von Bild und Ton

Filme sind sehr komplex. Sie enthalten eine Fülle von optischen und akustischen Reizen, die vom Zuschauer oft nicht alle aufgenommen und verarbeitet werden können. So kann musikalische Untermalung zwar zu einem größeren Unterhaltungswert führen, aber gleichzeitig die Informationsaufnahme erschweren. Deshalb sollte vor allem in Lehrfilmen eine Reizüberflutung z. B. durch Musik vermieden werden. Andererseits können natürliche Geräusche den Informationsgehalt eines Bildes erweitern, wie z. B. das Donnern eines Gewitters oder Wasserfalls bzw. das Zwitschern von Vögeln im tropischen Regenwald.

Von großer Bedeutung ist die Kongruenz von Bild und Ton. Wenn jemand aus seinem Wohnzimmerfenster auf ein Flugzeug am Himmel schaut und der Flugzeuglärm ist gleichzeitig zu hören, dann passen Bild- und Toninformation zusammen. Wenn aber ein Reporter an einer belebten und lauten Straße steht und dort etwas über die Geschichte der Stadt sagt, ohne Belege dazu zu zeigen, dann fallen Bild und Ton auseinander. Sie stören sich gegenseitig in ihrer Informationsübermittlung.

A Um euch in der Filmanalyse zu üben, analysiert einen Film nach den o. a. Kriterien. Ein Einzelner kann kaum alle Themenbereiche gleichzeitig untersuchen. Deshalb ist es sinnvoll, sich entweder auf einen Teilaspekt zu konzentrieren oder – wenn es möglich ist – die Analyse arbeitsteilig in Gruppen vorzunehmen.

Texte analysieren

Jedes Schulfach benötigt Texte – und zwar gesprochene und geschriebene Texte. So kann man nicht nur im Fach Deutsch, sondern auch im Fach Geographie den richtigen Gebrauch von Texten erlernen und zwar

- von geschriebenen Texten, z. B. in Zeitungen und Zeitschriften oder in Lehr- und Sachbüchern;
- von gesprochenen Texten, z. B. in den täglichen Fernsehnachrichten, in Filmen, Talk-Shows und politischen Diskussionen vor Ort.

Um die Inhalte und Absichten eines Textes richtig zu gewichten, d. h. um der Wahrheit der Textaussage näher zu kommen, ist es hilfreich, die Textsorte zu erkennen. Selten sind Texte reine Information ohne Wertungen. Allein die Auswahl der Textinhalte ist schon eine Wertung.

Texte in Lehrbüchern wollen in der Regel objektiv und sachlich informieren und durch eine verständliche Sprache das Lernen erleichtern. Lehrbücher werden in der Regel von Experten geschrieben.

Texte in Sachbüchern ähneln denen der Lehrbücher. Sie sind aber in der Regel anschaulicher und lebendiger geschrieben und wollen nicht nur informieren, sondern auch unterhalten. Die Autoren sind meistens keine Fachleute, aber gut informierte Journalisten.

Romane erzählen in der Regel eine spannende Geschichte, die entweder nur der Fantasie entspringt oder eine Mischung aus Dichtung und Wahrheit darstellt. Ihre Autoren sind in der Regel von Beruf Schriftsteller.

Nachrichten in Zeitungen sind meistens kurze Berichte über ein Tagesereignis und enthalten – von Ausnahmen abgesehen – nur Fakten und keine Stellungnahmen und Wertungen. Der Autor ist ein Journalist und hat das Ereignis nicht unbedingt miterlebt.

Auch **Reportagen** werden von Journalisten verfasst. Diese haben an einem Geschehen teilgenommen und berichten ihre Geschichte so, wie sie sie wahrgenommen haben. Ihr unmittelbares Erleben vor Ort macht ihren Bericht sehr authentisch, dafür bestimmt jedoch ihre persönliche Sicht der Dinge weitgehend den Inhalt der Reportage.

Reiseberichte beschreiben in der Regel die einzelnen Etappen einer Reise und enthalten die persönlichen Eindrücke und Erlebnisse des Reisenden. Obwohl die Inhalte eines Reiseberichts vom Interesse des Schreibers geleitet werden, macht der Bericht in der Regel einen sehr authentischen Eindruck.

Propaganda-Texte werben durch Auswahl und Betonung bestimmter Inhalte und Werte entweder für die Sicht einer Partei oder einer anderen gesellschaftlichen Gruppe.

Interviews sind meistens gekürzte Protokolle eines Gesprächs. Die Qualität des Interviews hängt sowohl von den Fragen des Interviewers als auch von den Antworten des Interviewten ab. Der Interviewer hat eigene Interessen, die seine Fragen bestimmen, und der Interviewte hat eigene Ansichten, die er in den Vordergrund stellt. Der Reiz von Interviews ist die wörtliche Rede bzw. die Unmittelbarkeit des Frage-Antwort-Spiels der Gesprächsteilnehmer und vor allem die Tatsache, dass in der Regel persönliche Erfahrungen und Anschauungen des Interviewten im Mittelpunkt stehen.

Kommentare sind Stellungnahmen zu einem Ereignis oder zu einer Frage. Sie enthalten also in der Regel vor allem Wertungen des Schreibers und zwar meist auf Kosten der Informationen zum Thema.

Glossen wollen vor allem unterhalten. Sie stellen ein Ereignis oder eine Erscheinung in witziger oder sogar zynischer Form dar.

Werbung verfolgt ähnliche Interessen wie Propaganda. Sie ist meistens kürzer, anschaulicher, ungewöhnlicher und manchmal witziger. Ihr Ziel ist es, beim Kunden das Interesse für den Kauf eines Produktes oder einer Dienstleistung zu wecken.

Texte analysieren

1. Textinhalt

Die Geographie beschäftigt sich mit den räumlichen Gegebenheiten von Orten, Regionen und Ländern. Um die wichtigsten geographischen Inhalte eines Textes zu erhalten, ist es deshalb sinnvoll die folgenden Fragen zu stellen:

1.1 Wo ist etwas?

1.2 Wie sieht es dort aus?

1.3 Wie kam es dorthin?

1.4 Warum ist es dort?

1.5 Wie hängt es mit anderen Räumen zusammen?

1.6 Was sind die Folgen der Lage und Zusammenhänge?

1.7 Wer hat den Nutzen und wer hat den Schaden?

1.8 Was sind die Vorzüge und Probleme?

1.9 Wie könnten Probleme gelöst werden?

2. Textherkunft/Textmittel

Um Texte richtig einschätzen zu können, ist es wichtig, die folgenden Fragen zu untersuchen:

2.1 Wo erschien der Text?

2.2 Wann erschien der Text?

2.3 Wer schrieb den Text?

2.4 Wer sind die Adressaten des Textes?

2.5 Wie verständlich ist der Text?

2.6 Wie ist das Verhältnis von Wertung und Information im Text?

2.7 Zu welcher Textsorte gehört der Text?

3. Textbewertung

Um den Text abschließend richtig bewerten zu können, ist es wichtig, die folgenden Fragen zu beantworten:

3.1 Wie ist die Richtigkeit und Auswahl des Textes zu beurteilen?

3.2 Wie vielseitig ist der Text?

3.3 Was ist die Absicht des Textes?

3.4 Was ist die Form des Textes?

3.5 Welchen Nutzen hat mir der Text gebracht?

Die Wüste wächst

Von Wolfgang Günter Lerch

Die Wüste wächst. Um wie viele Millionen Hektar jährlich – darüber streiten sich die Gelehrten. Denn die Grenze zwischen Halbsteppe, Steppe, Trockensteppe, Halbwüste, Wüste und Kernwüste ist fließend.

Europa ist der einzige Kontinent ohne Wüsten. Die nördliche Hälfte Afrikas wird von der Sahara bestimmt, im Süden dieses Erdteils gibt es die Kalahari und die Wüste Namib. Große Teile West- und Zentralasiens sind arid, dort gibt es die großen

Foto: C. Wenzel

Die Wüste breitet sich aus. Der Mensch ist machtlos.

Kernwüsten in Gestalt der Rub al Chali im Süden der Arabischen Halbinsel oder Takla Makan in Nordwest-China. Überhaupt sind große Teile Chinas wüstenhaft. Östlich des Kaspischen Meeres erstrecken sich die Wüsten Kara Kum und Kizil Kum, die schwarzen und die roten Sande. Das Innere Australiens ist oft wüstenhaft; auf dem amerikanischen Kontinent sind die Wüsten im Westen Chiles ebenso spektakulär wie die Trockengebiete im Westen und Südwesten der Vereinigten Staaten.

Seit je haben die Wüsten den Menschen fasziniert. In der steinigen oder sandigen Leere ist der Mensch mit sich allein. Oder er begegnet dort seinem Gott. Die drei großen Weltreligionen des Westens – Judentum, Christentum, Islam – sind ohne die Wüsten kaum denkbar. Ihre Stifter und Propheten lebten im Kontakt mit dieser metaphysischen Landschaft.

Nicht immer war die Wüste öd und leer. Die Felszeichnungen im zentralsaharischen Tassili-Gebirge zeigen, dass dort, wo sich heute die Stein- und Geröllwüsten, die Hamadas und Serire sowie die großen Sande (Erg, Rimal) und die Salzpfannen (Schott, Sebkha) der Sahara erstrecken, einstmals üppiges Leben blühte, Elefanten und Nashörner wurden dort gejagt. Drastische Eingriffe der Menschen, aber wohl auch großklimatische Veränderungen haben die Verwüstung gefördert. Die Arabische Halbinsel begann schon vor einigen tausend Jahren auszutrocknen, zu einer Zeit, als dort nur wenige Menschen lebten.

Bis heute leben Millionen Menschen zum Beispiel in, von und mit der Sahara. Sie haben eine Oasenkultur entwickelt, die allerdings durch fortschreitende Verwüstung gefährdet erscheint. Die Datteln der Wüstenoasen sind die süßesten und fruchtigsten, besser als jene aus Meeres- oder Felsenoasen. Wo unterirdisch Wasser ist, hat man mithilfe artesischer Brunnen Leben in die Ödnis gebracht.

Gleichwohl schreitet die Versandung voran. In ganz Nordafrika versucht man, dies dadurch zu verhindern, dass man wenigstens in der Nähe der Ansiedlungen die Kämme der Sanddünen bepflanzt. Doch der Nutzen ist mäßig. Immer neuen Sand gebiert die Wüste, offenbar unerschöpflich, in ihrem Inneren, denn die Erosion, gefördert durch die großen Temperaturunterschiede zwischen Tag und Nacht, schreitet unbarmherzig voran.

Als verheerend hat sich erwiesen, dass die Nomadenkultur praktisch zusammengebrochen ist. Die Nomaden lebten in Symbiose mit der Wüste, kannten ihre Gesetze, passten sich an, ohne sie auszubeuten. Allerdings war ihr Leben oft kärglich, der Hunger war bisweilen ihr Begleiter. Heute sind viele Nomaden in den Städten sesshaft geworden oder treiben verstärkt Weidewirtschaft an den Rändern der Wüste, etwa im Sahel. In vielen Regionen entleert sich die Wüste weiter. An den Rändern führt die Überweidung oder auch Brandrodung dann zu neuerlicher Verwüstung. Die letzten Büsche werden geschlagen, um Feuer zu machen oder Holzkohle herzustellen.

Vielerorts forscht man darüber, wie man die Verwüstung wenigstens stoppen kann. Man kümmert sich um sparsame Methoden der Bewässerung (Beispiel: Tröpfchenbewässerung), um Möglichkeiten, die weitere Versandung zu verhindern, um die Züchtung von Pflanzen, die für besonders aride Gebiete geeignet sind, vor allem auch Getreidesorten.

Dass man sich nun in Bonn versammelt, um auf internationaler Ebene über die Verwüstung zu reden, ist höchste Zeit, denn: Die Wüste wächst.

QUELLE: Frankfurter Allgemeine Zeitung vom 14.12.2000, Nr. 291, S. 16; gekürzt

1.1 Wo ist etwas?

Der Text handelt über die Wüsten der Erde und zwar über die Sahara in Afrika, die Kalahari und Namib im Süden des Kontinents, die Rub al Chali auf der Arabischen Halbinsel und die Takla Makan in Nordwest-China, die schwarze Wüste Kara Kum und die rote Wüste Kizil Kum östlich des Kaspischen Meeres, die inneraustralische Wüste und die Wüsten im Westen Nord- und Südamerikas.

1.2 Wie sieht es dort aus?

Die Wüste wird als steinige und sandige Leere beschrieben. Halbsteppe, Steppe, Trockensteppe, Halbwüste, Wüste und Kernwüste mit fließenden Grenzen werden erwähnt, aber nicht genau definiert. Allerdings werden auch Hamada als Steinwüste, Serir als Geröllwüste, Erg oder Rimal als Sandwüste und Schott bzw. Sebkha als Salzpfanne der Sahara unterschieden.

Angaben über Temperaturen und Niederschläge fehlen.

1.3 Wie kam es dorthin?

Der Text behauptet: Die Wüste wächst. Es wird auf Felszeichnungen im Tassili-Gebirge in der Sahara hingewiesen, die auf ein früheres üppiges Leben mit Elefanten und Nashörnern hindeuten. Drastische Eingriffe des Menschen und Klimaveränderungen werden als Ursache genannt, aber nicht genauer in ihrer Bedeutung für die Ausbreitung der Wüsten beschrieben.

1.4 Warum ist es dort?

Eingriffe des Menschen und Klimaveränderungen werden zwar als Ursache des Wüstenwachstums genannt, aber nicht die geographischen Lagebedingungen von Wüsten allgemein – nämlich ihre regelmäßige Anordnung auf dem Globus z. B. in der Passatzone bzw. im Trockengürtel der Erde.

1.5 Wie hängt es mit anderen Räumen zusammen?

Es wird auf den Zusammenhang von Wüsten, Oasen und Wüstenrandgebieten hingewiesen und zwar in ihrer Bedeutung für Verkehr, Fernhandel und Versorgung. Die Abhängigkeit der Wüsten vom globalen Klimasystem wird nicht dargestellt.

1.6 Was sind die Folgen der Lage und Zusammenhänge?

Die Folge der Lage und Entwicklung sind die weitere Ausbreitung der Wüste und die Abwanderung ihrer wenigen Bewohner.

1.7 Wer hat den Nutzen und wer hat den Schaden?

Schaden haben vor allem die Nomaden, die zwar ein dürftiges Leben führten, aber mit der Wüste zu existieren verstanden. Mittlerweile sind sie entweder in die Städte außerhalb der Wüste abgewandert oder leben als Viehzüchter am Rande der Wüste. Dass sie dort die sesshaften Bauern bedrängen, wird im Text nicht erwähnt.

1.8 Was sind die Vorzüge und Probleme?

Die Probleme wie Ausbreitung der Wüste, Abwanderung der Bevölkerung, Verdrängung der sesshaften Bauern in den Randzonen sind schon genannt.

Als Vorzüge werden erwähnt, wie in Oasen durch Wasservorkommen ein Lebensraum für Pflanzen, Tiere und Menschen inmitten der eher lebensfeindlichen Wüste entstehen kann. Außerdem wird die Faszination der Wüsten für besinnliche Menschen hervorgehoben. So hätten die Propheten und Gründer der drei großen westlichen Weltreligionen Islam, Judentum und Christentum engen Kontakt mit der Wüste gehabt.

1.9 Wie könnten Probleme gelöst werden?

Die Bepflanzung von Dünen in der Nähe von Siedlungen soll die Ausbreitung der Wüste in den Lebensraum der Menschen verhindern. Die Nutzung besonderer Bewässerungsmethoden wie Tröpfchenbewässerung soll lokalen Anbau von Gemüse und Getreide ermöglichen. Weitere Forschungen auch auf internationaler Ebene – wie es ein aktueller Kongress in Bonn zeigt – sind notwendig, aber auch im Gange.

2. Textherkunft/Textmittel

2.1 Wo erschien der Text?
Frankfurter Allgemeine Zeitung, Nr. 291, S. 16

2.2 Wann erschien der Text?
14.12.2000

2.3 Wer schrieb den Text?
Wolfgang Günter Lerch, wahrscheinlich ein Wissenschaftsjournalist

2.4 Wer sind die Adressaten des Textes?
am Zeitgeschehen interessierte Leser

2.5 Wie verständlich ist der Text?
Der Text benutzt teils eine Fachsprache und teils eine gehobene Umgangssprache. Er ist anspruchsvoll und trotzdem verständlich.

2.6 Wie ist das Verhältnis von Wertung und Information im Text?
Der Text bietet eine Fülle von Informationen. Er enthält fast keine Wertungen bis auf die Schlussbemerkung, dass es höchste Zeit sei, sich international um die Entwicklung der Wüsten zu sorgen.

2.7 Zu welcher Textsorte gehört der Text?
Der Text ist zwar in einer Zeitung erschienen, entspricht aber weitgehend den Texten in Sachbüchern.

3. Textbewertung

3.1 Wie ist die Richtigkeit und Auswahl des Textes zu beurteilen?
Der Text zählt sehr viele, aber nicht alle Wüsten der Erde auf und beschreibt die wichtigsten Probleme infolge der Ausbreitung der Wüsten. Als Ursachen werden zwar viele menschliche Eingriffe und der globale Klimawandel erwähnt. Dieser wird aber nicht erläutert. Ebenso fehlt die Darstellung der natürlichen Klimabedingungen, die zur Entstehung von Wüsten geführt haben. Man kann allerdings auch nicht erwarten, dass alle diese Zusammenhänge in einem kurzen Zeitungsartikel dargestellt werden.

3.2 Wie vielseitig ist der Text?
Obwohl ein Grundverständnis der Wüstenbildung nicht vermittelt wird und werden soll, ist der Text sehr vielseitig und vor allem sehr reich an Informationen.

3.3 Was ist die Absicht des Textes?
Der Autor hatte die Absicht, aus Anlass einer Wüstenkonferenz in Bonn seinen am Zeitgeschehen interessierten Lesern eine sehr gründliche und sachliche Information ohne Verzerrungen zu bieten.

3.4 Was ist die Form des Textes?
Der Text ist nicht journalistisch-reißerisch, sondern eher sachlich-informierend formuliert. Er ähnelt einem Lehrbuch- oder Sachbuchtext.

3.5 Welchen Nutzen hat mir der Text gebracht?
(individuell unterschiedliche Antwort)

Glitzernde Stadt über dem Meer

Die frühere Kolonial- und Hafenstadt Shanghai entwickelte sich
zum wichtigsten Wirtschaftszentrum in China

Morgendliches Schattenboxen am Bund

VON KAI PORTMANN

Auf den alten Jiang ist Verlass. Jeden Morgen gegen halb sechs Uhr trifft er an seinem Stammplatz an Shanghais Uferpromenade namens Bund ein und zieht bedächtig seine etwas abgeschabten, ledernen Rollschuhe an. Dann tanzt und kurvt der Alte kunstfertig und anmutig, jongliert dazu Gesundheitskugeln in den Händen und erfreut sich der Aufmerksamkeit der Zuschauer. Es sind die frühen Morgenstunden, in denen sich Shanghai ganz entspannt zeigt, in denen überall in der Stadt Menschen Gymnastik treiben, tanzen oder im Angesicht eines Baumes tief und ausdauernd Luft holen. Es scheint, als wolle Shanghai noch einmal tief durchatmen, bevor der laute, geschäftige Alltag die pulsierende Metropole mit 13 Millionen Einwohnern wieder gefangen nimmt.

An keinem Ort ist Shanghais Drang nach Fortschritt besser zu sehen als am Bund – beim Blick über den Huangpu-Fluss auf den Stadtteil Pudong. Über ihn schrieb ein Reporter vor 100 Jahren: „Für den Reisenden sieht es aus wie ein weites trauriges Ödland voller Sümpfe." Doch 1990 machte die Regierung Pudong zur Sonderwirtschaftszone. Seitdem sind unzählige glitzernde Bürohochhäuser aus dem Boden gestampft worden.

Hier steht das Finanzzentrum Shanghais, das einmal die „Wall Street Chinas" werden soll. Die Perle des Ostens, wie der monumentale Fernsehturm mit 450 m Höhe genannt wird, beherrscht die Skyline. Die Aussicht vom Turm lassen die Prachtbauten am Bund winzig erscheinen. Ursprünglich ein Fischerdorf, entwickelte sich die „glitzernde Stadt am Meer", wie Shanghai im 13. Jh. genannt wird, bis zum Beginn des 19. Jhs. zum wichtigsten Hafen im Jangtse-Delta. Aber erst die erzwungene Öffnung für den Außenhandel nach Chinas Niederlage im Opiumkrieg mit England 1843 machte den Weg frei für den Aufstieg zur Weltmetropole. Westliche Kolonialmächte gründeten in der Stadt so genannte Konzessionsgebiete, in denen die chinesische Regierung nichts zu sagen hatte. Shanghai wurde durch drei große Stadtgebiete geprägt. Dazu gehörte die Chinesenstadt mit engen Gassen, das französische Viertel mit seinen prunkvollen Villen und das international geprägte Geschäftsviertel.

Der Export von Seide und Tee sowie die Einfuhr von Opium machten Shanghai rasch zum bedeutendsten Außenhandelshafen Chinas und später auch zu einer großen Industriestadt. 1923 entstand die Hongkong & Shanghai Bank am Bund, ein 55 m hoher Granitbau mit einer runden Kuppel und einer mächtigen Schalterhalle aus italienischem Marmor und tropischen Edelhölzern.

In den 1940er-Jahren wurde aus der Ikone des Kapitalismus das Büro der Kommunistischen Partei Chinas. Heute ist wieder der Mammon eingezogen – das Gebäude beherbergt die Shanghai Pudong Development Bank.

Nirgendwo sonst spürte das Land die Demütigungen durch den Westen deutlicher als in der Hafenmetropole: Ausgezehrte Arbeiter schufteten für Niedrigstlöhne, und abgemagerte Rikscha-Kulis betäubten ihren

Blick auf die Sonderwirtschaftszone Pudong

Hunger mit billigem Opium, während die Ausländer und Chinas Elite ein ausschweifendes Leben führten. Diese Gegensätze machten Shanghai zur idealen Brutstätte für revolutionäres Denken. Das Haus, in dem 1921 die Kommunistische Partei gegründet wurde, ist jetzt ein Museum. Dem Modernisierungsdrang der Stadtoberen können nur wenige Relikte der Vergangenheit entgehen. Der Yu-Garten, ein berühmtes Zeugnis der Gartenbaukunst Chinas, zählt dazu. Doch die Altstadt ringsherum, das frühere Chinesenviertel, verschwindet allmählich. Wo gestern noch ein Straßenmarkt war, schafft heute schon ein Presslufthammer Platz für ein neues Hochhaus. Doch die Nanjing Road ist weiterhin – mittlerweile aufs Feinste saniert – die erste Adresse für Läden aller Art. Bis in den Abend bummeln Kaufwillige und Neugierige durch die Fußgängerzone bis zur Uferpromenade am Bund, wo die Denkmäler des Kolonialismus effektvoll angestrahlt werden. Erst spät kehrt Ruhe ein, und am Morgen um halb sechs dreht der alte Jiang wieder seine Runden.

Die Altstadt Shanghais ist gefährdet.

QUELLE: aus der Beilage „Reise-Magazin" der Badischen Zeitung vom 30.12.2000, S. I/II

Texte schreiben

Es ist nicht nur wichtig, Texte lesen und analysieren zu können, sondern man muss auch Texte schriftlich für den vielfältigsten Gebrauch im Leben gestalten können, z. B.

- als Bewerbungsschreiben an ein Unternehmen
- als Brief an einen Freund im Inland oder Ausland
- als Bericht über einen Verkehrsunfall oder
- als Leserbrief an eine Zeitung.

Viele derartiger Schreiben haben einen geographischen Inhalt.

Aber auch in der Schule oder der Uni zahlt es sich aus, wenn man schreiben kann. In Klausuren wird nämlich neben dem Inhalt auch die sprachliche und formale Gestaltung bei der Notengebung berücksichtigt.

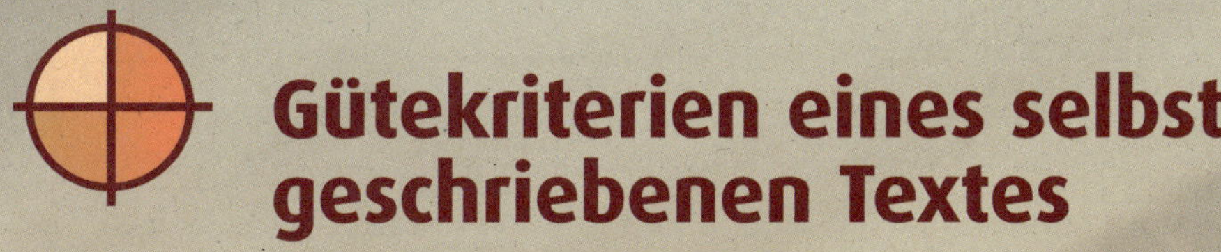

Gütekriterien eines selbst geschriebenen Textes

1. eine **Überschrift**, die einen Hinweis auf den Inhalt gibt und gleichzeitig Aufmerksamkeit erregt

2. eine **Einleitung**, die lebendig, anschaulich und konkret ist, zum Lesen motiviert, das Thema des Textes anspricht und einen knappen Überblick über die folgenden Ausführungen gibt

3. eine **Gliederung**, die den Text überschaubarer und damit lesbarer macht und deren Abschnitte sich jeweils auf ein Teilthema oder eine Teilfrage beziehen

4. eine **Zusammenfassung**, die wesentliche Gedanken noch einmal kurz ins Gedächtnis ruft und möglicherweise offen gebliebene Fragen anspricht

5. ein **Inhalt**, dessen Richtigkeit und Vielseitigkeit gewährleistet ist

6. eine **Sprache**, die klar und verständlich ist und Fachbegriffe richtig anwendet

7. Zeichen eines **kritischen Bewusstseins** des Schreibers über Schwachstellen bzw. Grenzen seiner Aussagen

8. zusammenfassende **Beurteilung**

Persönliche Ansichten über England und die Engländer
von Andrea Lyon (übersetzt von Hartwig Haubrich)

Allgemein über Engländer und das Englische zu schreiben, ist eine schwierige Aufgabe, da sich die Menschen und ihre Lebensstile quer durch das Land sehr unterscheiden. Darüber subjektiv zu schreiben – Meinungen eingeschlossen –, ist noch schwieriger, wie es jeder aus persönlicher Erfahrung weiß. Ich kenne natürlich nicht alle Menschen in England persönlich, auch nicht ihre Einstellungen und Meinungen über ihr Leben in England und über ihr Land, ich kann nur meine eigene Meinung wiedergeben und hoffe, dadurch ein Bild von England und den Engländern zu zeichnen.

In England, wie in allen anderen Ländern, gibt es eine soziale Hierarchie, und diese ist nicht absolut festgelegt, wie es im 19. und sehr frühen 20. Jahrhundert der Fall war. Heute nähern sich die Oberklasse und die obere Mittelklasse und ebenso die untere Mittelklasse und die Arbeiterklasse einander an. Die Oberklasse besteht aus der königlichen Familie, aus Adel, aus Aristokraten und bedeutenden Mitgliedern des Parlaments. Die Mittelklasse ist viel schwieriger zu beschreiben. Zu ihr gehören Mitglieder des Parlaments, Unternehmer und bedeutende Leute der Industrie. Die Arbeiterklasse besteht aus dem „gewöhnlichen" Volk, Arbeitern, Händlern, Ladeninhabern und Arbeitslosen – alle zusammen machen sie die Mehrheit der Bevölkerung aus. Schon immer war die Arbeiterklasse umfangreicher als die Mittel- und Oberklasse, und infolge der Arbeitslosigkeit ist dies in England auch heute noch der Fall.

In den sechziger und frühen siebziger Jahren entsprach das Image einer typisch englischen Familie einem ziemlich glücklich verheirateten Ehepaar mit zwei Kindern, die in einem Doppelhaus in der Vorstadt lebten und deren Vater von neun Uhr morgens bis fünf Uhr nachmittags in einem Büro in der Stadt arbeitete, welches er jeden Tag mit seinem englischen Auto erreichen konnte.

University of Cambridge • FOTO: H. Haubrich

Seit Mitte der siebziger Jahre hat sich eine andere und weniger freundliche, wenn überhaupt freundlich zu nennende typische Familiensituation herausgebildet. Sie wird geprägt durch die hohe Arbeitslosigkeit. Eine typische Familie hat nun einen arbeitslosen Elternteil und lebt in einer Sozialwohnung. Die Kinder – wahrscheinlich die Ursache der Eheschließung – besuchen eine örtliche Gesamtschule.

Stonehenge • FOTO: H. Haubrich

Die meisten Engländer werden wahrscheinlich zustimmen, dass dies ein realistisches Bild einer durchschnittlichen Arbeiterklassenfamilie in England von heute ist. Trotzdem scheint dieses Bild nicht die Wirklichkeit widerzuspiegeln, wenn man nicht gerade mit dem Unglück der Arbeitslosigkeit behaftet ist. Denjenigen, die Arbeit haben, wird ein solches Bild unrealistisch und übertrieben vorkommen.

Vielleicht stimmen mir die jungen Leute zwischen 16 und 20 Jahren zu, da sie am meisten und am härtesten von der Arbeitslosigkeit betroffen sind. Die Generation meiner Eltern hat mittlerweile ihre Häuser gebaut, ihre Familien gegründet und eine dauerhafte Beschäftigung gefunden.

Arbeitslosigkeit oder Angst vor Arbeitslosigkeit prägt mittlerweile das Leben eines jeden Engländers. Es ist ein wachsendes Problem in England, verursacht durch eine wirtschaftliche Krise, die wir nicht übersehen können. Aber nur die, die tatsächlich arbeitslos sind, mussten ihren Lebensstil stark verändern. Die Glücklichen, die nicht betroffen sind, spüren wenig davon und müssen ihren Lebensstil nicht anpassen.

Die meisten Engländer haben ein festes Bild bzw. eine genaue Meinung darüber, wie Fremde sind. Sie haben eine bestimmte Vorstellung von jedem Land, und diese ändert sich nicht, sogar wenn sie das Land besuchen und

Bewohner treffen. Die Engländer sind stur und ändern nicht so leicht ihre Meinung. Wahrscheinlich haben auch die Fremden ihre eigene feste Vorstellung über die Engländer.

An der Wende des 19. zum 20. Jh. war der typische Engländer ein Mann der Oberklasse, der mit einer Tweedjacke und Hannet-Hose bekleidet war, Oxford-Akzent sprach, Bridge spielte und in seiner Freizeit Kricket zusah. Dieses Image existiert nicht mehr. Unglücklicherweise hat sich in den letzen Jahren ein Image herausgebildet, als ob England aus einer Nation von Fußball-fanatikern bestünde. Dieses Bild wurde in jüngster Zeit durch Ereignisse bei Fußballspielen verstärkt, insbesondere nach den Krawallen während eines Spiels zwischen Juventus und Liverpool in Brüssel, wo 35 Menschen getötet und noch mehr verletzt wurden. Aber wie mit allen Unruhestiftern, so ist es auch mit den Fußballfanatikern: Sie machen nur einen kleinen Prozentsatz der Fußballfans und einen noch kleineren Prozentsatz der britischen Bevöl-kerung aus. Sie haben es jedoch erreicht, Tausende von unschuldigen und gesetzestreuen Fans in Misskredit zu bringen und Englands Glaubwürdigkeit im Ausland zu zerstören.

Beide Bilder über das englische Volk sind falsch. Ich bin jedoch nicht in der Lage, ein Bild eines durchschnittlichen Engländers zu zeichnen, da sich die Menschen in unserem Lande sehr unterscheiden. Was ich sagen kann, ist, dass ein typischer Engländer weder zur Oberklasse zählt noch ein Fuß-ballfanatiker ist und dass die Mehrheit der Bevölkerung zur arbeitenden Klasse gehört und die Gesetze einhält.

Die meisten Fremden betrachten die Engländer als kühl, gefühllos und sehr formell. Diese auch als „englische Reserviertheit" bezeichnete Eigenschaft existiert tatsächlich.

Wenn man fremde Länder, insbesondere europäische Länder besucht, beob-achtet man, dass sich die Menschen sehr freundlich und innig begrüßen, die Hände schütteln, sich küssen und umarmen – ein seltener Anblick in England. Als ich letztes Jahr in Frankreich war, bemerkte ich plötzlich meine eigene „englische Reserviertheit", als ich mit der Familie zusammentraf, bei der ich längere Zeit wohnen sollte. Ich hatte ein freundliches „Bonjour" und ein Händeschütteln mit den Eltern erwartet. Aber zu meiner Überraschung – und ich muss hinzufügen, zu meinem beträchtlichen Unbehagen – wurde ich gepackt und dann mehrmals auf jede Wange von jedem Mitglied der Familie geküsst. Ich gewöhnte mich allmählich an dieses Ritual jeden Morgen vor dem Frühstück und jeden Abend vor dem Zubettgehen, obwohl ich nie lernte, mich darüber wirklich zu freuen.

England, so wie ich es sehe und wie es zweifellos von vielen Fremden gesehen wird, ist ein sehr kleines Land, welches es jedoch fertig bringt, einen beträchtlichen Einfluss auf das internationale Geschehen auszuüben.

Ich habe keine starken patriotischen Gefühle England und seinen Regierenden gegenüber, wahrscheinlich wegen des schrecklichen Zustandes, in dem sich das Land zur Zeit befindet. Für mich ist es einfach das Land, in welchem ich geboren wurde. Allerdings könnte ich auch nicht ständig im Ausland leben, weil ich England als meine Heimat betrachte und eine gewisse Verbundenheit mit dem Land verspüre.

Die meisten Engländer besitzen jedoch einen unbewusst starken Patriotismus dem Land und der königlichen Familie gegenüber. Nur wenige fühlen sich der Regierung stark verbunden – wahrscheinlich wegen ihres relativ schnellen Wechsels. Aber die königliche Familie wird von der Mehrheit des englischen Volkes geachtet und respektiert.

Zuvor habe ich die Engländer als hochmütig beschrieben. Als das britische Empire noch existierte, wurde dies zweifellos von Fremden mehr bemerkt als von den Engländern selbst. Aber derselbe Snobismus der damaligen Zeit existiert noch heute in den Köpfen vieler. Viele Engländer erwarten noch heute von Fremden, dass sie Englisch sprechen können und deuten damit auf die Tatsache hin, dass das Englische eine international akzeptierte Sprache darstellt. Nur wenige unternehmen die Anstrengung eine fremde Sprache zu lernen, außer denjenigen, die an der Schule gelehrt werden. Diese Einstellung ist in meiner Generation nicht mehr so stark verbreitet, aber bis zu einem gewissen Grade existiert sie immer noch. Das englische Volk hat seine Schattenseiten, aber du wirst finden, dass die Mehrheit von uns genauso ist wie du: von Herzen gute Leute!

Hyde Park in London • FOTO: H. Haubrich

1. Gibt die Überschrift einen Hinweis auf den Inhalt und erregt sie gleichzeitig Aufmerksamkeit?
Die Überschrift gibt einen klaren Hinweis darauf, dass die Autorin über ihr eigenes nationales Selbstbild, d. h. über ihre eigene Wahrnehmung ihrer Landsleute und ihres Landes schreiben will.
Die Überschrift erregt Aufmerksamkeit, weil die Autorin über ihre „persönlichen Ansichten" berichten will und daher vermutet werden kann, dass das Thema nicht abstrakt und trocken, sondern subjektiv und emotional dargestellt wird.

2. Ist die Einleitung lebendig, anschaulich und konkret, motiviert sie zum Lesen, spricht sie das Thema des Textes an und bietet sie einen knappen Überblick über die folgenden Ausführungen?
Die relativ ausführliche Einleitung behandelt die Schwierigkeit, über sein eigenes Land zu schreiben. Dies wird sehr konkret und anschaulich dargestellt. Die Autorin spricht zwar die Fragestellung des gesamten Aufsatzes an, bietet aber keinen Hinweis auf Teilthemen, die abgehandelt werden sollen.

3. Wird eine Gliederung deutlich und macht sie den Text überschaubar und damit gut lesbar? Beziehen sich die Abschnitte jeweils auf ein Teilthema oder eine Teilfrage – wenn ja, auf welche?
Der Hauptteil des Aufsatzes ist klar gegliedert und macht damit den Text überschaubar und gut lesbar. Die einzelnen Abschnitte behandeln:

a) die soziale Gliederung der englischen Gesellschaft in Ober-, Mittel- und Arbeiterklasse

b) das Image einer typischen Familie in den 1960er-Jahren (glückliche Familie mit zwei Kindern) und

c) ihr Wandel in den 1970er-Jahren (verarmte Familie in einer Sozialwohnung)

d) die Arbeitslosigkeit insbesondere von Jugendlichen

e) das Fremdbild der Engländer, d. h. die unbeweglichen Einstellungen der Engländer Fremden gegenüber

f) das England-Bild der Ausländer, d. h. das Bild, das Ausländer von Engländern (früher: Tweedjacke, Oxford-Englisch; heute: Fußballfanatiker) haben

g) die Beurteilung der Fehlerhaftigkeit der Fremd- und Selbstbilder

h) die Erfahrung der Autorin mit ihrer eigenen „englischen Reserviertheit" im Ausland (Händeschütteln, Küssen, Umarmen)

i) die Beurteilung ihrer eigenen eingeschränkten „patriotischen Gefühle"

j) die Einstellung ihrer Landsleute zur Regierung und zur königlichen Familie

k) die kritische Beurteilung des häufig zu beobachtenden „Snobismus" und der Abneigung Fremdsprachen gegenüber.

4. Gibt es eine Zusammenfassung, die dem Leser die wesentlichen Gedanken noch einmal kurz ins Gedächtnis ruft und die möglicherweise offen gebliebene Fragen anspricht?
Die Zusammenfassung ist sehr kurz. Sie ist keine inhaltliche Zusammenfassung.
Eindrucksvoll ist jedoch das etwas philosophische Resümee der Autorin: „Das englische Volk hat seine Schattenseiten, aber du wirst finden, dass die Mehrheit von uns genauso ist wie du: von Herzen gute Leute!"

5. Wurden die Inhalte richtig und vielfältig dargestellt?

Da die Inhalte persönliche Anschauungen wiedergeben, kann man sie nicht als richtig oder falsch bewerten. Die Ausführungen sind aber sehr inhaltsreich. Die Teilthemen sind nicht nur zahlreich, sondern werden auch in der Regel sehr ausführlich dargestellt.

6. Ist die Sprache klar und verständlich, werden Fachbegriffe richtig angewandt?

Da der Text eine Übersetzung darstellt, kann nur diese und nicht der englische Urtext beurteilt werden. Die Sprache ist klar und verständlich und enthält auch einige speziellere Begriffe wie „soziale Klasse", „Reserviertheit", „Tweedjacke", „Hierarchie", „Oxford-Akzent", „Hannet-Hose".

7. Enthält der Text Zeichen eines kritischen Bewusstseins des Schreibers über Schwachstellen bzw. Grenzen seiner Aussagen?

Die Autorin macht nicht nur in der Einleitung, sondern auch im Hauptteil immer wieder darauf aufmerksam, wie schwierig es ist, über Menschen eines Landes verallgemeinernd zu schreiben und wie gefährlich es ist, ein falsches Image zu produzieren, womit man oft vielen einzelnen Menschen Unrecht tut.

8. Zusammenfassende Beurteilung

Die englische Autorin berichtet über viele Erscheinungen in England. Dazu zählen Bevölkerung, Gesellschaft, Lebensstandard, Image und vieles mehr. Am meisten interessiert sie sich für das Image, das die Engländer in der Welt besitzen. Sie erwähnt positive und negative Seiten der Engländer. Besonders die Arbeitslosigkeit, die Fußballfanatiker und die soziale Ungerechtigkeiten in England bewertet sie sehr negativ. Ihre Identifikation mit ihrem Land ist sehr kritisch und distanziert. Sie schreibt: „Ich habe keine starken patriotischen Gefühle England und seinen Regierenden gegenüber, wahrscheinlich wegen des schrecklichen Zustandes, in dem sich das Land zur Zeit befindet. Für mich ist es einfach das Land, in dem ich geboren wurde. Allerdings könnte ich nicht ständig im Ausland leben, weil ich England als meine Heimat betrachte und eine gewisse Verbundenheit mit dem Land verspüre."

Mein Frankreich
von Farouk Soufi (übersetzt von Hartwig Haubrich)

In der Welt der Computer und Roboter, in der gegenwärtigen Welt, die vor einem großen Wendepunkt in ihrer Geschichte steht, hat Frankreich einen sehr bedeutenden Platz inne.

Ich werde zeigen, was Frankreich meiner Meinung nach ist bzw. was es für mich bedeutet.

In einem ersten Teil werde ich Frankreich als das Land der Traditionen und des Fremdenverkehrs und seine Landschaften vorstellen.

In einem zweiten Teil werde ich zeigen, dass Frankreich wirtschaftlich und strategisch ein wichtiges Land ist und in seiner Geschichte war.

In einem letzten Teil will ich darstellen, dass Frankreich als ein freiheitliches Land und ein Land der Menschenrechte bezeichnet werden kann. Das alles ist für mich Frankreich ...

Eifel Turm, Paris • FOTO: C. Johannes

Landschaften

Frankreich ist ein offenes Land, ein Land mit sehr vielen verschiedenartigen Landschaften, sodass man es auch manchmal landschaftlich als eine Zusammenfassung Europas bezeichnet. Tatsächlich befinden sich auf den 550 000 km²: alte Gebirge wie das Massif Central (Puy de Sancy 1 886 m NN), die Vogesen (Ballon de Guebwiller) und junge Gebirge wie die Alpen (Mont Blanc 4 805 m) und die Pyrenäen (Pic du Midi), Tief- und Hochebenen (2/3 des Gebietes) und Küsten (3 200 km).

Wald

Einer der bedeutendsten Teile der französischen Landschaft ist für mich der Wald. Ich wähle den Wald als Beispiel aus, weil er 25 % des französischen Gebietes einnimmt (140 000 km²). Unser Wald hat zwar noch einige Probleme, diese sind aber nicht sehr bedeutend. Der Wald legt Zeugnis von der Schönheit Frankreichs ab.

Traditionen

Frankreich hat vielfältige Landschaften, aber auch zahlreiche Traditionen. Der Tanz und die Trachten sind sehr verschieden. Beide zählen für mich zum Frankreich-Bild. Während des Jahres gibt es zahlreiche religiöse und Volksfeste. Sie sind typisch für französische Traditionen.

Neujahr

In der Provence wird das Neujahr anders als in den großen Städten gefeiert. Hier hat man die alten französischen Bräuche wie in wenigen anderen Gebieten bewahrt. In der Provence ist das Neujahrsessen zwar mager, aber die ganze Familie sitzt um den Tisch, der mit einheimischen Blumen und Pflanzen verziert ist. Ein Teller ist für den „verirrten Reisenden" reserviert. Am Ende der Mahlzeit schaltet man die Lichter aus, und jedermann – Freund oder Feind – wünscht allen ein gutes Jahr. Während des Abends herrscht eine besondere Atmosphäre: Es ist die Atmosphäre der französischen Traditionen – für·mich ist dies Frankreich.

Karneval

Das zweite Beispiel ist der Karneval im Baskenland. Der Karneval zeigt am besten die traditionelle französische Seele. Hier gibt es keine Wagen, stattdessen folkloristische Paraden, von denen jede ihre eigene Bedeutung hat. Alle tanzen und singen und gehen zu den führenden Persönlichkeiten der Stadt, die auch am Fest teilnehmen. Ist der Karneval beendet, erscheint das Dorf oder die Stadt wieder ruhig und friedlich wie immer.

Tourismus

Die Landschaften und Traditionen haben auch die Fremden und damit den Fremdenverkehr angezogen. Der Tourismus ist für Frankreich von großer wirtschaftlicher Bedeutung. Viele Ausländer verbringen ihre Ferien in Frankreich. Nicht nur die Mittelmeer- und Atlantikküste, sondern auch das Mittel- und Hochgebirge sind für den Touristen interessant.
Diese drei Dinge, über die ich berichtet habe, also Landschaften, Traditionen und Tourismus, sind meines Erachtens die ersten wichtigen Eigenschaften, die das Frankreich-Bild ausmachen sollten.

Politik

Im Folgenden werde ich mich der politischen Bedeutung unseres Landes zuwenden. In der Tat glaube ich, dass Frankreich – strategisch gesehen – ein sehr wichtiges Land darstellt. Aber bevor ich dazu meine Meinung sage, will ich über das französische Verteidigungsarsenal berichten. Mit seinen vielen Jagdflugzeugen, atomgetriebenen U-Booten und ferngelenkten atomaren Raketen zählt Frankreich zu den militärisch stärksten Ländern. Es gehört nicht der NATO an und es ist nicht ganz sicher, ob Frankreich mit den USA oder alleine handelt. So kann Frankreich eine wichtige Rolle zur Erhaltung des militärischen Gleichgewichts einnehmen. Außerdem ist Frankreich überall in der Welt vertreten: in Afrika, Amerika, Polynesien und Mittelasien.

Wirtschaft

Nach seiner strategischen Bedeutung möchte ich seine wirtschaftliche darstellen. Hierzu ein Beispiel: Frankreich ist von Anfang an (1957) Mitglied der EG und es ist das Land, das die Vereinigung der ersten Länder wesentlich bewirkt hat. Zur Zeit muss sich Frankreich wegen seiner schwachen Währung insbesondere mit Amerika und Japan auseinandersetzen.

Geschichte

Frankreich spielt heute eine große Rolle, aber es hat sie auch in der Geschichte gespielt. Um dies zu veranschaulichen, werde ich ein Beispiel auswählen, weil es zu viele gibt, die man nicht alle aufzeigen kann. Es geht um den französischen Einfluss in den USA. Ohne Frankreich würden die USA nicht existieren. Vergennes (1719–1787), Lafayette (1757–1834) und Beaumarchais (1732–1799) griffen in Amerika ein und trugen zur englischen Kapitulation in Yorktown (1781) und dann in Versailles (1783) bei, wo schließlich die USA ihre Selbständigkeit erhielten.

Freiheit

Nun zum letzten Symbol Frankreichs, zur Freiheit. In der Tat sind in Frankreich zum ersten Mal die Menschenrechte erkämpft worden (Französische Revolution 1789). Dies bildete die Grundlage für die Erklärung der Menschenrechte im Jahr 1948. Deshalb kann man Frankreich als das Land der Menschenrechte bezeichnen. Frankreich gehört aber auch zu den Ländern, die am 20. November 1959 die Kinderrechte beschrieben haben. Frankreich wahrt auch das Asylrecht und eine freie Gewerkschaftsbewegung. Frankreich besitzt mit fünf anderen Ländern das Vetorecht in der UNO. Die Idee der Freiheit ist meiner Meinung nach die Idee, die Frankreich ausmacht.

Größe

Nun habe ich euch „mein Frankreich" vorgestellt: Landschaften, Traditionen, Tourismus, politische Strategie, Wirtschaft, Geschichte mit Freiheit und Menschenrechten. Am besten kann ich alles mit Charles de Gaulle (1890–1970) zusammenfassen: „France ne peut pas la France sans grandeur!", d. h. „Frankreich kann nicht Frankreich sein ohne Größe!"

Frankreich ist das zweitwichtigste Land in der Welt, aber eine gewisse Abhängigkeit hindert Frankreich daran, seine Rolle zu übernehmen. Deshalb muss Frankreich seine Selbständigkeit wiedererlangen, wenn es die Rolle spielen will, die die seine auf der Erde ist.

Gartenanlage eines Schlosses an der Loire • FOTO: H. Haubrich

1. Eine gute Vorbereitung zum Schreiben von Texten sind mündliche Übungen. Bereite dich auf einen Bericht mit einem geographischen Inhalt (z. B. ein aktuelles politisches oder Naturereignis) vor und trage ihn einem Mitschüler vor. Dieser stellt dann weitere Fragen, sodass ihr zu einem ausführlichen Gespräch kommt. Der zuhörende Schüler sagt dann anschließend seine Meinung über den Aufbau, die Klarheit, die Richtigkeit, die Fülle, die Fach- oder Umgangssprache und die Wertungen des Berichtes. Tauscht nun die Rollen.
Abschließend sollte ein mündlicher Vortrag eines Schülers von der ganzen Klasse kritisch, aber freundlich und konstruktiv analysiert werden.

2. Übe nun das schriftliche Verfassen von eigenen Texten mit einem geographischen Inhalt, z. B. die Beschreibung einer Landschaft (z. B. Hochgebirge), die Erklärung eines Vorganges (z. B. Vulkanausbruch oder Wachstum einer Stadt) oder die Problematisierung einer Entscheidung (z. B. Für und Wider einer Umgehungsstraße). Beachte dabei die o. a. Gütekriterien.

Diagramme auswerten und anfertigen

Fast in jeder Tageszeitung finden sich Diagramme der verschiedensten Art wie Balken-, Kreis- und Kurvendiagramme, aber auch durch Bilder illustrierte und damit nicht nur informierende, sondern auch motivierende Diagramme. Mit diesen Diagrammen möchte man ein ermüdendes Zahlenlesen umgehen und stattdessen durch eine übersichtliche Grafik ein schnelleres und leichteres Verständnis ermöglichen. Man muss aber gelernt haben, mit den Tücken von Diagrammen umzugehen, um nicht durch geschickte Darstellungen in die Irre geführt zu werden.

Will man selbst in einem Bericht, einer Beschreibung oder einem Leserbrief eine Information mit Mengenangaben verständlich weitergeben, so ist es sinnvoll, aus den vorliegenden Zahlen selbst Diagramme anzufertigen. Das kann mit der Hand geschehen. Leicht zu handhabende Grafikprogramme erleichtern jedoch die Arbeit und führen zu besseren Ergebnissen.

Arten von Diagrammen

Balkendiagramme eignen sich gut für einen Vergleich verschiedener Mengen, z. B. Niederschlagssummen von zwölf Monaten eines Jahres.

Kreisdiagramme eignen sich besonders gut für die Darstellung von Teilmengen an einer Gesamtmenge, z. B. Anteile verschiedener Energierohstoffe am gesamten Energieverbrauch.

Kurvendiagramme sind besonders geeignet für die Veranschaulichung von Entwicklungen, z. B. Temperaturverlauf während eines Jahres.

In der Geographie wird häufig mit **Klimadiagrammen** gearbeitet. Diese bestehen aus einem Balkendiagramm mit den monatlichen Niederschlägen und einem Kurvendiagramm des Jahresgangs der Monatsmittel der Temperaturen.

Bevölkerungsdiagramme sind horizontal gelegte und zweigeteilte Balkendiagramme, die die Altersstruktur der männlichen und weiblichen Bevölkerung angeben.

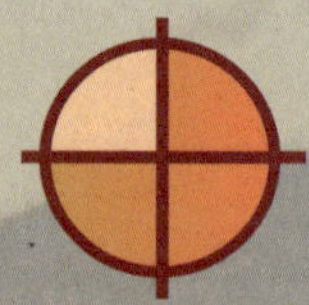

Balken-, Kreis- und Kurvendiagramme auswerten

1. Einordnung

1.1   Quelle

1.2   Veröffentlichungsjahr

1.3   Thema bzw. Indikator

1.4   Bezugsjahr

1.5   Bezugsraum

1.6   Art der Zahlenangaben

2. Auswertung

2.1   Maximalwerte

2.2   Minimalwerte

2.3   Durchschnittswerte

2.4   Abweichungen von den Durchschnittswerten

2.5   Zunahmen oder Abnahmen bei Zeitreihen

2.6   Vergleich von Einzelwerten

2.7   Erfassen von Entwicklungen

2.8   Hauptaussage

3. Bewertung

3.1   Zuverlässigkeit der Quelle

3.2   Darstellung

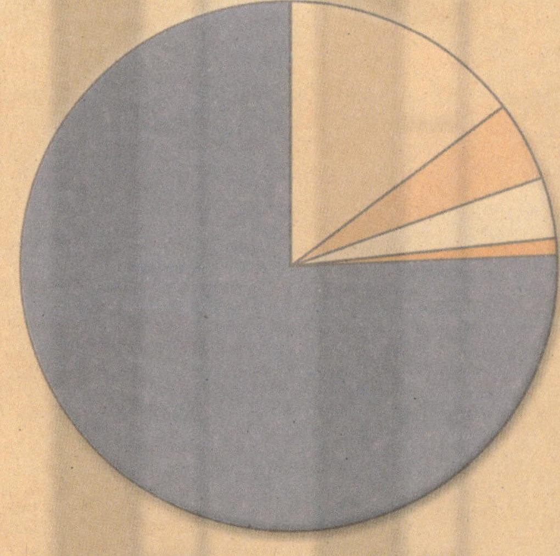

Balkendiagramme

Auswertung des Balkendiagramms **Entwicklung des deutschen Außenhandels 1989–1999**

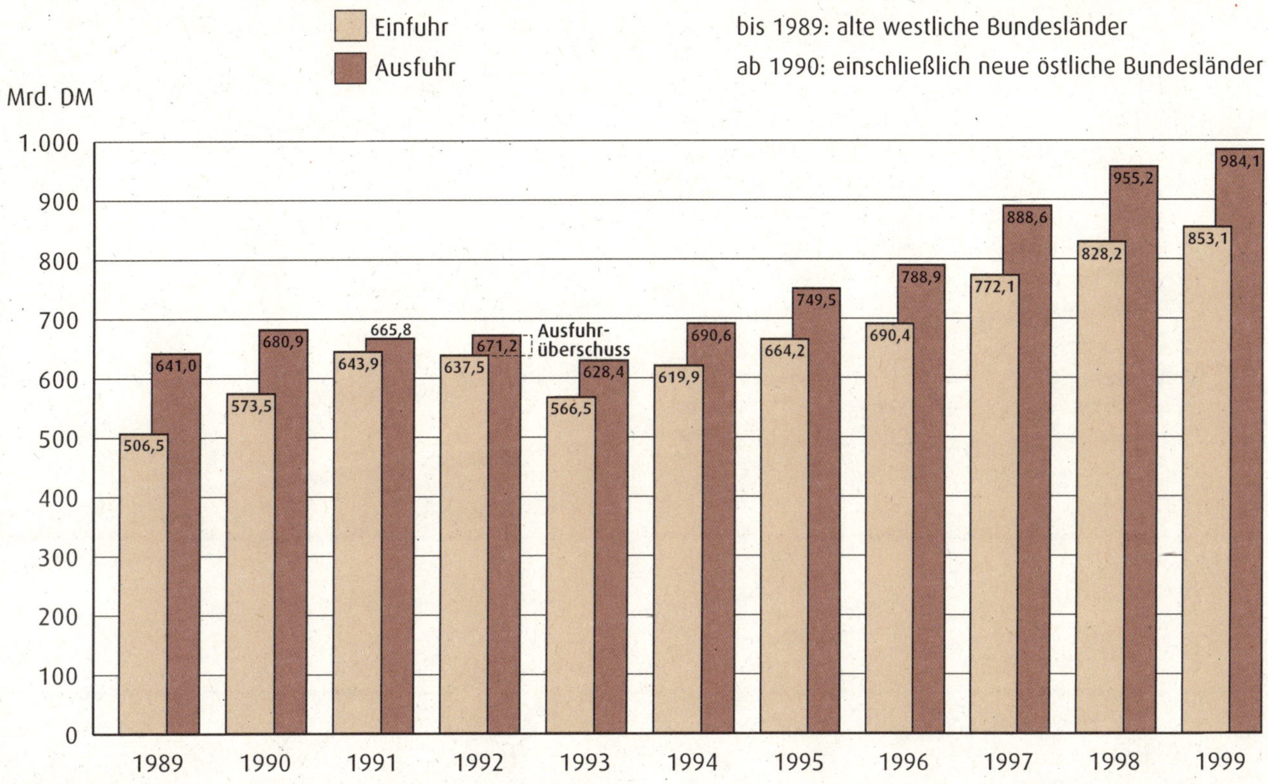

QUELLE: **Statistisches Bundesamt 2000**

1. Einordnung

1.1 Quelle: Statistisches Bundesamt
1.2 Veröffentlichungsjahr: 2000
1.3 Thema bzw. Indikator: Einfuhr und Ausfuhr
1.4 Bezugsjahr: 1989–1999
1.5 Bezugsraum: Deutschland
1.6 Art der Zahlenangaben: Wert in Mrd. DM

2. Auswertung

2.1 Maximalwerte: Die Einfuhr nach Deutschland war 1999 mit 853,1 Mrd. DM am höchsten. Ebenso verhält es sich mit der Ausfuhr, die 1999 984,1 Mrd. DM betrug.

2.2 Minimalwerte: Die Einfuhr war 1989 mit 506,5 Mrd. DM am geringsten. Ihren Minimalwert erreichte die Einfuhr ebenfalls 1989.

2.3 Durchschnittswerte: Im letzten Jahrzehnt wurden jährlich durchschnittlich Waren im Wert von ca. 668 Mrd. DM eingeführt und von ca. 758 Mrd. DM ausgeführt.

2.4 Abweichungen von den Durchschnittswerten: Die letzten Jahre weichen positiv, die ersten Jahre negativ vom Durchschnittswert ab.

2.5 Zunahmen oder Abnahmen bei Zeitreihen: Grundsätzlich kann man eine kontinuierliche Zunahme sowohl in der Einfuhr als auch in der Ausfuhr beobachten. Nur um das Jahr 1993 kam es zu einem kurzfristigen Abschwung.

2.6 Vergleich von Einzelwerten: Vergleicht man die Einfuhr der Jahre 1989 und 1999, so ist ihr Wert um ca. 60 % angestiegen, der Anstieg bei der Ausfuhr betrug ebenfalls rund 60 %.

2.7 Erfassen von Entwicklungen: Zwischen 1989 und 1999 hat der gesamte deutsche Außenhandel stark zugenommen. Auch der Ausfuhrüberschuss ist in diesem Zeitraum etwas angewachsen. Eine Erklärung gibt das Diagramm nicht. Diese könnte bei konkurrenzfähigen Produkten und/oder bei günstigen Wechselkursen und damit bei niedrigen Preisen der deutschen Wirtschaft liegen.

2.8 Hauptaussage: Mit einer Ausnahme ist sowohl die Einfuhr als auch die Ausfuhr im letzten Jahrzehnt kontinuierlich angestiegen. Die Ausfuhren übertrafen durchgängig die Einfuhren.

3. Bewertung

3.1 Zuverlässigkeit der Quelle: Das Statistische Bundesamt in Wiesbaden gilt als eine seriöse Quelle.

3.2 Form der Angaben: Die Form der Angaben in Mrd. DM bezogen auf die letzten elf Jahre deuten auf eine regelmäßige und genaue Erfassung der Daten.

A 1. Werte das Balkendiagramm **Weltweiter Düngerverbrauch 1970–1998** mithilfe der Hinweise auf S. 60 aus.

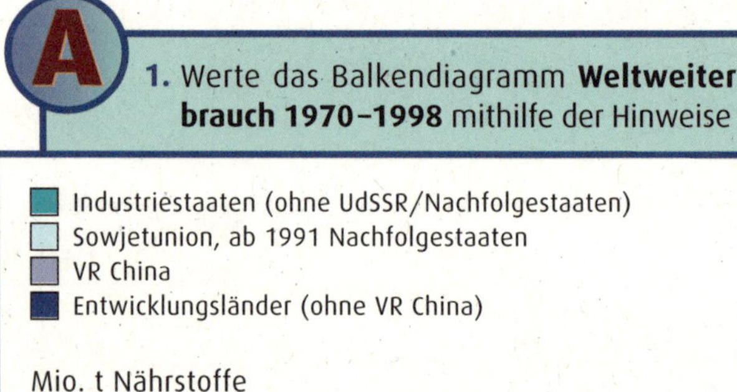

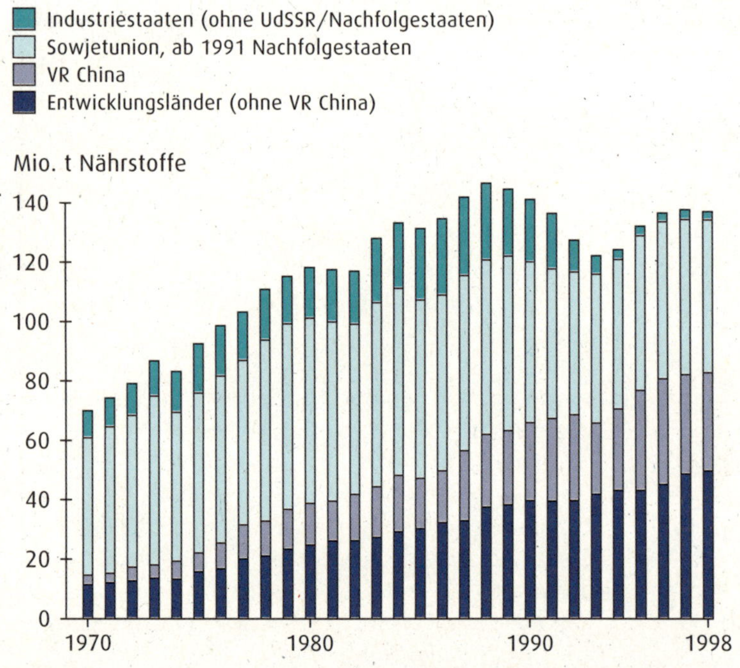

QUELLE: International Fertilizer Association 2000

A 2. Zeichne entweder per Hand oder per Computer ein Balkendiagramm zur Tabelle **Verluste bzw. Wachstum des Waldes 1990–1995.**

	Verluste bzw. Wachstum 1990–1995 in %
Europa	+4,1
Nordamerika	+2,6
Australien, Japan, Neuseeland	+1,0
Asien, Ozeanien	-6,4
Afrika	-10,5
Lateinamerika, Karibik	-9,7
Anmerkung: ohne ehem. Sowjetunion	

QUELLE: FAO 1999

Kreisdiagramme

Auswertung der Kreisdiagramme **Schweizer Erwerbstätige nach Geschlecht, Aufenthaltsstatus und Wirtschaftssektoren am Jahresende 1999**

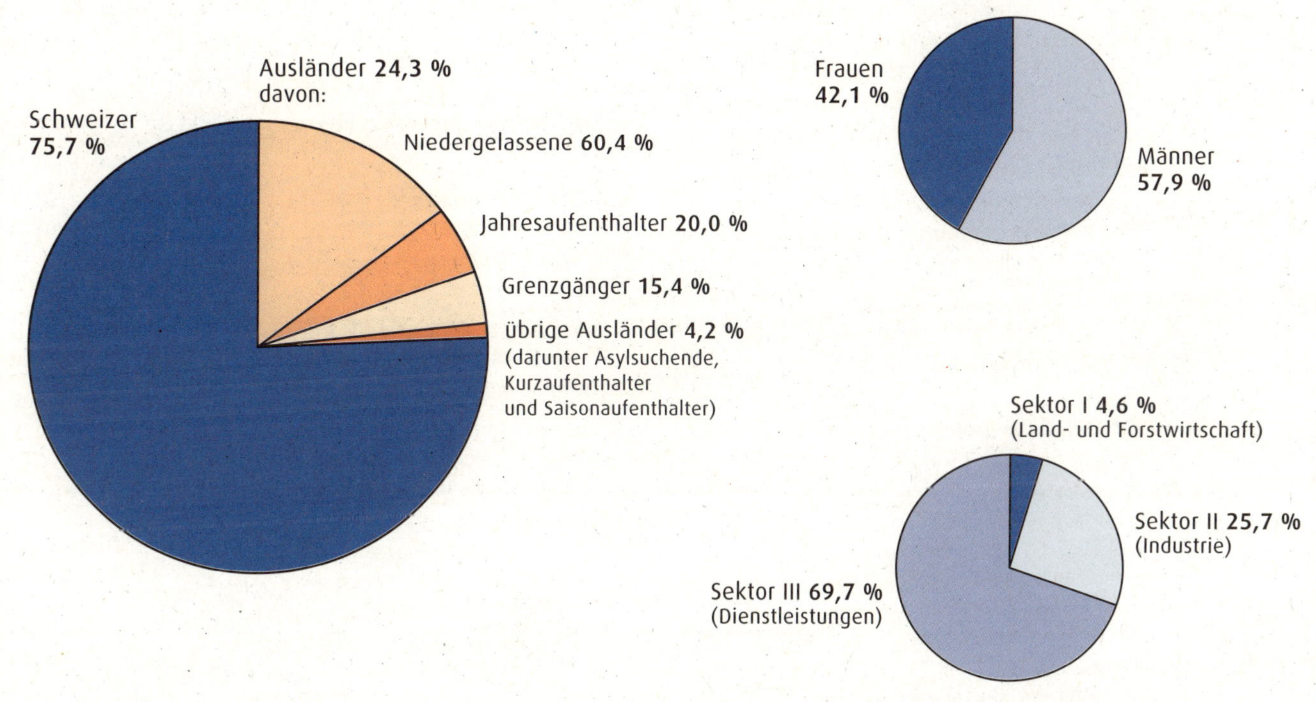

QUELLE: Schweizer Bundesamt für Statistik 2000

1. Einordnung

1.1 Quelle: Bundesamt für Statistik in der Schweiz

1.2 Veröffentlichungsjahr: 2000

1.3 Thema bzw. Indikator: Erwerbstätige nach Geschlecht, Aufenthaltsstatus und Wirtschaftssektoren, Schweizer, Ausländer unterschieden nach Niedergelassene, Jahresaufenthalter, Grenzgänger, übrige Ausländer, darunter Asylsuchende, Kurz- und Saisonaufenthalter

1.4 Bezugsjahr: Ende 1999

1.5 Bezugsraum: Schweiz

1.6 Art der Zahlenangaben: Prozent

2. Auswertung

2.1 Maximalwerte: Bei den Erwerbstätigen in der Schweiz überwiegen mit 75,7 % die Bürger Schweizer Nationalität. Nach Geschlecht überwiegen mit 57,9 % die Männer und nach Wirtschaftssektoren mit 69,7 % der Dienstleistungssektor.

2.2 Minimalwerte: Die Ausländer sind mit fast 25 % in der Minderheit.

2.3 Durchschnittswerte: entfällt, da kein Vergleich mit anderen Ländern oder Jahren

2.4 Abweichungen von den Durchschnittswerten: entfällt, s. 2.3

2.5 Zunahmen oder Abnahmen bei Zeitreihen: entfällt, da keine Zeitreihe

2.6 Vergleich von Einzelwerten: Auffallend ist der im Vergleich zu Deutschland hohe Ausländeranteil an den Erwerbstätigen. Man darf aber nicht übersehen, dass viele davon nicht in der Schweiz wohnen, sondern täglich pendeln bzw. nur eine Saison oder ein Jahr in der Schweiz arbeiten.
Im Vergleich zu anderen Industrieländern hat die Schweiz noch immer einen relativ hohen Anteil an Beschäftigten in der Landwirtschaft. Der überragende Anteil der Beschäftigten im Dienstleistungssektor belegt den hohen Entwicklungsstand der Schweiz.

2.7 Erfassen von Entwicklungen: entfällt, da keine Zeitreihe

2.8 Hauptaussage: Ein Viertel der Erwerbstätigen der Schweiz sind ausländische Bürger. Darunter befinden sich vor allem Niedergelassene, Jahresaufenthalter und Grenzgänger.
Der Männeranteil an den Erwerbstätigen ist etwas höher als derjenige der Frauen.
In der Wirtschaft dominiert der Dienstleistungssektor.

3. Bewertung

3.1 Zuverlässigkeit der Quelle: Das Statistische Amt der Schweiz sollte als seriöse Quelle angesehen werden.

3.2 Form der Angaben: Die Zahlen sind immer in Prozent angegeben und beschreiben deshalb immer Teilmengen von Gesamtmengen. Absolute Zahlen fehlen.

1. Werte das Kreisdiagramm **Beitrag einzelner Gase zum anthropogenen Treibhauseffekt** mithilfe der Hinweise auf Seite 60 aus.

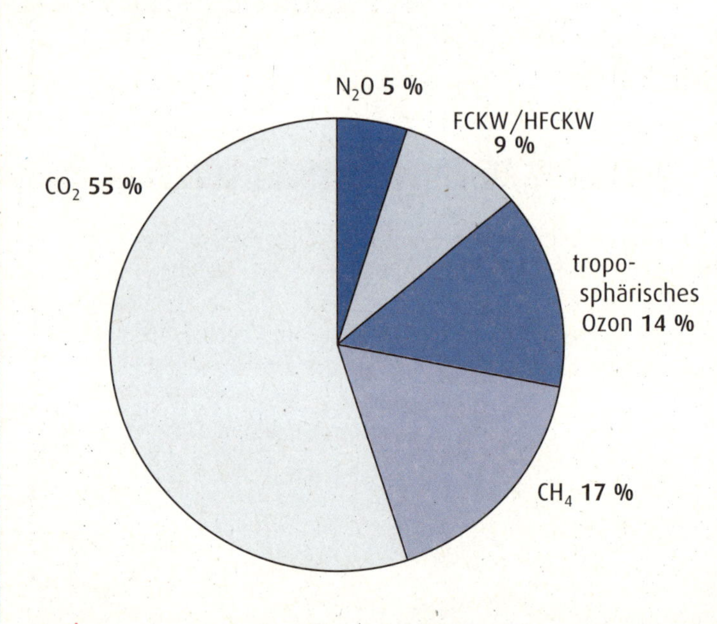

QUELLE: IPCC 1995; in: Der Fischer Weltalmanach 2001

2. Zeichne per Hand oder per Computer ein Kreisdiagramm zur Tabelle **Energieträger in Deutschland 1999**.

Gesamtverbrauch: 484,5 Mio. t Steinkohleneinheiten (SKE)

	Anteil am Primärenergie- verbrauch (%)
Mineralöl	39,4
Erdgas	21,3
Steinkohle	13,4
Kernenergie	13,1
Braunkohle	10,3
Wasserkraft, Wind Sonstiges	-2,5

QUELLE: AG Energiebilanzen; in: Der Fischer Weltalmanach 2001

Auswertung des Kurvendiagramms **Strom aus Wind 1980–1999**.

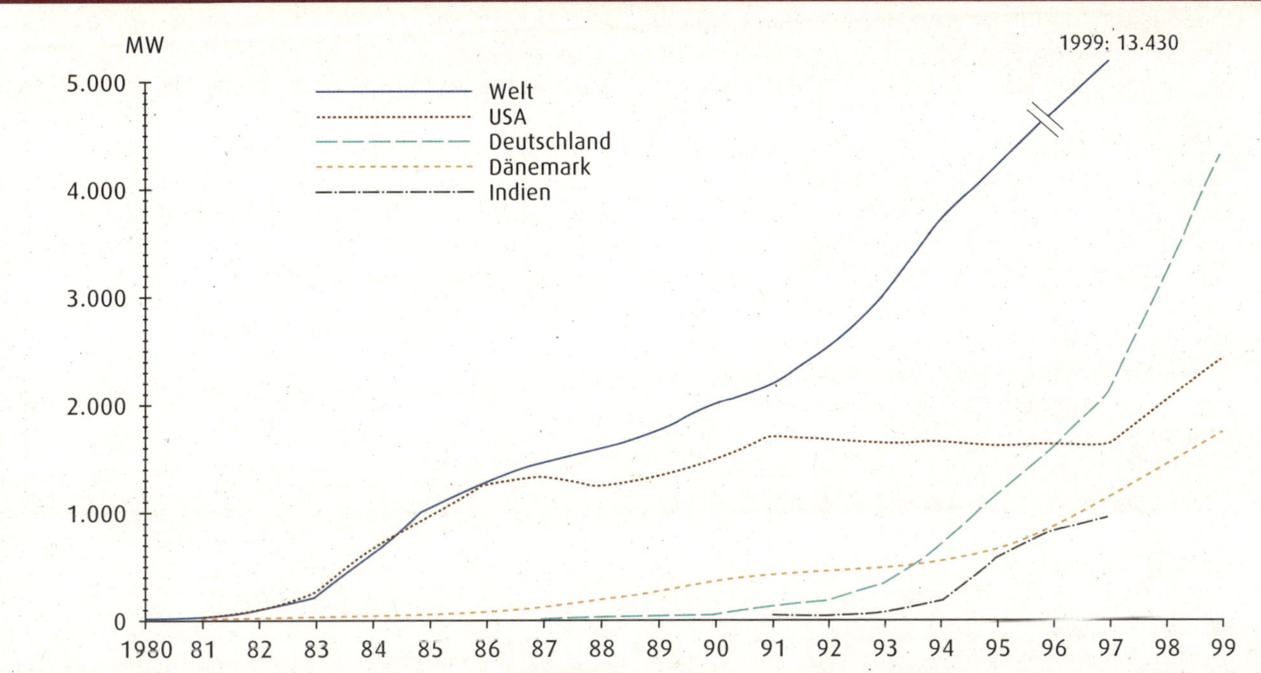

1. Einordnung

1.1 Quelle: Worldwatch Institute

1.2 Veröffentlichungsjahr: 2000

1.3 Thema bzw. Indikator:
Erzeugungskapazität der Windkraft

1.4 Bezugsjahr: 1980–1999

1.5 Bezugsraum: Welt, Deutschland, USA,
Dänemark, Indien

1.6 Art der Zahlenangaben: MW

2. Auswertung

2.1 Maximalwerte: Das jüngste Erhebungsjahr, 1999,
zeigt die höchsten Werte von 13 430 MW für die
Welt, aber auch für die einzeln aufgeführten Länder Deutschland, USA, Dänemark und Indien.

2.2 Minimalwerte: In den USA und in Dänemark begann die Nutzung der Windkraft in größerem
Maßstab, d. h. mehr als einige Megawatt installier-
te Leistung, schon 1980, in Deutschland 1987 und
in Indien 1991.

2.3 Durchschnittswerte: Es ist hier nur sinnvoll, das
durchschnittliche Wachstum pro Jahr zu betrachten.
Dieses wird im Schnitt in den letzten Jahren immer
stärker. Nur in den USA stagnierte die Entwicklung
in dem Jahrzehnt zwischen 1986 und 1996.

2.4 Abweichungen von den Durchschnittswerten:
Deutschland hatte in den letzten Jahren den stärksten Anstieg und ist damit auch maßgeblich für die
starke weltweite Zunahme verantwortlich.

2.5 Zunahmen oder Abnahmen bei Zeitreihen: Zu Beginn ist die Zunahme der Windkraftnutzung nur
gering, dann verstärkt sie sich immer mehr.

2.6 Vergleich von Einzelwerten: Nicht alle Länder, die an der Weltkapazität der Windkraftgewinnung beteiligt sind, sind im Kurvendiagramm aufgeführt. Von den vier genannten Ländern liegt Deutschland an der Spitze und Indien bildet das Schlusslicht.

2.7 Erfassen von Entwicklungen: Die unterschiedliche Entwicklungsgeschwindigkeit zu Beginn der Windkraftnutzung und in den letzten Jahren sowie die Stagnation in den USA von 1986 bis 1996 wurde oben schon aufgezeigt.

2.8 Hauptaussage: Die Entwicklung der Erzeugungskapazität hat in den letzten Jahren einen schwungvollen Anstieg genommen, wobei Deutschland mit weitem Abstand an der Spitze steht.

3. Bewertung

3.1 Zuverlässigkeit der Quelle: Das Worldwatch Institute gilt weltweit als eine seriöse Quelle.

3.2 Form der Angaben: Die Angaben sind in MW gemacht. Die Werte beziehen sich aber nicht auf die Gewinnung von Windenergie, sondern auf die Kapazität, Windkraft zu gewinnen. Würden die Anlagen voll ausgenutzt, so wären die angegebenen Werte mit Produktionswerten identisch.

1. Werte das Kurvendiagramm **Globale Mitteltemperatur im vergangenen Jahrtausend** mithilfe der Hinweise auf Seite 60 aus.

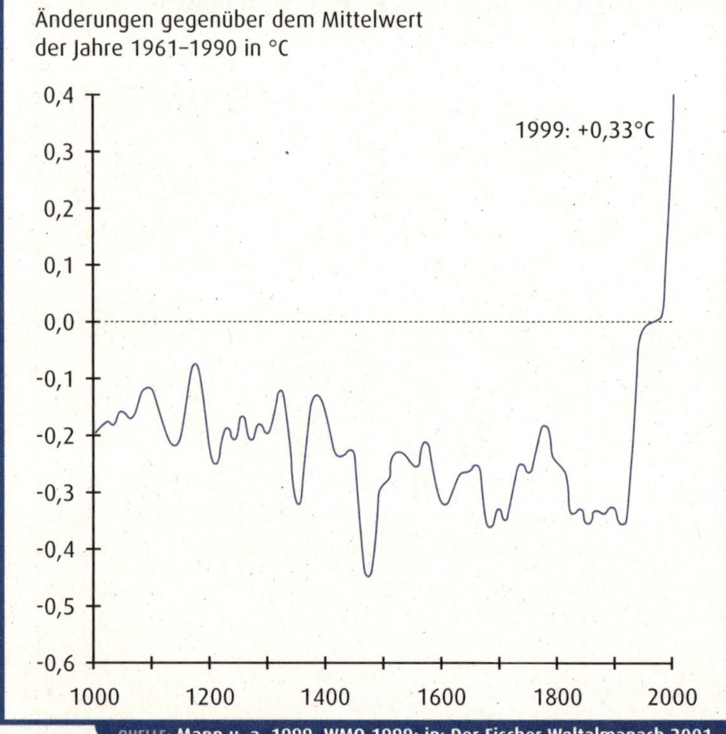

QUELLE: Mann u. a. 1999, WMO 1999; in: Der Fischer Weltalmanach 2001

2. Zeichne entweder per Hand oder per Computer ein Kurvendiagramm zur Tabelle **Entwicklung der globalen Kohlendioxid-Emissionen aus der Verbrennung fossiler Brennstoffe und der Zementproduktion 1750–1998.**

1750	0,1 Mrd. t CO_2
1900	0,2 Mrd. t CO_2
1940	1,0 Mrd. t CO_2
1960	4,0 Mrd. t CO_2
1980	5,0 Mrd. t CO_2
1990	15,0 Mrd. t CO_2
1998	23,2 Mrd. t CO_2

QUELLE: Marland u. a. 1999; in: Der Fischer Weltalmanach 2001

Klimadiagramme

Auswertung des **Klimadiagramms der Klimastation 1 (20 m ü. M.)**

1. Temperatur

1.1 Maximum: 27,5 °C im Februar, Mai und Dezember

1.2 Minimum: 26 °C im Oktober

1.3 Amplitude, d. h. Unterschied zwischen Maximum und Minimum: 1,5 °C

1.4 Jahresmittel: 26 °C

1.5 Jahresgang: Die Monatsmittel der Temperatur schwanken nur gering um 26 °C.

2. Niederschlag

2.1 Maximum: 258 mm im Dezember

2.2 Minimum: 170 mm im Juli

2.3 Amplitude: 88 mm

2.4 Jahressumme: ca. 2 400 mm

2.5 Jahresgang: Zwischen Februar und Oktober sind die Niederschläge mit ca. 180 mm im Monat relativ gleichmäßig und hoch. Ein Niederschlagsmaximum zeigen die Monate November bis Januar.

3. Vergleich des Jahresgangs von Temperatur und Niederschlag

Die Temperaturen sind mit um die 26 °C mehr oder weniger gleichbleibend hoch. Die Niederschläge sind das ganze Jahr über hoch mit einem Maximum zwischen November und Januar. Ein Zusammenhang zwischen Temperatur und Niederschlag besteht nicht.

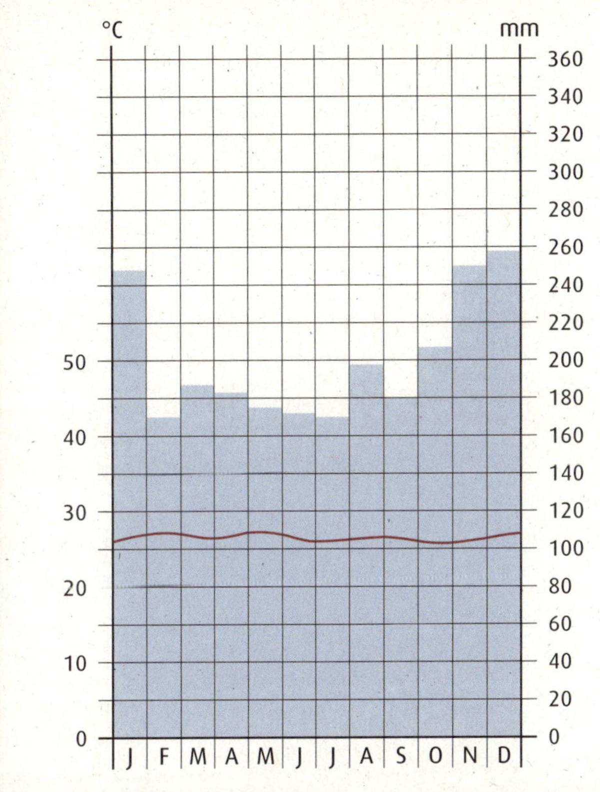

4. Lage der Klimastation

4.1 Höhe ü. M.: 20 m

4.2 Lage auf der Nord- oder Südhalbkugel: Da die höchsten Niederschläge um die Jahreswende fallen, liegt die Station wohl eher auf der Südhalbkugel.

4.3 Klimaregion: Die ganzjährigen Niederschläge und die gleichbleibend hohen Monatsmittel der Temperatur weisen auf eine Klimastation in Äquatornähe mit einem Klima ohne Jahreszeiten hin. Bezieht man die geringe Höhe von 20 m ü. M. mit ein, so lässt sich auf ein äquatoriales Tieflandklima schließen.

1. Werte das Klimadiagramm der Klimastation 2 wie im Beispiel aus.

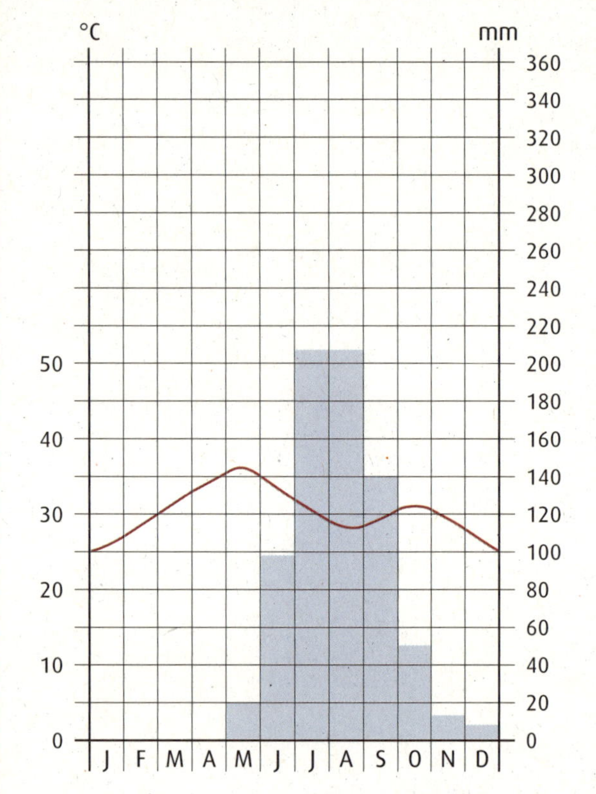

Klimastation 2 (150 m ü. M.)

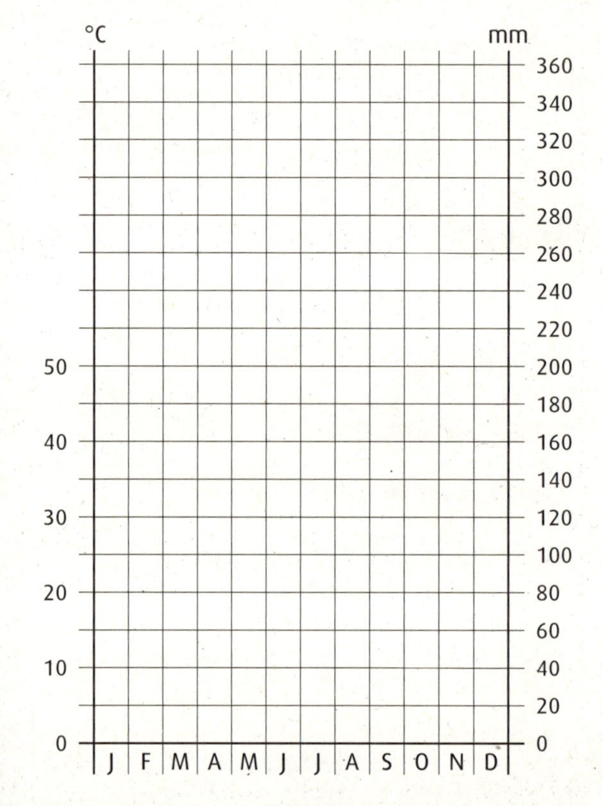

2. Zeichne in das leere Raster ein Klimadiagramm auf der Basis der Daten der Klimastation 3.

Klimastation 3 (100 m ü. M.)

	J	F	M	A	M	J	J	A	S	O	N	D
Temperatur (°C)	21	22	23	30	33	30	29	29	28	27	24	22
Niederschlag (mm)	8	26	38	44	180	297	317	326	240	118	20	8

3. Werte das Klimadiagramm zur Klimastation 3 wie im Beispiel aus.

Auswertung der **Bevölkerungspyramide Palästinas 1998**

QUELLE: **PCBS 1999**

1. Vergleich der verschiedenen Altersgruppen nach Geschlecht und Anteil an der Gesamtbevölkerung

1.1 Vorschulkinder: Die Vorschulkinder bilden in Palästina eine breite Basis der Gesamtbevölkerung. Der männliche Anteil ist etwas größer als der weibliche, da natürlicherweise mehr Jungen als Mädchen geboren werden.

1.2 Grundschulkinder: Es gibt zwar weniger Grundschulkinder als Vorschulkinder. Ihr Anteil an der Gesamtbevölkerung ist aber mit etwa 8 % Jungen und 8 % Mädchen noch immer sehr hoch. Die Ursache für die geringere Zahl im Vergleich zu den Vorschulkindern könnte entweder bei geringeren Geburten oder vermehrten Sterbefällen liegen.

1.3 Schülerinnen und Schüler der Sekundarstufe I und II: Die Schüler der Sekundarstufe I und II haben mit etwa gleichem männlichen und weiblichen Anteil schon einen bedeutend geringeren Anteil an der Gesamtbevölkerung als die jüngeren Kinder.

1.4 Erwachsene bis zu 65 Jahren: Der Anteil der Erwachsenen im Alter zwischen 20 und 65 Jahren ist im Vergleich zur nachkommenden Generation wesentlich geringer. Der Anteil der männlichen und weiblichen Erwachsenen ist mit einigen kleineren Ausnahmen in etwa gleich.

1.5 Ruheständler: Die Altersgruppe über 65 Jahre hat nur noch einen geringen Anteil an der Gesamtbevölkerung. Nur wenige erreichen ein höheres Alter.

2. Männer- bzw. Frauenüberschuss

Bis auf geringe Abweichungen ist kein ausgesprochener Männer- oder Frauenüberschuss zu beobachten.

3. Regel- und Unregelmäßigkeiten

In der Regel nimmt der Anteil der verschiedenen Altersgruppen von unten nach oben stetig und deutlich ab. Es sind keine ausgesprochenen Brüche in der Gesamtentwicklung zu beobachten.

4. Folgerungen

Der hohe Anteil der jungen Bevölkerung bedeutet eine große Herausforderung für das Bildungs- und Beschäftigungssystem.
Der relative geringe Anteil der Bevölkerung im erwerbstätigen Alter im Vergleich zur jungen Generation wird eine große finanzielle Belastung dieser Gruppe bedeuten, da die Versorgung der Jugend und des Alters gewährleistet sein muss. Letztere haben allerdings nur einen geringeren Anteil. Insgesamt kann man bei Palästina von einer jungen und stark wachsenden Bevölkerung sprechen, die allerdings (noch) durch eine geringe Lebenserwartung geprägt wird.

A

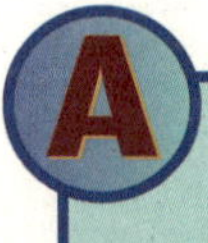

1. Werte das Diagramm **Bevölkerung nach Alter und Beteiligung am Erwerbsleben 1999 in Deutschland und 1970 in Westdeutschland** wie im Beispiel aus.

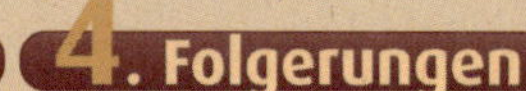

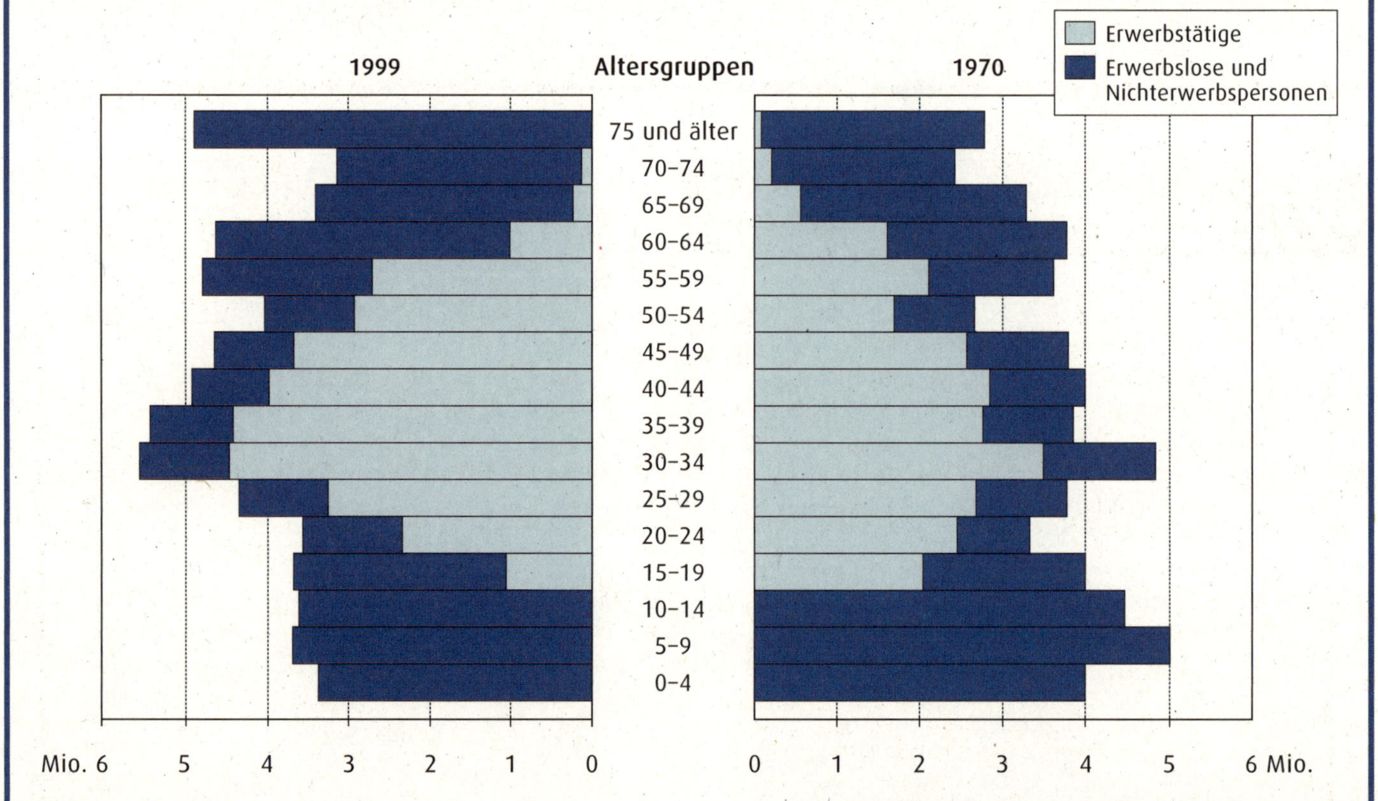

QUELLE: Statistisches Bundesamt Wiesbaden, Mikrozensus 1999

2. Fertige auf der Grundlage der Daten zur Altersstruktur der deutschen Bevölkerung und dem vorgegebenen Raster ein eigenes Bevölkerungsdiagramm an.

Alterstruktur der deutschen Bevölkerung
(Angaben in %; Stichtag: 31.12.1997)

Altersgruppen	männlich	weiblich
0–5	2,5	2,3
6–10	2,7	2,5
11–15	2,7	2,6
16–20	2,7	2,5
21–25	2,4	2,3
26–30	3,4	3,3
31–35	4,4	4,2
36–40	4,2	4,0
41–45	3,8	3,5
46–50	3,5	3,3
51–55	3,1	3,0
56–60	3,8	3,9
61–65	3,0	3,2
66–70	2,4	2,7
71–75	2,0	3,0
76–80	1,5	2,5
81–85	1,0	2,0
86–90	0,8	1,5
91–95	0,1	0,3
96–100	0	0,1

QUELLE: **Statistisches Bundesamt Wiesbaden 1998**

Altersgruppen	♂	♀	Altersgruppen
96–100			96–100
91–95			91–95
86–90			86–90
81–85			81–85
76–80			76–80
71–75			71–75
66–70			66–70
61–65			61–65
56–60			56–60
51–55			51–55
46–50			46–50
41–45			41–45
36–40			36–40
31–35			31–35
26–30			26–30
21–25			21–25
16–20			16–20
11–15			11–15
6–10			6–10
0–5			0–5

7 % 6 5 4 3 2 1 0 1 2 3 4 5 6 7 %

3. Werte dein selbst angefertigtes Bevölkerungsdiagramm **Altersstruktur der deutschen Bevölkerung** wie im Beispiel aus.

Mit Statistiken arbeiten

Wenn wir den Zustand oder die Veränderung von Erscheinungen auf der Erde genauer beschreiben wollen, ist es oft sinnvoll, dieses nicht mit allgemeinen Begriffen wie „groß" oder „klein", sondern mit Zahlenangaben zu tun. Statistiken bieten derartige Angaben. Eine Statistik beschreibt also einen Status, d. h. einen Zustand oder eine Entwicklung mit Mengenangaben bzw. mit Zahlen. Die **Zahlen** können sein

- **absolute Zahlen**, wie z. B. Mengen (kg, t) oder Höhen (m ü. M.);
- **Prozentzahlen**, die den Anteil an einer Gesamtmenge angeben;
- **Beziehungszahlen**, die Beziehungen zwischen Mengen oder Größen angeben (Tonnen Getreide pro ha, Bevölkerungszahl pro km^2);
- **Indexzahlen**, die einen Ausgangswert z. B. eines bestimmten Jahres gleich 100 und die Werte davor oder danach dazu in Beziehung setzen (z. B. 1990: 100, 2000: 93, 1980: 128; in diesem Fall hat es von 1980 bis 2000 einen stetigen Rückgang gegeben).

Statistiken beziehen sich immer auf bestimmte Messdaten bzw. Zeigerdaten, die man **Indikatoren** nennt, weil sie etwas Charakteristisches indizieren, d. h. anzeigen. Solche Indikatoren sind z. B.:

Bevölkerungsdichte: Einwohner pro km^2 Landfläche
Bevölkerungswachstum
- **natürliches:** Geborene minus Gestorbene
- **allgemeines:** Zugewanderte minus Abgewanderte plus natürliches Bevölkerungswachstum

Wanderungsbilanz: Zugewanderte minus Abgewanderte
Fruchtbarkeitsrate: durchschnittliche Zahl von Kindern, die eine Frau im Laufe ihres Lebens zur Welt bringt
Geburtenrate: Zahl der geborenen Kinder pro 100 oder 1 000 Einwohner pro Jahr
Sterberate: Zahl der Verstorbenen pro 100 oder 1 000 Einwohner pro Jahr
Arbeitslosenquote: Anteil der registrierten Arbeitslosen an der Summe aller abhängig beschäftigten Erwerbspersonen
Analphabetenrate: Anteil der Erwachsenen, die nicht lesen und schreiben können, an den gesamten Erwachsenen
Bruttoinlandsprodukt (BIP): Wert aller von In- und Ausländern innerhalb eines Staates produzierten Güter und Dienstleistungen
Bruttosozialprodukt (BSP): Wert aller von In- und Ausländern innerhalb und außerhalb eines Staates produzierten Güter und Dienstleistungen
Kaufkraftparität: internationale Kaufkraft einer Währung, die angibt, z. B. wie viel Euro man benötigt, um einen repräsentativen Warenkorb zu erwerben, den man in den USA für 1 Dollar kaufen könnte.
Index menschlicher Entwicklung (HDI = Human Development Index): Dieser Indikator setzt sich zusammen aus der Lebenserwartung bei Geburt, dem Alphabetisierungsgrad der Erwachsenen und der realen Kaufkraft pro Einwohner. Anders als das BSP benutzt der HDI auch soziale Indikatoren zur Beurteilung der Lebensqualität.

Angaben, die auf regelmäßigen Erhebungen beruhen, findet man in zahlreichen Statistiken, die z. B. herausgegeben werden von einer Gemeindeverwaltung, von einem Statistischen Landesamt oder vom Statistischen Bundesamt in Wiesbaden und auf internationaler Ebene vom Europäischen Statistikamt (eurostat) in Luxemburg, von den Statistikämtern der Weltbank und der Vereinten Nationen in New York. Daneben gibt es noch viele andere Behörden und private Unternehmen, die laufend statistische Erhebungen durchführen und sie entweder in Zahlentabellen oder in Grafiken veröffentlichen. Nicht immer wurden die Erhebungen exakt durchgeführt und nicht immer sind die Zahlen vergleichbar. Will man statistische Angaben in den Medien verstehen und richtig auswerten, so ist es sinnvoll, sich vorher damit beschäftigt zu haben.

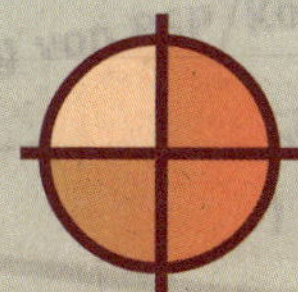

Statistische Daten auswerten

1. Einordnung

1.1 Quelle

1.2 Veröffentlichungsjahr

1.3 Thema bzw. Indikator

1.4 Bezugsjahr

1.5 Bezugsraum

1.6 Art der Zahlenangaben

2. Auswertung

2.1 Maximalwerte

2.2 Minimalwerte

2.3 Durchschnittswerte

2.4 Abweichungen von den Durchschnittswerten

2.5 Vergleich von Einzelwerten

2.6 Hauptaussage

3. Weiterverarbeitung der Daten

3.1 Grafische Weiterverarbeitung (grafische Umsetzung der Daten in Leermatrix/Karte)

3.2 Statistische Weiterverarbeitung (Berechnung des Korrelationskoeffizienten)

4. Bewertung

4.1 Zuverlässigkeit der Quelle

4.2 Form der Angaben

BSP/Kopf, Anteil der Beschäftigten in der Landwirtschaft und Energieverbrauch/Kopf in 30 ausgewählten Ländern

	BSP/Kopf (US-$)	Anteil der Beschäftigten in der Landwirtschaft (%)	Energieverbrauch/Kopf (kg Steinkohleneinheit [SKE])
Burkina Faso	160	83	30
Indien	180	74	180
ehem. Zaire	210	76	70
Tansania	230	83	70
China	230	62	810
Kenia	330	79	140
Indonesien	360	60	280
Ägypten	390	51	460
Sambia	480	68	470
Bolivien	510	51	370
Nigeria	560	56	110
Marokko	670	53	260
Peru	740	39	650
Malaysia	1.090	50	720
Mexiko	1.290	65	620
Südafrika	1.480	30	2.990
Brasilien	1.570	41	790
Uruguay	1.610	12	1.050
Irak	1.860	42	633
Argentinien	1.910	14	1.870
Venezuela	2.910	20	2.990
Israel	3.500	7	2.360
ehem. UdSSR	3.700	17	550
Italien	3.850	3	3.230
Großbritannien	5.030	2	5.210
Japan	7.280	13	3.830
Saudi-Arabien	7.690	62	1.310
Australien	7.990	6	6.220
Westdeutschland	9.580	4	6.020
USA	9.590	2	11.370

Anmerkung: Die Angaben sind gerundete Durchschnittswerte aus den Jahren 1975–1980.

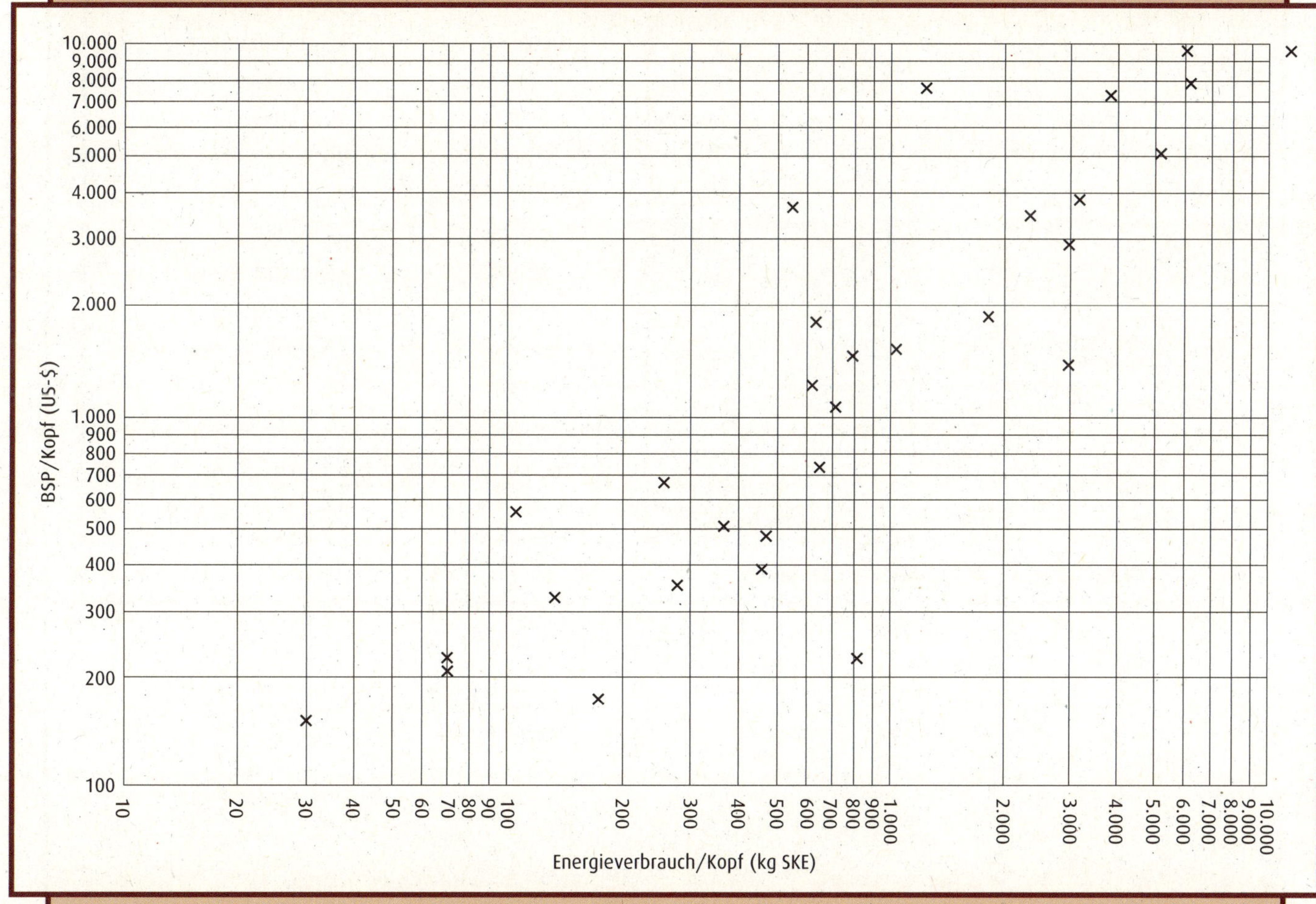

10.000
9.000
8.000
7.000
6.000
5.000
4.000
3.000
2.000
1.000
900
800
700
600
500
400
300
200
100
BSP/Kopf (US-$)
10
20
30
40
50
60
70
80
90
100
200
300
400
500
600
700
800
900
1.000
2.000
3.000
4.000
5.000
6.000
7.000
8.000
9.000
10.000
Energieverbrauch/Kopf (kg SKE)

1. Analysiere die Tabelle **BSP/Kopf, Anteil der Beschäftigten in der Landwirtschaft und Energieverbrauch/Kopf in 30 ausgewählten Ländern** anhand des Schemas.

1 Burkina Faso		**16** Südafrika	
2 Indien		**17** Brasilien	
3 ehem. Zaire		**18** Uruguay	
4 Tansania		**19** Irak	
5 China		**20** Argentinien	
6 Kenia		**21** Venezuela	
7 Indonesien		**22** Israel	
8 Ägypten		**23** ehem. UdSSR	
9 Sambia		**24** Italien	
10 Bolivien		**25** Großbritannien	
11 Nigeria		**26** Japan	
12 Marokko		**27** Saudi-Arabien	
13 Peru		**28** Australien	
14 Malaysia		**29** Westdeutschland	
15 Mexiko		**30** USA	

2. Gestalte auf der Basis der Daten folgende Weltkarten:

Abb. 1: BSP/Kopf in 30 ausgewählten Ländern

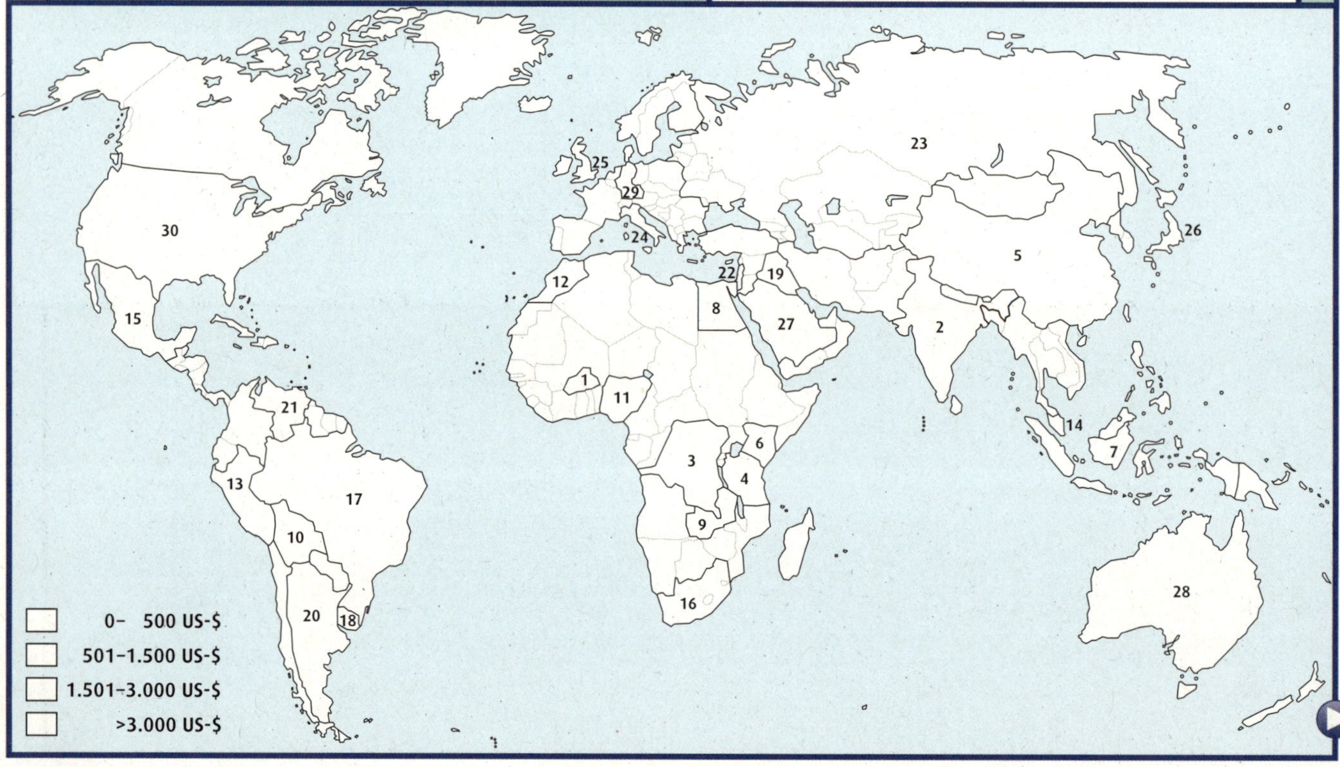

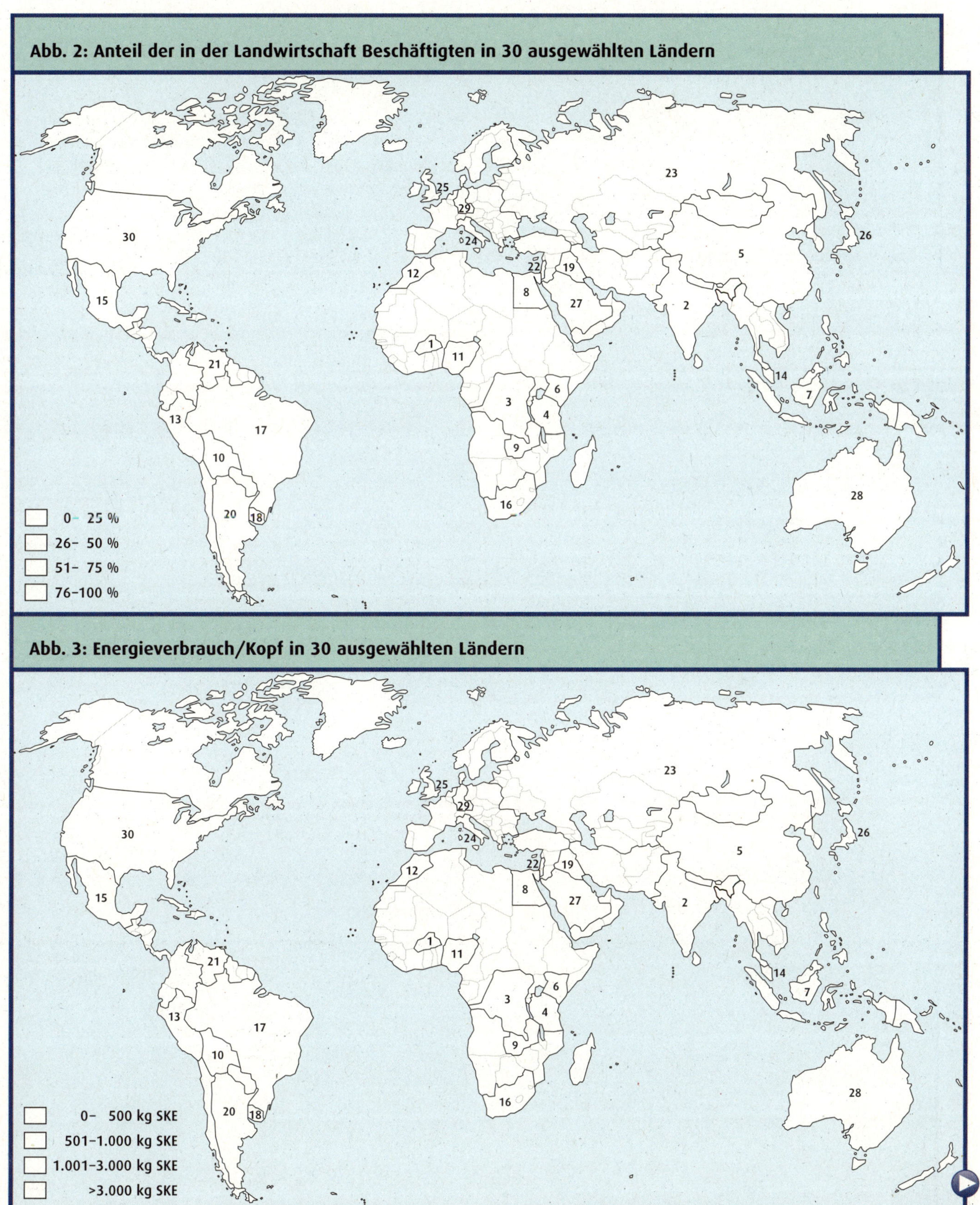

Abb. 2: Anteil der in der Landwirtschaft Beschäftigten in 30 ausgewählten Ländern
0– 25 %
26– 50 %
51– 75 %
76–100 %
Abb. 3: Energieverbrauch/Kopf in 30 ausgewählten Ländern
0– 500 kg SKE
501–1.000 kg SKE
1.001–3.000 kg SKE
>3.000 kg SKE

3. Die Daten zum BSP/Kopf und zum Energieverbrauch sind auf der Seite 75 in einer Matrix dargestellt.

a) Welcher Zusammenhang zeigt sich zwischen den beiden Indikatoren?

b) Fertige auf der Basis der Daten in das vorgegebene leere Raster eine Matrix an, die den Zusammenhang zwischen dem BSP/Kopf und dem Anteil der in der Landwirtschaft Beschäftigten zeigt.

BSP/Kopf und Anteil der Beschäftigten in der Landwirtschaft in 30 ausgewählten Ländern

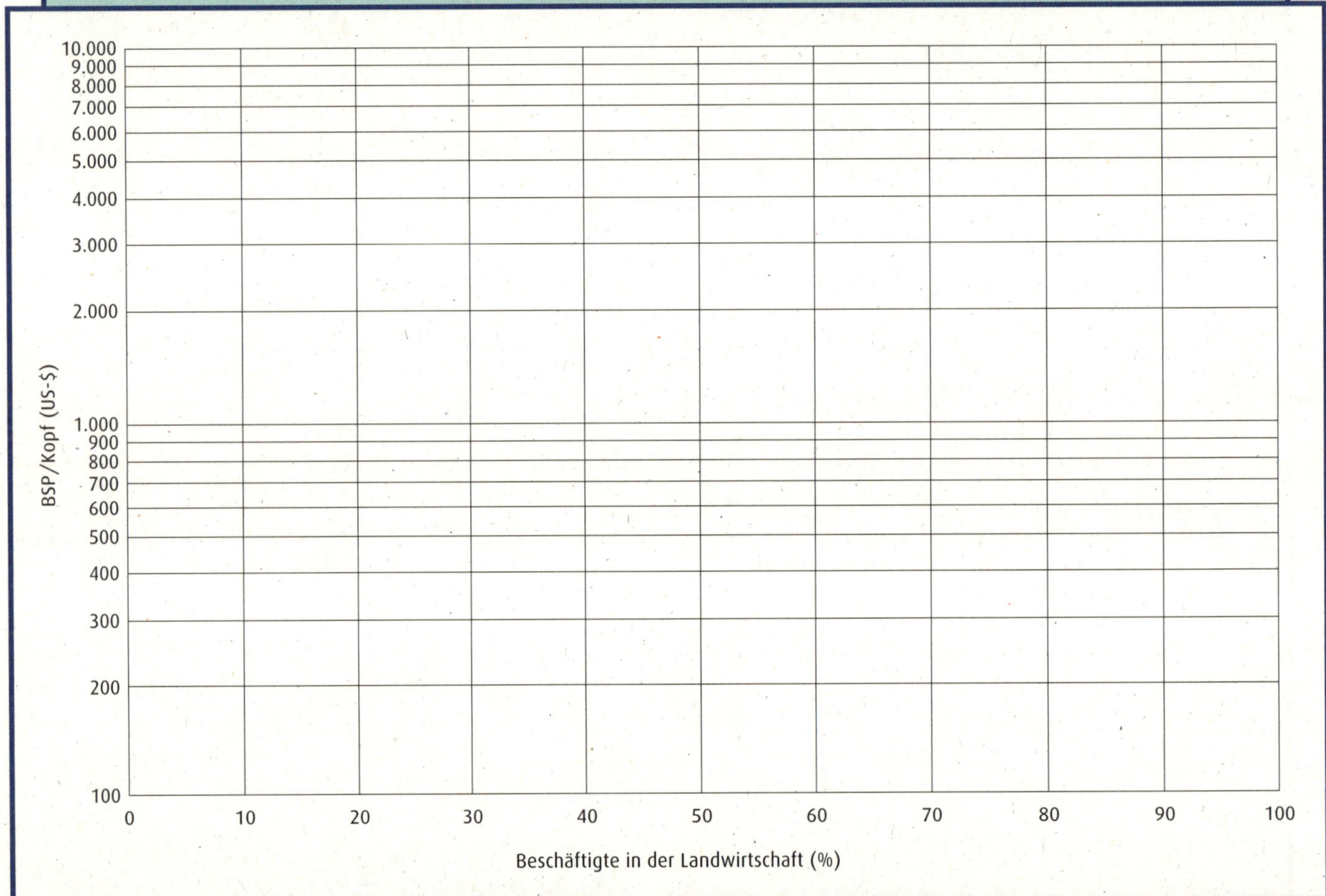

Zusatz für Fortgeschrittene: Berechnung des Korrelationskoeffizienten

Wer in Statistik oder Mathematik etwas Ahnung hat, kann darüber hinaus den Zusammenhang von verschiedenen Indikatoren berechnen. Ob eine Korrelation, d. h. eine Beziehung zwischen zwei Größen besteht, kann mathematisch mithilfe einer Formel ermittelt werden. Der Korrelationskoeffizient (R) liegt immer zwischen +1 und -1. Liegt er zwischen 0,7 und 1, dann besteht ein starker positiver Zusammenhang (Korrelation), liegt der Wert zwischen -0,7 und -1, dann liegt eine starke negative Korrelation vor. Der Wert 0 bedeutet überhaupt keine Korrelation. Werte, die sich von Minus oder Plus der Zahl 0 nähern, zeigen nur eine schwache negative oder schwache positive Korrelation.

Zusammenhang von BSP/Kopf und Lebenserwartung

	BSP/Kopf (US-$)	Rang BSP/Kopf	Lebenserwartung (Jahre)	Rang Lebenserwartung	Differenz zwischen Rang BSP/Kopf und Rang Lebenserwartung	Differenz zum Quadrat
Westdeutschland	9.890	1	72	3	2	4
Japan	7.280	2	76	1	1	1
Großbritannien	5.030	3	73	2	1	1
ehem. UdSSR	3.700	4	70	4	0	0
Südafrika	1.480	5	60	6	1	1
Mexiko	1.290	6	65	5	1	1
Nigeria	560	7	48	9	2	4
Bolivien	510	8	52	7	1	1
Indonesien	360	9	47	10	1	1
Indien	180	10	51	8	2	4
Summe der Differenzen zum Quadrat:						18

Berechnung

$$R = 1 - \frac{6 \times \text{Summe der Differenzen zum Quadrat}}{(\text{Zahl der Länder})^3 - \text{Zahl der Länder}}$$

$$R = 1 - \frac{6 \times 18}{1.000 - 10}$$

$$R = 1 - \frac{108}{990}$$

$$R = 1 - 0,11$$

$$R = 0,89$$

Der Wert von 0,89 bedeutet einen sehr starken positiven Zusammenhang zwischen dem BSP/Kopf und der Lebenserwartung. Das heißt: Je höher das BSP/Kopf umso höher die Lebenserwartung.

Berechne den Korrelationskoeffizienten für das BSP/Kopf und den Anteil der Beschäftigten in der Landwirtschaft für Indien, Kenia, Marokko, Südafrika, Israel, Italien, Japan, Australien, Westdeutschland und die USA. Die entsprechenden Daten findest du in der Tabelle. Wie stark ist die Korrelation?

Karten verstehen

Es gibt kaum eine Zeitung ohne eine Karte.
Fast in jeder Nachrichtensendung werden
Karten gezeigt. Grundlage eines Wetter
berichtes ist immer eine Karte.
Will man gezielt eine Wanderung unternehmen, ist es sinnvoll, eine Wanderkarte zu
Rate zu ziehen. Möchte man eine größere
Autoreise unternehmen, ist es gut, einen
Autoatlas zur Hand zu haben. Will man sich
über ein Land oder einen Kontinent genauer
informieren, helfen einem z. B. die Relief-,
Klima-, Bevölkerungs- und Wirtschaftskarten
in einem Schulatlas oder in einem umfang-
reicheren Weltatlas. Sucht man eine Straße
in einer Stadt, so hängen dort an zentralen
Orten Stadt- und Verkehrspläne, die auf
wichtige Einrichtungen aufmerksam machen
und den Weg zu Fuß oder mit einem Ver-
kehrsmittel zeigen. Karten dienen zur
Orientierung. Sie können uns über die
räumlichen Erscheinungen und Verteilungen
auf der Erde informieren und oft das Leben
erleichtern.

Kartenprojektionen

Karten sind Abbildungen von der Erdoberfläche. Infolge der Kugelgestalt der Erde ist die Erdoberfläche aber rund und Karten sind – im Gegensatz zum Globus – immer ebene Flächen. Die gekrümmte Fläche der Erde muss also in die ebene Fläche einer Karte hineinprojiziert werden. Dies führt natürlich zu Verzerrungen in der Wiedergabe, wie es das Experiment mit einer Apfelsinenschale zeigen kann.

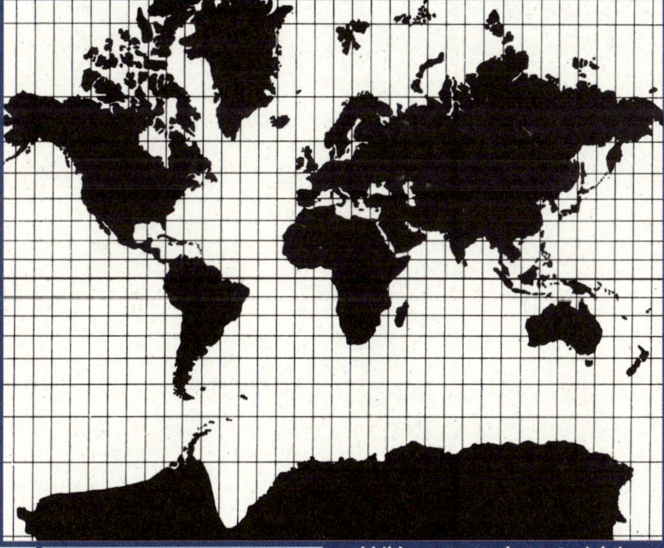

Abbildung 1a: Merkator-Projektion

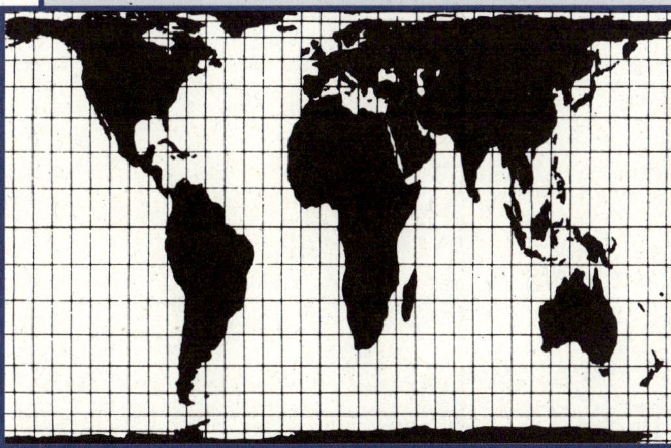

Abbildung 1b: Peters-Pojektion

Die meisten Karten sind am Rande am stärksten verzerrt; so auch **Abbildung 1b** im Gegensatz zu **Abbildung 1a**.

Male eine einfache Weltkarte auf eine Apfelsine und schneide deren Schale anschließend so auseinander, dass du sie auf einen ebenen Tisch legen kannst. Jetzt siehst du die Verzerrung.

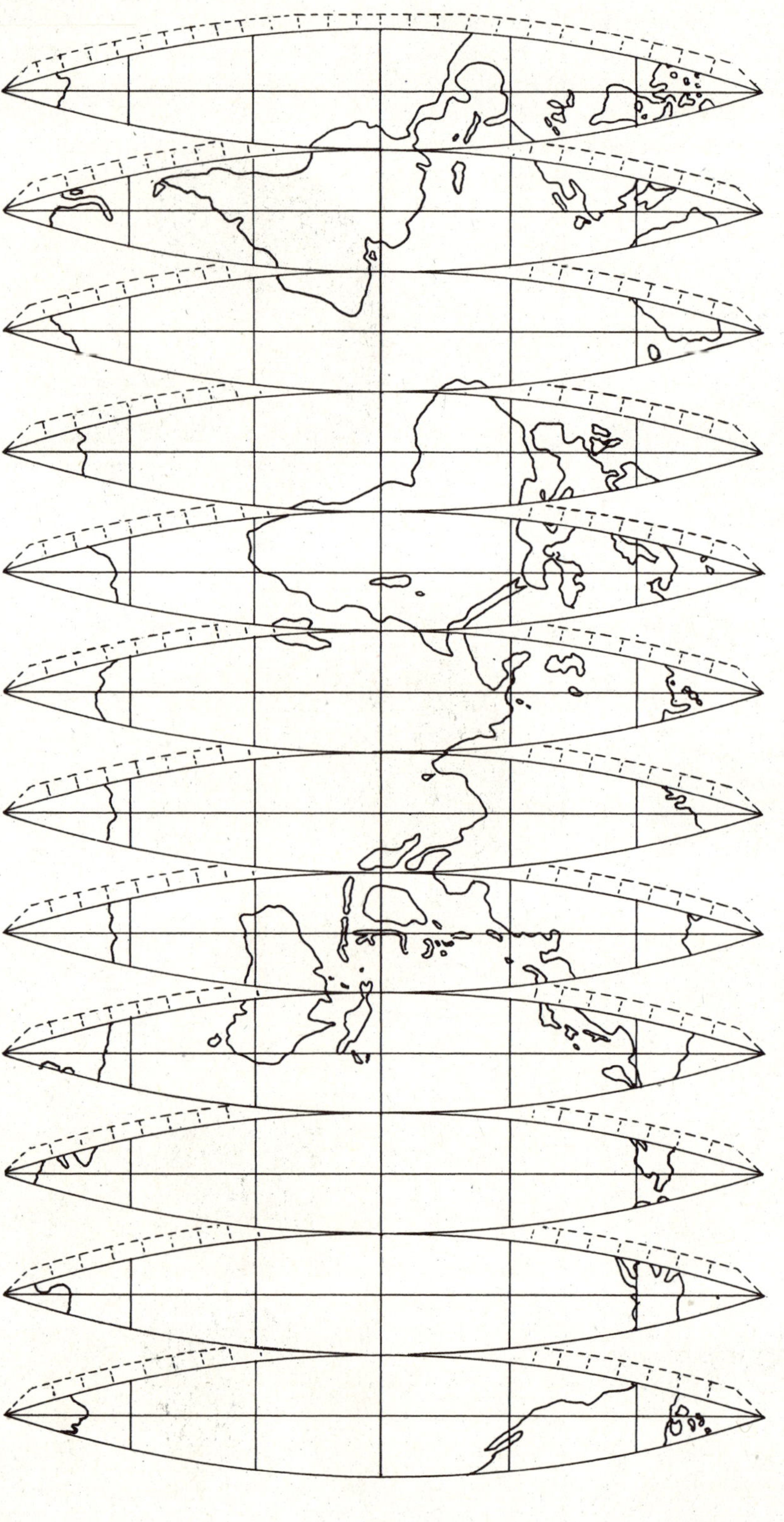

Abbildung 2 zeigt das gleiche Bild wie bei der Apfelsinenschale. Hier ist die „Haut des Globus", also die Erdoberfläche, so aufgeschlitzt, dass man sie in eine Ebene legen kann. So kannst du die Karte wieder entzerren: Kopiere die Abbildung, schneide die Karte mit den vielen Zacken aus und falte bzw. klebe sie zusammen.

Abbildung 2

Es gibt keine Karte, die sowohl flächentreu als auch längentreu als auch winkeltreu ist.

Flächentreue heißt, die Flächen sind in ihrer Größe und in ihren Umrissen richtig wiedergegeben;

Längentreue heißt, die Entfernungen zwischen zwei Orten sind immer im gleichen Maßstab dargestellt;

Winkeltreue heißt, die Winkel bzw. Richtungen zwischen Orten sind immer richtig wiedergegeben.

Es ist also immer Vorsicht geboten, wenn man Kartenflächen miteinander vergleichen, Entfernungen messen oder schätzen oder die Richtungen zwischen zwei Orten ermitteln möchte.

In den meisten Schulatlanten finden sich Seiten mit verschiedenartigen Kartenprojektionen und Kartennetzen. Kartographen müssen diese natürlich kennen, normale Kartennutzer jedoch nicht. Wer sich jedoch dafür interessiert, findet vielleicht einmal in Geometrie Gelegenheit, sich mit den verschiedenen Kartenprojektionen und Netzentwürfen zu beschäftigen oder schaut in die CD-ROM Diercke GIS des Westermann Verlags.

Offizielle Karten sind immer genordet, d. h. nach Norden ausgerichtet. Norden liegt also immer am oberen Kartenrand. Das ist aber eine Vereinbarung und müsste nicht unbedingt so sein (vgl. Abbildung 3).

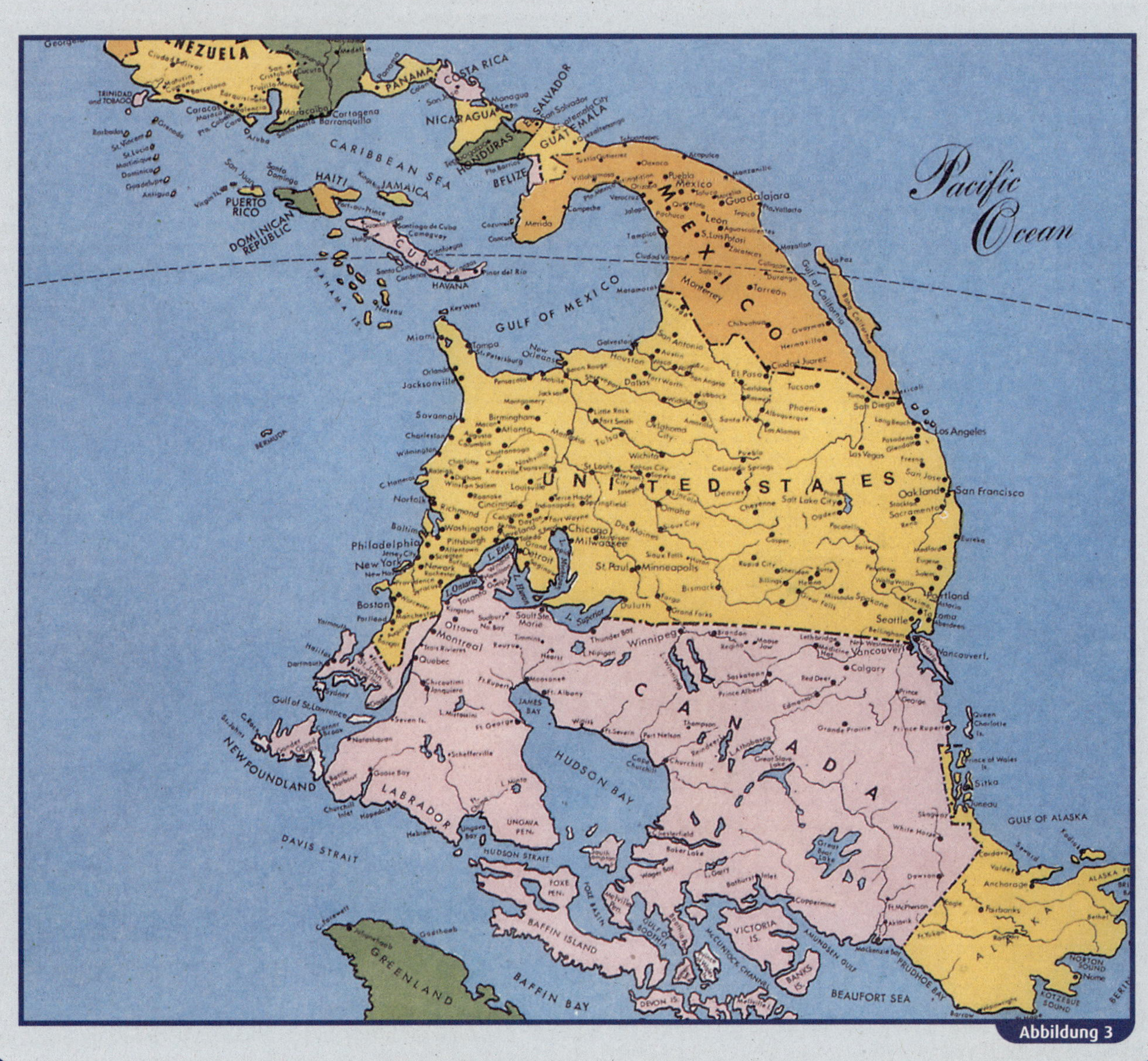

Abbildung 3

Gradnetz

Um Orte auf einer Karte exakt lokalisieren zu können, hat man die Erdoberfläche mit einem Gradnetz überzogen. Dieses besteht aus Längenkreisen bzw. Meridianen und aus Breitenkreisen bzw. Parallelkreisen.

Das Gradnetz ist auf die Pole und auf die Erdachse hin orientiert (vgl. Abbildung 4). Die Meridiane verlaufen durch die Pole und die Breitenkreisebenen stehen senkrecht zur Erdachse.

Der Meridian von Greenwich bei London gilt als Nullmeridian, von dem die Längenkreise 180° nach Osten und 180° nach Westen reichen.

Die Breitenkreise beginnen mit dem Äquator, der die Erde in zwei Hälften teilt, und erreichen bei 90° Nord den Nordpol und bei 90° Süd den Südpol.

So kann jeder Punkt auf der Erde durch zwei Punkte, d. h. durch seine Länge und durch seine Breite lokalisiert werden.

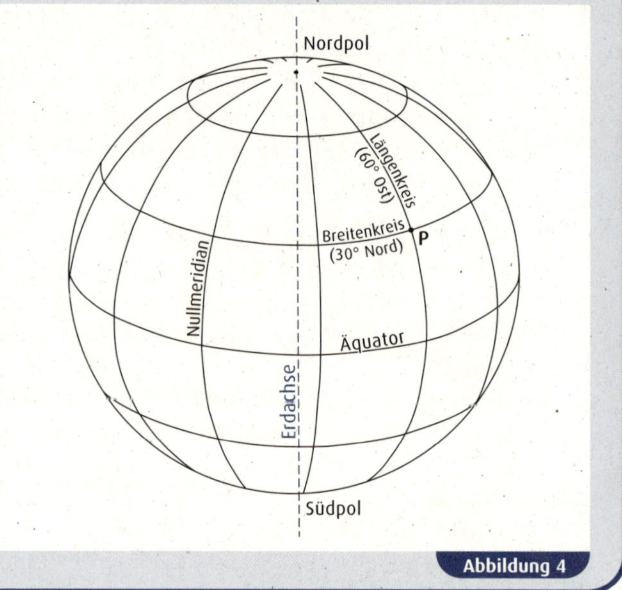

Abbildung 4

Zur Übung nehmt eine geeignete Weltkarte aus dem Atlas und sucht die Orte mit den folgenden Längen und Breiten:

Längenkreis	Breitenkreis	Ort
30° östl. Länge	30° nördl. Breite	
77° westl. Länge	47° nördl. Breite	
18° östl. Länge	23,5° südl. Breite	
104° östl. Länge	2° nördl. Breite	

Sucht nun in einer Europakarte die Längen und Breiten der folgenden Städte:

Längenkreis	Breitenkreis	Stadt
		Krakau
		Neapel
		Bordeaux
		Oslo
		St. Petersburg

Abbildung 5 • QUELLE: mapappeal.com

Ein Flugzeug ist abgestürzt, aber alle Passagiere haben überlebt. Die Aufgabe ist nun herauszufinden, wo sich die Passagiere befinden.

Zwei Spieler spielen zusammen. Jeder Spieler hat eine Weltkarte, die aus Abbildung 5 kopiert werden kann. Ein Spieler hat ein kleines Flugzeug oder etwas Ähnliches, das er verdeckt auf ein Viereck der Karte legt. Der andere Spieler darf ihm nun maximal 15 Fragen zur Lage der Absturzstelle stellen, die nur mit „ja" oder „nein" beantwortet werden können. Schließlich muss er genau das Quadrat, in dem sich die Passagiere befinden, mit den jeweiligen Längen- und Breitenkreisen angeben.

Nun werden die Rollen getauscht und ein neues Spiel beginnt. Wer die Absturzstelle mit den wenigsten Fragen gefunden hat, ist Sieger.

Relief

Die Erdoberfläche ist nicht nur gekrümmt, sondern sie hat auch ein Relief mit Höhen und Tiefen. Die Höhen und Tiefen werden in der Regel in Höhenschichten oder Höhenlinien dargestellt.

A   Experiment

Das folgende Experiment kann helfen, die Darstellung von Höhenschichten in der Karte leichter zu verstehen.

Nimm wie in Abbildung 6 einen gläsernen Behälter und stelle einen aus Ton oder Knete geformten Berg hinein. Lege an die Glaswand ein Lineal und fülle etwas Wasser in den Behälter. Die Wasseroberfläche gilt nun als Meeresspiegel oder Normal Nullpunkt (NN). Nun schütte so viel Wasser hinzu, bis der Wasserspiegel um 1 cm gestiegen ist. Dort, wo das Wasser an den Berg stößt, könnte z. B. die 100-m-Linie über dem Meer liegen. Kratze mit einem Stift die 100-m-Höhenlinie dort ein, wo das Wasser an den Berg stößt. So kannst du fortfahren und die 200-m-, 300-m-Linie usw. in den Berg einkerben. Schließlich laufen mehrere horizontale Höhenlinien, d. h. Linien gleicher Höhe, um den Berg.

Stecke nun wie in Abbildung 7 zwei dünne Stöcke oder Stricknadeln senkrecht bis zum Boden in den Berg. Nimm dann den Berg aus dem Behälter und zerlege ihn in die verschiedenen Höhenschichten. Setze nun die beiden Stöcke immer auf dieselbe Stelle auf ein Stück Papier, lege dann Schicht nach Schicht von unten nach oben einzeln auf das Papier und umfahre sie mit einem Stift. So entsteht von außen nach innen ein Ring von Höhenlinien.

Schreibe an jede Höhenlinie die entsprechende Höhe über dem Meeresspiegel und gib den einzelnen Schichten zwischen den Linien eine besondere Farbe und zwar von grün bis braun von unten nach oben. Man könnte natürlich auch andere Farben wählen.

(Sollte es zu schwierig sein, den Berg aus Knete oder Ton in einzelne Schichten zu zerlegen, so kann man stattdessen auch einzelne Styroporplatten oder Bretter nehmen.)

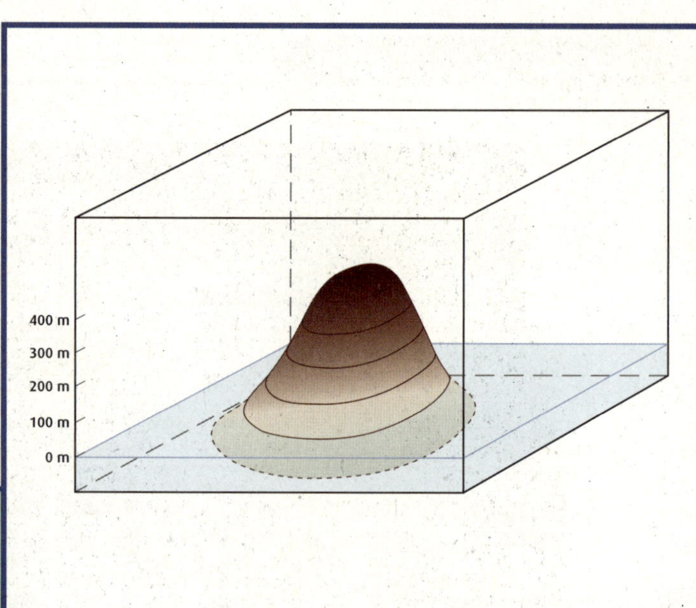

Abbildung 6

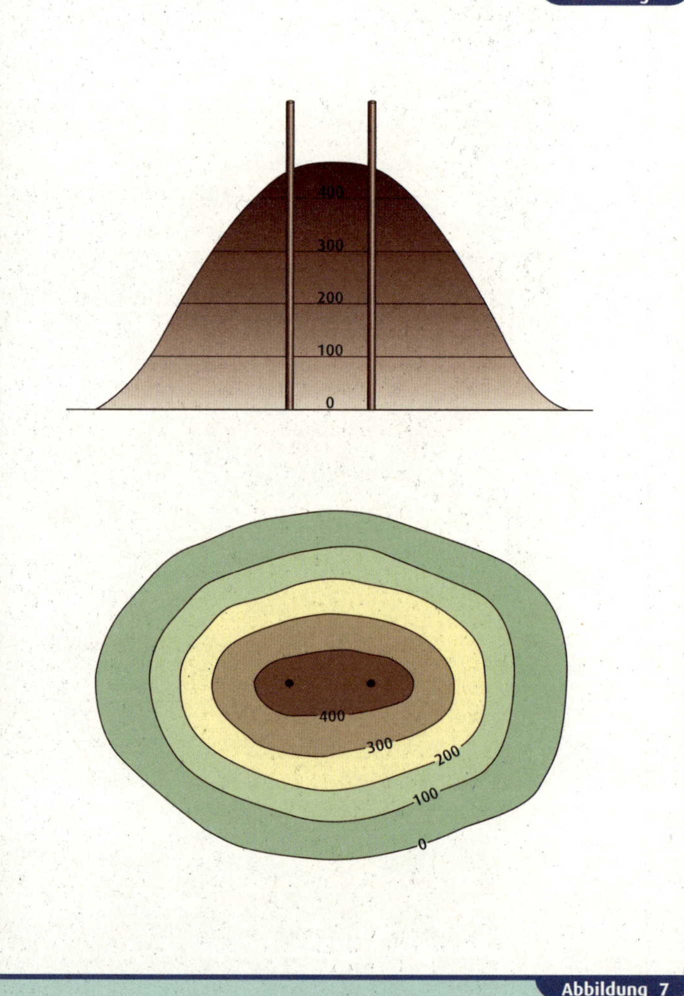

Abbildung 7

Im Atlas findet man Karten mit der Darstellung von Höhen in verschiedenen Flächenfarben. Suche nun zur Übung auf einer geeigneten Deutschland- oder Europakarte die Höhenstufen der folgenden Berge, Städte oder Gebiete:

Ort	Stufe in m ü. NN
Zugspitze	
Feldberg im Schwarzwald	
Brocken im Harz	
Fuchskaute/Westerwald	
Erfurt	
Magdeburg	
Greifswald	
Eiderstedt	
tiefstes Gebiet östlich von Bremerhaven	

Morphologie

Die Morphologie bzw. die Form einer Landschaft wird insbesondere bei kleineren Landschaftsausschnitten mit Höhenlinien dargestellt. Wie das vorherige Experiment schon gezeigt hat, bedeuten Höhenlinien Linien gleicher Höhe über dem Meeresspiegel bzw. über NN. Diese Linien werden auf eine Ebene projiziert, wie es auch das folgende Experiment verdeutlicht.

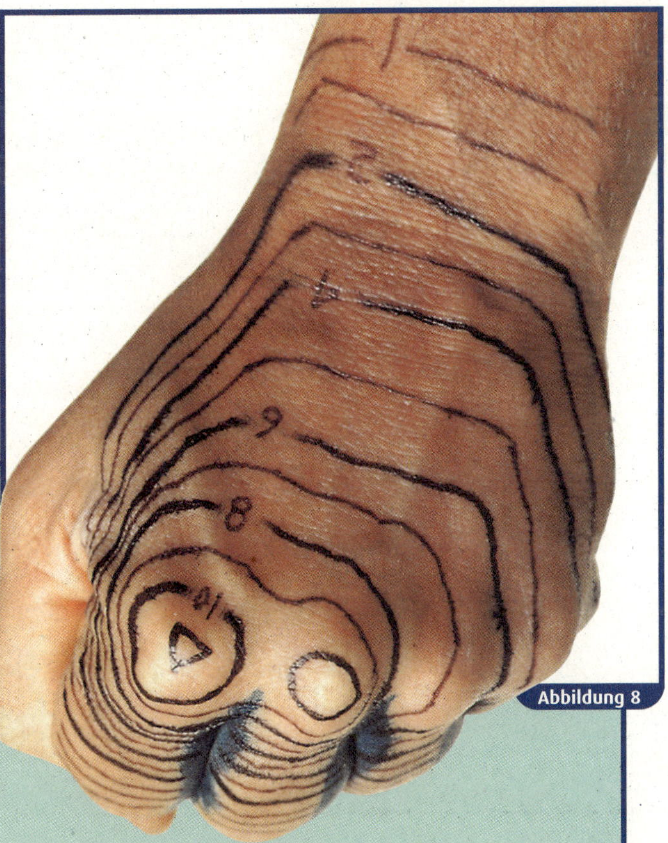
Abbildung 8

Experiment

1. Mach wie in der Abbildung 8 eine Faust und male darauf in etwa gleichem Höhenunterschied Linien gleicher Höhe. Beschrifte diese von 1 unten bis zu 10 oben.

2. Strecke nun die geballte Faust aus, sodass mehr oder weniger eine ebene, ausgestreckte Hand entsteht. Nun liegen alle Linien in gleicher Höhe, sie bedeuten aber verschiedene Höhen und zeigen flache und steile Flächen.

Wo waren bei der Faust steile und wo flache Flächen?

Vervollständige folgende Sätze:

Je enger die Höhenlinien beieinander liegen, umso _________________________ sind dort die Flächen.

Je weiter die Höhenlinien auseinander liegen, umso _________________________ sind dort die Flächen.

Vergleiche nun Abbildung 8 mit deiner Aussage.

Karten enthalten immer viele Informationen, die man gar nicht alle behalten kann. Trotzdem möchte man sich gerne eine einfache Vorstellung von der Welt erarbeiten, um Berichte über Orte und Länder gleich einordnen zu können. Dazu ist es gut, sich im Anfertigen einfacher Umrisskarten zu üben. Abbildung 9 zeigt dazu einfache Lösungen.

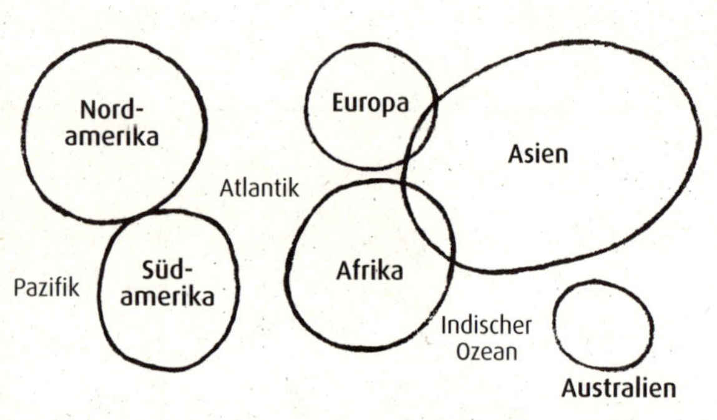

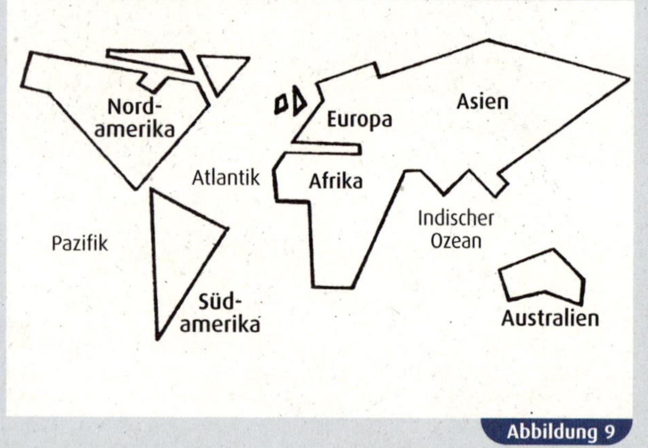

Abbildung 9

Vergleiche die Umrisskarten mit Atlaskarten und präge dir die Umrissskizzen ein. Versuche, sie auswendig auf ein Blatt Papier zu zeichnen. Nimm dir andere Gebiete vor wie z. B. das eigene Bundesland, Deutschland oder Skandinavien und fertige selbst eine einfache Umrisskarte an, die nur aus geraden Linien bzw. einfachen geometrischen Figuren besteht.

Karten in unseren Köpfen

In der Regel machen wir uns ein Bild von der Welt, d. h. eine Mental Map bzw. geistige Landkarte, die wir auch zeichnen können.

1. In Abbildung 10 und 11 sind Weltkarten von Schülern aus den USA und aus Japan abgedruckt. Welche Karte zeigt eine japanische und welche eine amerikanische Weltsicht? Erläutere die Unterschiede.

2. Zeichne ohne Atlas auswendig eine Weltkarte und vergleiche sie mit den Karten in Abbildung 10 und 11.

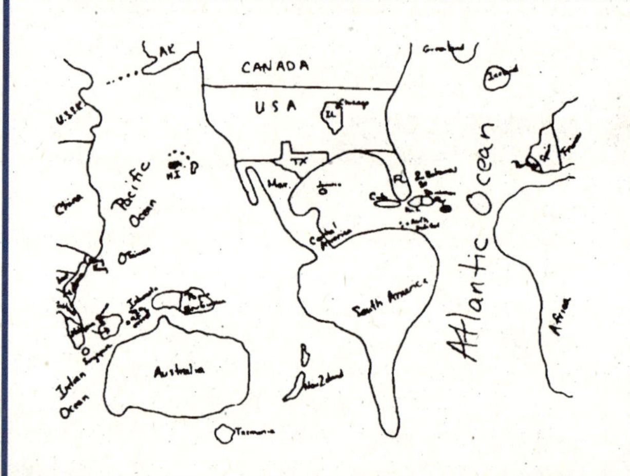

Abbildung 10

Abbildung 11

Sich mit einer Wanderkarte orientieren

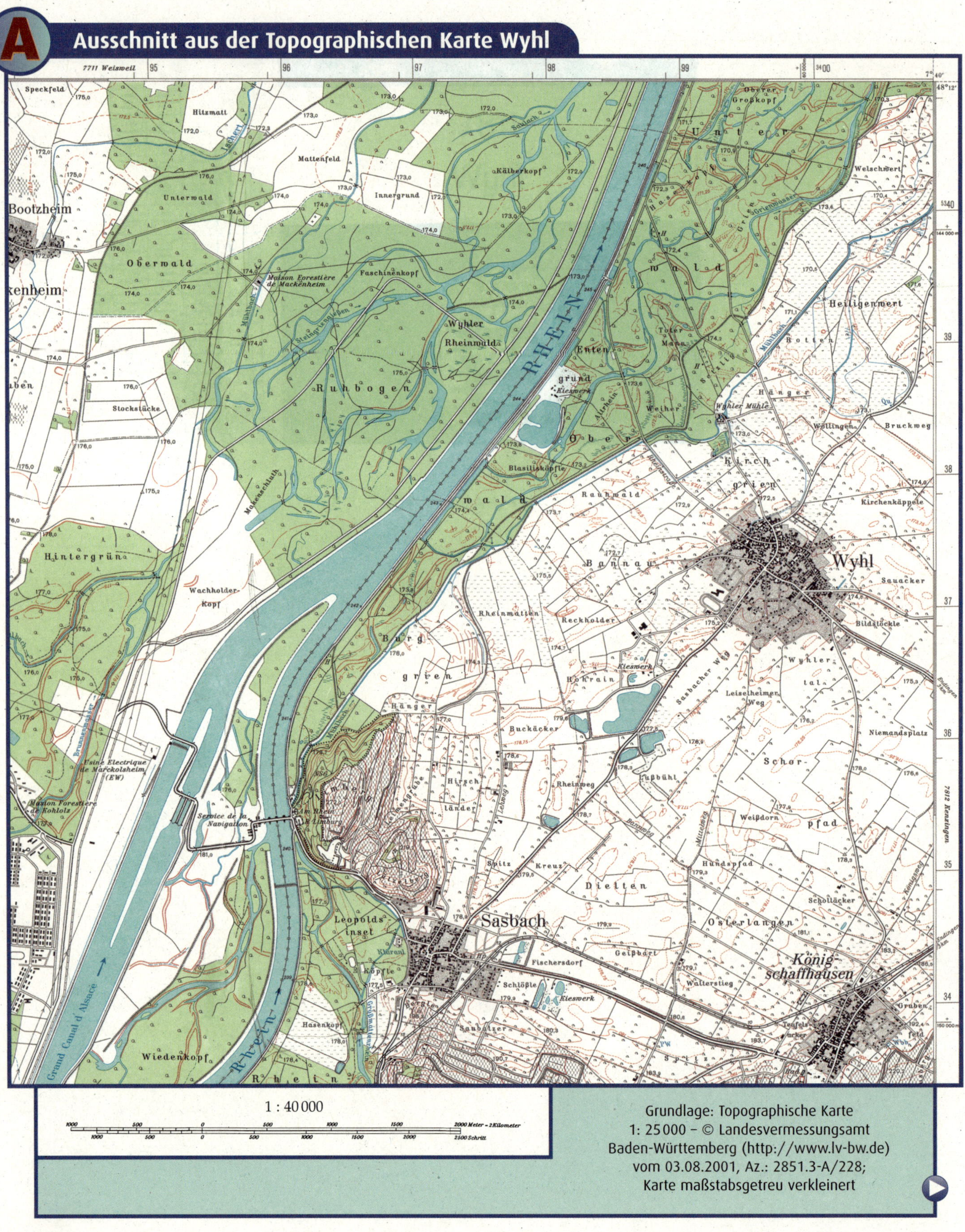

1 : 40 000

Grundlage: Topographische Karte
1: 25 000 – © Landesvermessungsamt
Baden-Württemberg (http://www.lv-bw.de)
vom 03.08.2001, Az.: 2851.3-A/228;
Karte maßstabsgetreu verkleinert

Grenzen

Staatsgrenze

Landesgrenze

Regierungsbezirksgrenze

Stadt- und Landkreisgrenze

Gemeindegrenze

Naturschutzgebietsgrenze

Truppen- und Standortübungsplatzgrenze

Verkehrsnetz

Vollspurige Bahn, mehrgleisig

Vollspurige Bahn, eingleisig

Schmalspurige Bahn, mehrgleisig

Schmalspurige Bahn, eingleisig

Zahnradbahn

Straßen- und Wirtschaftsbahn

Seil- und Schwebebahn, Personenbeförderung

Seil- und Schwebebahn, Materialbeförderung

A8 Autobahn zum Teil im Bau mit Nummer

E 11 Autostraße zum Teil im Bau mit Europastraßennummer

10 Bundesstraße mit Nummer

Hauptstraße (IA)

Nebenstraße (IB)

Befestigter Fahrweg (II)

Wirtschaftsweg; Feld- und Waldweg (III)

Fuß- und Radfahrweg

Große Eisen-, Stein- und Betonbrücke

Große Holzbrücke

Kleine Eisenbrücke

Kleine Holzbrücke

Steg

Topographische Einzelzeichen

Aussichtsturm, Wasserturm

Bergwerk in Betrieb, außer Betrieb

Damm befahrbar, nicht befahrbar

Denkmal, Denkstein

Eisenbahn-, Wagen- und Personenfähre

Erdölpumpe

Fernmeldeturm, Funkstelle

Forsthaus

Friedhof

Gewächshaus, Treibhaus

Grab

Grabhügel

Hecke

Hervorragende Bäume

Hochspannungsleitung

Höhle

Kapelle

Kirche (groß) mit einem Turm

Kirche mit zwei Türmen

Kirche mit einem Turm

Kirche mit getrennt liegendem Turm

Kirche ohne Turm

Kran

Kreuz, Bildstock

Landwehr, Schanze, Ringwall

Mauer, Zaun

Pegel

Römische Niederlassung, Kastell

Ruine

Schiffbarkeitszeichen

Schornstein frei stehend, auf Gebäude

Sportplatz

Sprungschanze

Stadion

Steilrand u. Böschung natürlich, künstlich

Steinbruch, Grube

Tankstelle

Treppe

Umformer

Wassermühle

Zeltplatz, Campingplatz

Bodenbewachsung

Laubwald

Nadelwald

Mischwald

Buschwald
Auwald
Krummholz

Einzelne Bäume
und Gebüsch

Regelmäßige
Baumanpflanzung

Heide

Wiese u. Weide
mit nassen Stellen

Weinbau

Hopfenanpflanzung

Garten

Park

Gewässer, Geländeformen

Die schwächeren voll ausgezogenen braunen Linien bedeuten 10m; die stärkeren 50m Höhenlinien; die lang und kurz gestrichelten Zwischenlinien haben Höhenabstände von 5 u. 2,5m. (Höhenangabe in Metern über Normal-Null)
△ 636,2 Trigonometrischer Bodenpunkt
• 426,4 Höhenpunkt   ▽ 411,2 Wasserspiegelhöhe
• 397,3 Tiefster Punkt in Seen

Abkürzungen

AD	Autobahndreieck	ND	Naturdenkmal
AK	Autobahnkreuz	NSG	Naturschutzgebiet
AS	Autobahnanschlußstelle	Pf	Personenfähre
AT	Aussichtsturm	PW	Pumpwerk
Bf	Bahnhof	Qu	Quelle
Br	Brunnen	R	Ruine
EW	Elektrizitätswerk	Rhs	Rasthaus
Fbr	Fabrik	Sch	Scheuer, Schuppen
Gbf	Güterbahnhof	Schl	Schloß
H	Hütte	StOÜbPl	Standortübungsplatz
Hbf	Hauptbahnhof	TrÜbPl	Truppenübungsplatz
Hp	Haltepunkt	UW	Umspannwerk
Hs	Haus	Wbh	Wasserbehälter
JH	Jugendherberge	WF	Wagenfähre
Jhs	Jagdhaus	Whs	Wirtshaus
KD	Kulturdenkmal	WT	Wasserturm
Krhs	Krankenhaus	WW	Wasserwerk

Ortsnamen

BÖBLINGEN — Stadt

Ihringen — Gemeinde

NELLINGEN — Stadt-

Prechtal — oder

Altdorf — Ortsteil

Die Schriftgröße ist von der Einwohnerzahl abhängig

Die Namen auf ausländischem Gebiet sind aus dortigen amtlichen Karten entnommen

Die folgende Simulation einer Fahrrad-Rallye soll als Training für eine wirkliche Rallye bei euch zu Hause dienen. Sie hat viele Stationen, an denen jeweils etwas herausgefunden werden muss. Das einzige Hilfsmittel dazu ist das Blatt Wyhl der Topographischen Karte 1 : 25 000 (im Abdruck verkleinert auf 1 : 40 000).

Station **1**: Sasbach

Ihr kommt mit dem Zug in Sasbach an. Eure Fahrräder sind im Gepäckwagen mitgereist.

a) **Ist die Bahn eine vollspurige oder schmalspurige Bahn?**

b) **Ist sie eine mehrgleisige oder eingleisige Bahn?**

c) **Ist der Bahnhof ein Hauptbahnhof, Bahnhof, Güterbahnhof oder ein Haltepunkt?**

Bevor ihr losfahrt, versucht ihr mit der Karte die Entfernungen abzuschätzen.

d) **Ein Zentimeter auf der Karte entsprechen wie viel Meter in der Wirklichkeit?**

e) **Wie viele Zentimeter auf der Karte entsprechen einem Kilometer in der Wirklichkeit?**

Station **2**: Am Fuß des Lützelbergs

Nun fahrt ihr nach Westen bis zur Dorfmitte und dann nach Norden in Richtung Lützelberg.

a) **Wie hoch liegt der Fuß des Lützelbergs über dem Meeresspiegel?**

b) **Wie hoch reicht der Lützelberg?**

c) **Wie groß ist der Höhenunterschied?**

d) **Welche Kulturen gedeihen am Lützelberg?**

e) **Gibt es Feldwege hinauf auf den Lützelberg?**

f) **Was wächst auf dem Gipfel des Lützelbergs?**

Station **3**: Auf dem Gipfel des Lützelbergs

Auf der Spitze des Lützelbergs angekommen, habt ihr eine schöne Aussicht.

a) **Welcher Ort liegt im Nordosten?**

b) **Welche zwei großen Wasserläufe liegen im Westen?**

c) **Worauf deuten der Steilhang, die feuchte Ebene und die kleinen Wasserläufe im Süden hin?**

Ihr wollt nun zum Limberg fahren.

d) **Wie hoch liegt der Limberg?**

e) **Wie groß ist der Höhenunterschied zwischen Limberg und Lützelberg?**

f) **Führt der Weg zum Limberg nur aufwärts oder auch streckenweise abwärts?**

a) Am Limberg angekommen, findet ihr eine interessante Ruine. **Wie heißt sie?**

b) Um die Ruine liegt ein besonderes Schutzgebiet. **Welches?**

c) **Wie viel Meter liegt der Limberg über dem Rhein?**

d) Ihr blickt nach Westen und seht mehrere Wasserläufe. **Welche?**

Die Straße nach Westen führt über mehrere Brücken.

e) **Was ist die erste für eine Brücke und worüber führt sie?**

f) Die zweite Brücke führt an zwei Wasserkammern vorbei.
Was ist das für eine Einrichtung?

g) Die dritte Brücke liegt an einem größeren Werk, von dem gerade Linien wegführen.
Was ist das für ein Werk und was bedeuten die Linien?

h) **In welche Richtung fließt das Wasser?**

i) In der Mitte des Rheins liegt eine Grenze.
Was ist das für eine Grenze?

j) **Welches Land liegt im Westen jenseits der Grenze?**

k) **An welchen Wörtern kann man das erkennen?**

Ihr fahrt nun über Waldwege vom Limberg herunter zur Rheinbrücke, bleibt jedoch auf der Straße auf der rechten Rheinseite.

a) **Worüber führt diese Straße?**

Nach Fluss-Kilometer 241 kommt ihr an eine Hütte. Dort stößt ein Damm auf den Rhein.

b) **Was ist das für ein Damm?**

Bei Kilometer 242 seht ihr, wie zwei Gewässer zusammentreffen.

c) **Fließt das Wasser nun in sein natürliches Flussbett?**
Begründe deine Antwort.

d) **Nun möchtet ihr gerne wissen, wie weit es noch bis zum Weiher am Entengrund ist.**

e) **Am Kieswerk Entengrund angekommen, überlegt ihr, wie der Weiher entstanden ist.**

Nun würdet ihr gerne im Baggersee baden. Leider stellt sich heraus, dass dies hier verboten ist. Ein Arbeiter des Kieswerkes sagt, es wäre zu gefährlich, in den See zu steigen, denn die Kiese und Sande am Ufer würden leicht abrutschen und könnten einen mit in die Tiefe reißen.

f) **Ihr könnt euch sicher denken, woher die Sande und Kiese kommen.**

Nun macht ihr euch auf den Weg nach Wyhl, um dort in einer Vesperstube einen kleinen Imbiss zu euch zu nehmen. Zuerst fahrt ihr über einen Wirtschaftsweg und über eine Brücke nach Osten.

a) **Was ist das für eine Brücke?**

b) In der Nähe der Brücke hat das Gebiet einen Namen, der einen Hinweis auf die Entstehung der Landschaft gibt. **Welchen?**

c) Nach einigen hundert Metern stoßt ihr auf eine Linie, die in der Karte als beidseitig gezackte Linie eingetragen ist. **Was ist das?**
Welche Bedeutung hat diese Linie?

d) **Wie hoch liegt das Gebiet vor und hinter dem Damm?**

Nun fahrt ihr nach Nordosten und dann über die Rheinstraße nach Wyhl zur wohlverdienten Vesperpause. Hier erzählt euch der Wirt einige interessante Geschichten, z. B. wie sich die Dorfbewohner erfolgreich gegen ein Kernkraftwerk gewehrt haben, welche Bedeutung früher der Fischfang hatte, wie der Rhein immer wieder seinen Lauf verlegte, wie sich Franzosen und Deutsche über den Rhein hinweg bekriegt haben usw. Er versteht auch etwas vom Kartenlesen und sagt, dass in der Nähe – und zwar an einem Ort in der Karte mit dem Hochwert 5338.40 und dem Rechtswert 3399.20 – eine interessante Mühle liegt. Auf euren Einwand, ihr wüsstet nicht, was Hoch- und Rechtswert sei, sagt er: „Ihr habt doch sicher das Gradnetz in der Schule behandelt. Ähnlich ist es hier. Ihr braucht nur auf den Kartenrand zu schauen, um die beiden Werte, die einen Punkt bestimmen, zu finden."

e) **Wie heißt die Mühle?**

Nun wollt ihr wieder zurück zur Bahn nach Sasbach fahren. Einige möchten aber den kürzesten Weg über die Straße, andere über den Mittelweg fahren.

f) **Welche Gründe haben wohl die beiden Gruppen?**

Da noch genügend Zeit ist, fahren beide Gruppen getrennte Wege.

g) **Wie viele Kilometer muss die erste Gruppe über den direkten Weg fahren?**

h) **Wie viele Kilometer muss die zweite Gruppe über den Mittelweg fahren?**

i) **Unterscheidet sich die Steigung auf beiden Routen?**

j) **Warum ist die Landschaft hier so flach?**
Die Baggerseen könnten einen Hinweis auf die Antwort geben.

An der Haltestelle angekommen, habt ihr noch etwas Zeit und kommt auf die Idee, andere Schüler zu fragen, ob sie wissen, was ein Hoch- und Rechtswert auf der Karte bedeutet und ob sie beide Werte für Start und Ziel eurer Rallye angeben könnten.

k) **Wie lauten beide Werte?**

Mit dem Gefühl, eine interessante Tour gemacht und auch noch etwas dazugelernt zu haben, stellt ihr nun eure Fahrräder in den Zug und fahrt müde, aber glücklich nach Hause.
Auf der Heimfahrt ist das wichtigste Thema:
Wo fahren wir das nächste Mal hin? Welche Karte brauchen wir dazu? Wer hat einen Kompass, wer einen Höhenmesser, wer ein Fernrohr und wer einen Fotoapparat? Mit diesen Geräten könnte die nächste Radtour noch interessanter werden.

Atlaskarten lesen

◆ Ein Atlas enthält Karten über Deutschland, Europa und den Rest der Welt.

◆ Ein Atlas bietet in der Regel genügend topographische Basiskarten für eine Grundorientierung.

◆ Ein moderner Atlas enthält aber auch zahlreiche thematische Karten aus den Teilbereichen der Geographie wie Klima, Bevölkerung, Wirtschaft, Umwelt, …

◆ Ein Schulatlas ähnelt einer Datenbank und braucht deshalb einen klaren Aufbau.

◆ Dieser Aufbau ist am besten durch die Abfolge vom Nahen zum Fernen gewährleistet.

◆ Um diese regionale Anordnung gruppieren sich dann die thematischen Karten.

◆ Ein regionales Kartenverzeichnis am Anfang des Atlasses erleichtert die Orientierung.

◆ Ortsnamenregister mit entsprechenden Suchhilfen meistens am Ende des Atlasses erleichtern das Suchen von Orten.

◆ Ein moderner Schulatlas enthält aber auch ein Inhaltsverzeichnis nach Sachgebieten und außerdem ein Sachwortregister als zusätzliche Hilfe.

◆ Manche thematischen Karten enthalten nur ein Thema wie z. B. Bodengüte, andere Karten enthalten einen Komplex von Themen wie z. B. Landwirtschaft mit Klima- und Nutzungsangaben.

◆ Quantifizierende Karten enthalten oft geometrische Symbole.

◆ Höhendarstellungen erfolgen durch Höhenlinien und -schichten meistens in einer Grün-Braun-Abfolge, teilweise auch mit Schummerung.

◆ Die Karten besitzen unterschiedliche Maßstäbe.

◆ Manche Atlanten enthalten parallel zu den Karten Lesehilfen wie Luft- und Satellitenbilder, Blockdiagramme und dreidimensionale Karten.

Atlaskarten lesen

1. Thema erfassen

Wie jeder Aufsatz und jedes Buch einen Titel hat, so hat auch jede Karte eine Überschrift oder ein Thema. Mit dem Erfassen des Themas beginnt das Kartenlesen.

2. Raum begrenzen

Jede Karte umfasst einen geographischen Raum. Am Anfang ist es wichtig zu erkennen, welchen Raumausschnitt der Erde die Karte wiedergibt.

3. Maßstab beachten

Jede Karte hat einen Maßstab. Dieser ist entweder in Verhältniszahlen wie z. B. 1 : 100 000 ausgedrückt oder mithilfe einer Maßstabsleiste angegeben. Es ist wichtig, den Maßstab zu beachten, um Distanzen und Flächen richtig abschätzen zu können.

4. Legende lesen

Die Legende bietet einen Überblick über die Karteninhalte. Die Symbole und Farben entsprechen also Buchstaben, ohne die man die Worte und Sätze, d. h. den Inhalt einer Karte nicht lesen kann. In der Regel sind die Symbole leicht verständlich und mit der Zeit kennt man sie auch auswendig. Trotzdem ist es immer gut, sich vor dem eigentlichen Kartenlesen zuerst einmal die Legende anzuschauen.

5. Karteninhalte beschreiben

Das Auffinden der Symbole und Farben in der Karte dient zur Lokalisierung von Erscheinungen, Gegenständen, Funktionen und Vorgängen im dargestellten geographischen Raum. Was die Karte kurz und bündig ausdrückt, muss nun in Worte gefasst werden. Jetzt beginnt die Karte erst eine Geschichte über ein Gebiet zu erzählen, die der Kartenleser wiedergeben kann.

6. Karteninhalte erklären

Bisher hat die Karte Antworten gegeben auf die Fragen „Wo ist was?" und „Wie ist es dort?". Dies genügt natürlich dem Kartenleser nicht. Er möchte gerne wissen „Warum ist es dort?". In der Regel kann man einige Gründe in der Karte selbst finden, um Erscheinungen und ihre Verteilungen zu erklären, aber meistens braucht man noch zusätzliche Informationen aus anderen Quellen. Beim Erklären ist Vorsicht geboten, um nicht voreilige Schlüsse zu ziehen.

7. Raumtypen bilden

Vielfach sind bestimmte Erscheinungen der Karte in verschiedenen Gebieten konzentriert bzw. fehlen in anderen. So lässt sich leicht eine räumliche Gliederung vornehmen. Für jeden Teilraum sind dann einzelne Erscheinungen typisch, sodass man bestimmte Raumtypen erkennen kann.

8. Eigenes Kartenlesen kritisch prüfen

Alles kann man noch besser machen und Selbstkritik ist der erste Schritt zur Besserung. Deshalb ist es sinnvoll, sich zum Abschluss noch die folgenden Fragen zu stellen:

8.1 Habe ich die Karte systematisch analysiert?

8.2 Habe ich die Karte ausführlich genug beschrieben?

8.3 Habe ich vielleicht etwas übersehen?

8.4 Hatte ich für meine Erklärung sichere Argumente?

8.5 Welche weiteren Quellen sollte ich darüber hinaus zurate ziehen?

QUELLE: Beihefter „Frankreich" in „geographie heute", H. 177, 2000

Das Thema der Karte ist das Klima.

Der dargestellte Raum ist auf Frankreich begrenzt.

Die Maßstabsleiste gibt 1,4 cm für 100 km an. Das ist abgerundet ein Maßstab von 1 : 7,1 Mio.

Die Legende umfasst sieben Klimatypen und zwar die folgenden:

- ◆ ozeanisch-maritim
- ◆ ozeanisch-aquitanisch
- ◆ ozeanisch „Pariser Becken"
- ◆ ozeanisch „Lothringen"
- ◆ kontinental (Beckenlagen)
- ◆ mediterran (sommertrocken)
- ◆ höhere Gebirgslagen (kühler und feuchter als die tiefer gelegene Umgebung)

Die Karte zeigt im Nordwesten Frankreichs, also in den Gebieten der Bretagne und der Normandie, ein ozeanisch-maritimes Klima.

Für den Südwesten Frankreichs, nördlich der Pyrenäen um die Städte Bordeaux und Toulouse gelegen, wird entsprechend dem Namen dieses Großraumes – nämlich Aquitanien – ein ozeanisch-aquitanisches Klimagebiet angegeben.

Im Pariser Becken zwischen Nantes im Westen und Reims im Osten sowie zwischen Rouen im Norden und Limoges im Süden findet sich eine weitere Variante des ozeanischen Klimas.

Auch in Lothringen mit den Städten Metz, Nancy und Dijon herrscht eine Variante des ozeanischen Klimatyps. Die Beckenlandschaften an der mittleren Saône, am Oberrhein und im oberen Loiretal unterscheiden sich von den ozeanischen Gebieten durch ihre größere Kontinentalität.

Der französische Mittelmeerraum mit der Provence bzw. dem Gebiet zwischen Monaco und Perpignan und zwischen Marseille und fast bis Lyon ist durch ein sommertrockenes, mediterranes Klima gekennzeichnet.

Die höheren Gebirgslagen im Zentralmassiv, in den Alpen, im Jura und in den Vogesen unterscheiden sich von ihrer Umgebung durch höhere Niederschläge und durch tiefere Temperaturen.

Der Westen Frankreichs ist durch ein ozeanisches Klima gekennzeichnet. Offenkundig sind es die westlichen Winde, die vom Atlantik die Luftfeuchtigkeit, aber auch im Sommer und Winter relativ ausgeglichene Temperaturen in das Land hineintragen. Dem Einfluss des atlantischen Ozeans besonders stark ausgesetzt sind die küstennahen Gebiete der Bretagne und der Normandie. Das Pariser Becken liegt schon weiter im Landesinneren und außerdem in einem flachen Becken, sodass der ozeanische Einfluss hier schon etwas abgemildert ist.

Aquitanien im Südwesten liegt zwar auch noch an der Atlantikküste, es liegt aber weiter südlich, wird von den Pyrenäen und dem Zentralmassiv eingerahmt und hat noch eine Verbindung zur Mittelmeerküste, sodass hier eine weitere Variante des ozeanischen Klimas herrscht. Die Berge Lothringens liegen zwar schon weiter im europäischen Kontinent. Sie wirken aber als Regenstauer den westlichen Winde gegenüber, sodass auch hier noch von einem ozeanischen Einfluss gesprochen werden kann. Die Becken an Rhein, Saône und Loire werden von den umliegenden Mittelgebirgen vor den westlichen Winden geschützt, d. h. sie liegen im Lee des ozeanischen Einflusses. Damit ist es hier im Som-

mer wärmer und im Winter kälter als in den ausgeglicheneren Jahreszeiten der ozeanisch geprägten Klimagebiete.
Der Süden Frankreichs grenzt an das Mittelmeer, ist also insgesamt bedeutend wärmer und im Sommer durch Trockenheit gekennzeichnet.

7. Raumtypen bilden

Diese Karte hat von Anfang an Raumtypen – nämlich Klimatypen – zum Gegenstand der Darstellung, sodass diese hier nicht wiederholt werden müssen. Sie finden sich systematisch in der Legende und außerdem in den verschiedenen schon bereits beschriebenen Gebieten Frankreichs. Man könnte höchstens noch zusammenfassend sagen: Die ozeanischen Klimagebiete sind dem Atlantik zugewandt, das mediterrane Klima dem Mittelmeer, kontinentales Klima herrscht im Inneren des Kontinents bei gleichzeitiger Beckenlage und die Mittel- und Hochgebirge sind durch Gebirgsklimate gekennzeichnet.

8. Eigenes Kartenlesen kritisch prüfen

Beispiel (individuell unterschiedliche Antwort):

8.1 Habe ich die Karte systematisch analysiert?
Ich denke, die Karte wurde systematisch untersucht.

8.2 Habe ich die Karte ausführlich genug beschrieben?
Ich wüsste nicht, was ich noch beschreiben soll.

8.3 Habe ich etwas übersehen?
Beim nochmaligen Hinschauen entdecke ich, dass ich vergessen habe, den Norden Frankreichs auch noch bei den ozeanisch-maritimen Klimagebieten und die französischen Pyrenäen bei den Gebirgsklimaten zu erwähnen. Zudem habe ich Korsika ganz übersehen.

8.4 Hatte ich für meine Erklärung sichere Argumente?
Die Karte zeigte nur die Morphologie und die Lage im Gradnetz
Meine Erklärung basierte deshalb nur auf den in der Karte dargestellten Lagebedingungen wie maritime, kontinentale, mediterrane, nördliche, südliche und Gebirgslage.

8.5 Welche weiteren Quellen sollte ich darüber hinaus zurate ziehen?
Um das Klima genauer charakterisieren zu können, müsste man für jeden Klimatyp wenigstens ein Klimadiagramm verfügbar haben, und um es weiter erklären zu können, müsste man weitere Informationen über die Ursachen des Wettergeschehens, z. B. über wandernde Hochs und Tiefs, erhalten. Diese Informationen könnte man z. B. in einem Weltklima-Atlas oder in einem Klima-Lehrbuch finden.

Beschreibe die **geologische Reliefkarte der Gebiete am Oberrhein**.
Berücksichtige die Hinweise auf Seite 96.

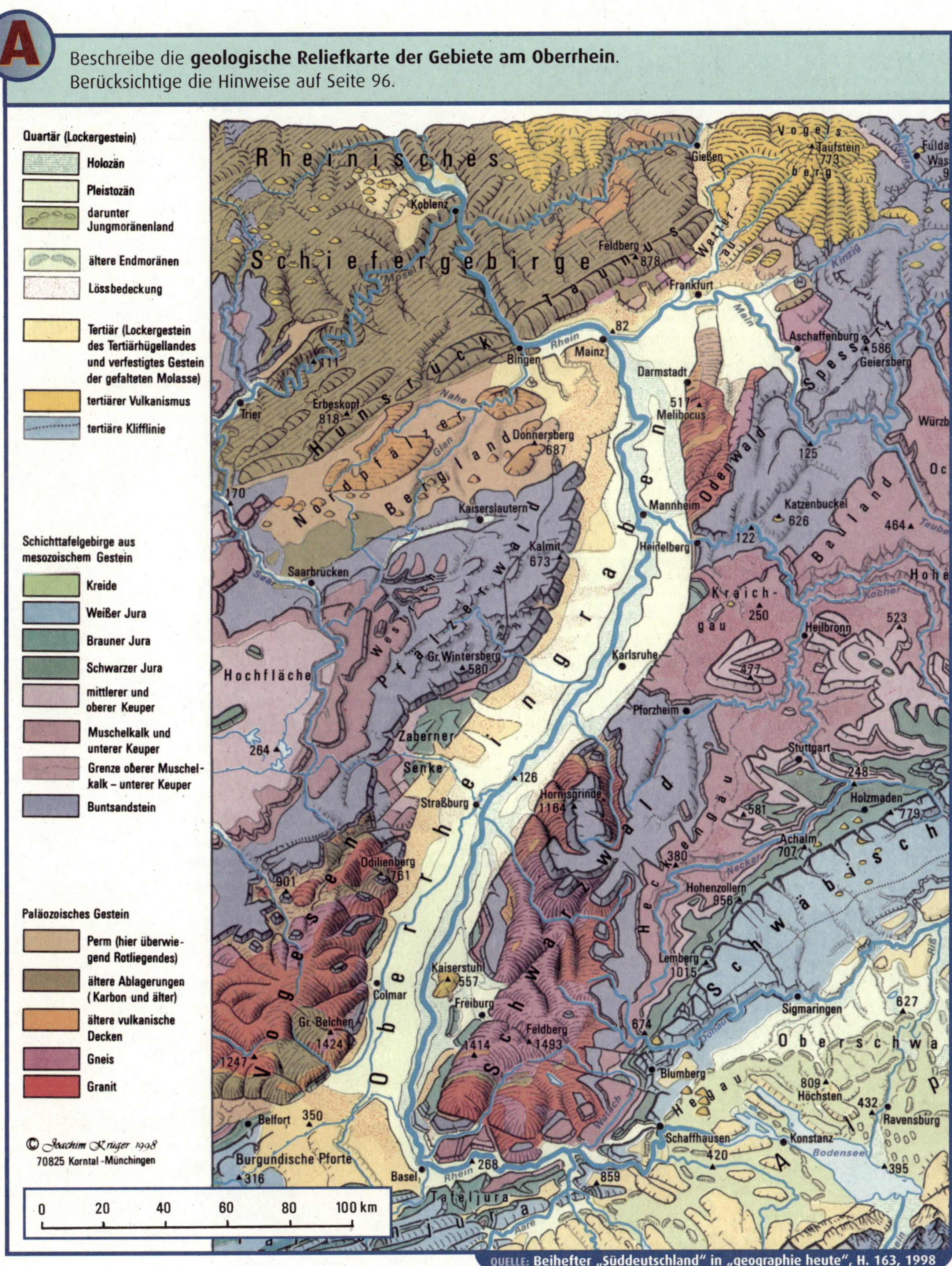

Kartieren

Das Anfertigen von Karten hat den Sinn, die räumliche Verteilung von Gegenständen und Personen, von Eigenschaften und Strukturen sowie von Prozessen zu erfassen und anschaulich darzustellen.
Kartieren heißt, eigene Beobachtungen im Gelände durchzuführen, Informationen zu sammeln und daraus eine eigene Karte anzufertigen.

In der Regel hat die Karte die Aufgabe, eine raumrelevante Frage zu beantworten wie z. B.

- Mit welchen Geschäften ist eine Straße ausgestattet?
- Wo befinden sich in der City hoch spezialisierte Dienstleistungen?
- Welche Stadtteile sind stark überbaut und welche verfügen über größere Freiflächen?
- Welche von zwei Landschaften ist durch Straßen besser erschlossen?
- Welche Teile einer Flur werden landwirtschaftlich genutzt und welche sind Ödland?
- Wie wird ein Flurstück landwirtschaftlich genutzt?
- Welche Lärmbelastung gibt es in verschiedenen Teilen einer Erholungslandschaft?
- Wo befinden sich in einem Waldgebiet intakte Biotope und wo sind sie beeinträchtigt?

Kartographen vermessen mit speziellen Geräten das Gelände oder nutzen Luftbilder, um daraus Karten zu entwickeln. Diese Karten werden in der Regel als Grundlage einer thematischen Kartierung herangezogen. Je nach Fragestellung oder je nach Größe des zu kartierenden Geländes wählt man eine Kataster- bzw. eine Flurkarte mit einem Maßstab 1 : 1 000 oder eine topographische Karte mit einem etwas kleineren Maßstab etwa von 1 : 10 000, 1 : 25 000 oder 1 : 50 000.

Wie man thematische Karten anfertigen kann, soll nun im Folgenden an einigen Beispielen gezeigt werden. Diese Beispiele stammen nicht von professionellen Kartographen, sondern von Schülern, die eine eigene Kartierungsidee hatten und dazu eine eigene Legende entwickelt haben.

1. Gebäudefunktionen in einer Stadtstraße

Hier hat eine Schülerin einen großmaßstäblichen Stadtplan (Karte 1a), in dem die einzelnen Gebäude eingetragen waren, genommen, um eine Funktionskarte (Karte 1b) zu erstellen. Da jedes Geschoss eine andere Funktion haben kann, hat sie die Gebäude nach hinten „umgekippt", sodass sie für jedes Stockwerk eine eigene Funktion eintragen konnte. Welche Funktionen sie unterschieden hat, zeigt die Legende.

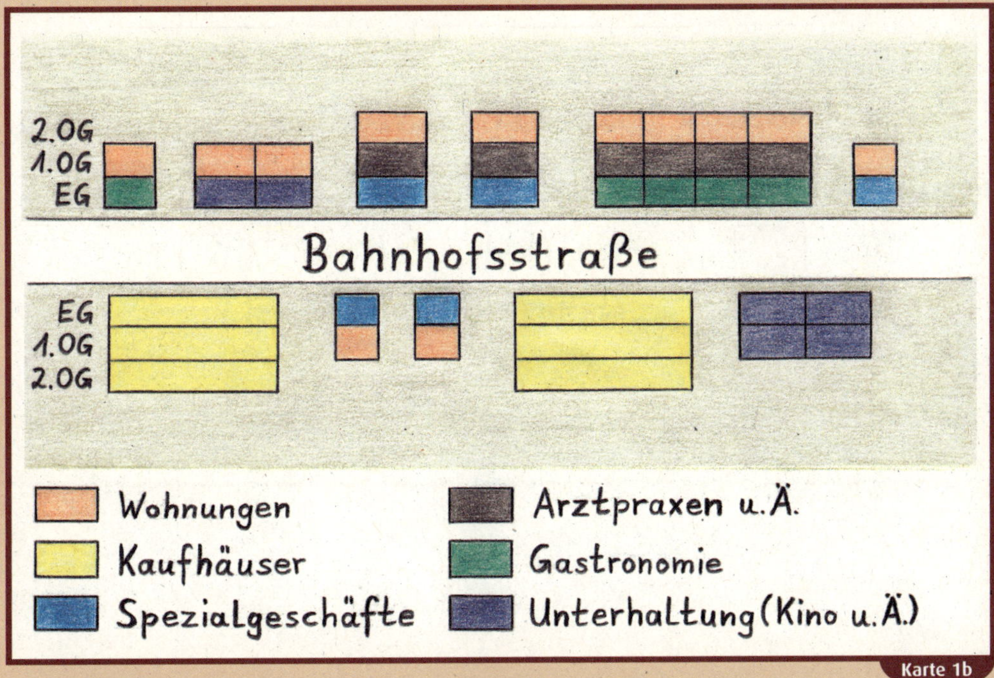

2. Alter und Erhaltungszustand von Gebäuden in einem Stadtviertel

Hier hat ein Schüler auf der Grundlage eines Stadtplans das Alter und den Erhaltungszustand der Gebäude eines ausgewählten Stadtviertels kartiert. Die Altersklassen, die Stufen des Erhaltungszustandes und die Legende hat er selbst entwickelt.

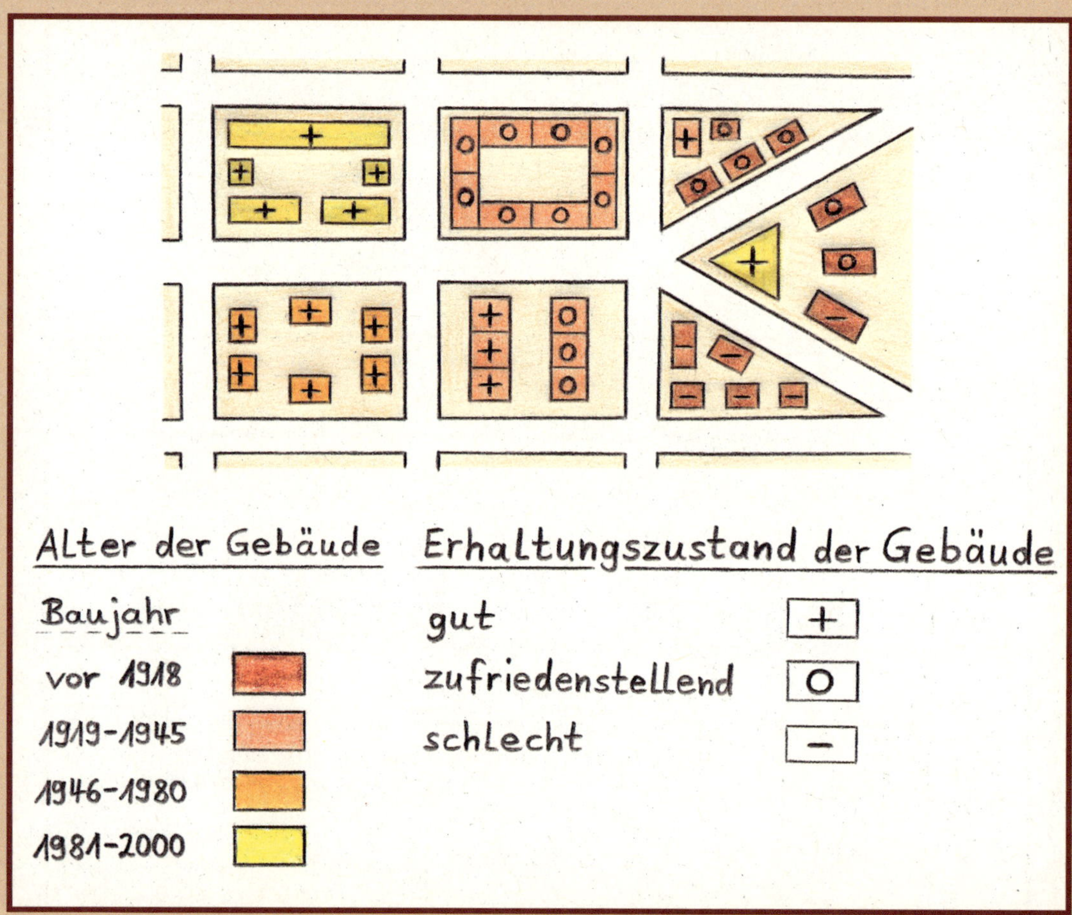

3. Verkehrserschließung einer Landschaft

Hier hat eine Schülerin ein Raster von 1 km x 1 km über eine topographische Karte 1 : 50 000 gelegt und die Zahl der Kreuzungen für jede Zelle ausgezählt, um die verkehrliche Erschließung zu erfassen und damit verschiedene Gebiete vergleichen zu können. Die Inhalte und Symbole der Legende hat sie selbst entwickelt.

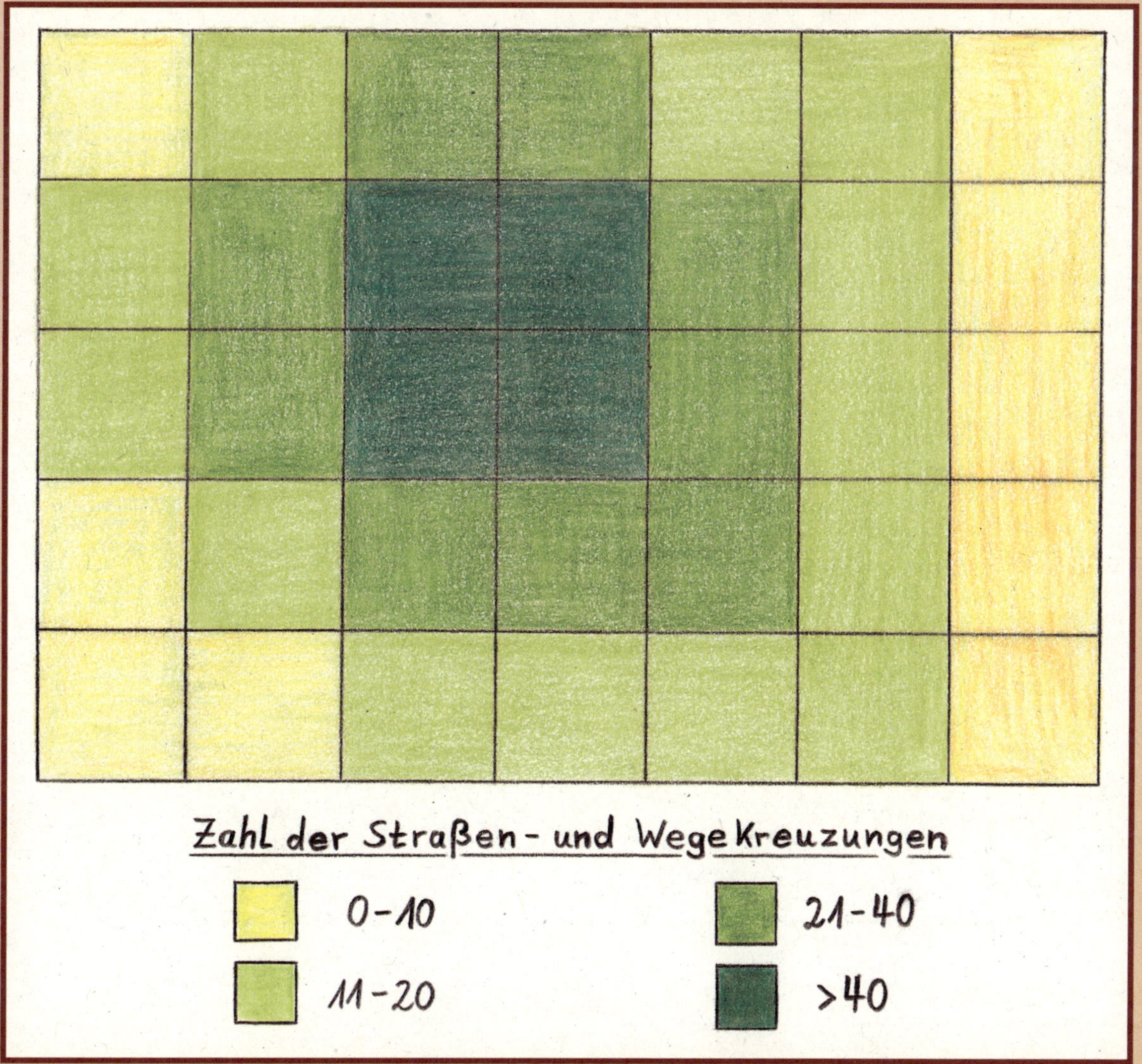

Hier hat eine Schülergruppe ein Gelände aufgesucht, dieses mit einer topographischen Karte verglichen, dabei verschiedene Landschaftsformen beobachtet, dafür Symbole bestimmt und dann auf einem transparenten Papier über der Karte eine geomorphologische Karte gezeichnet.

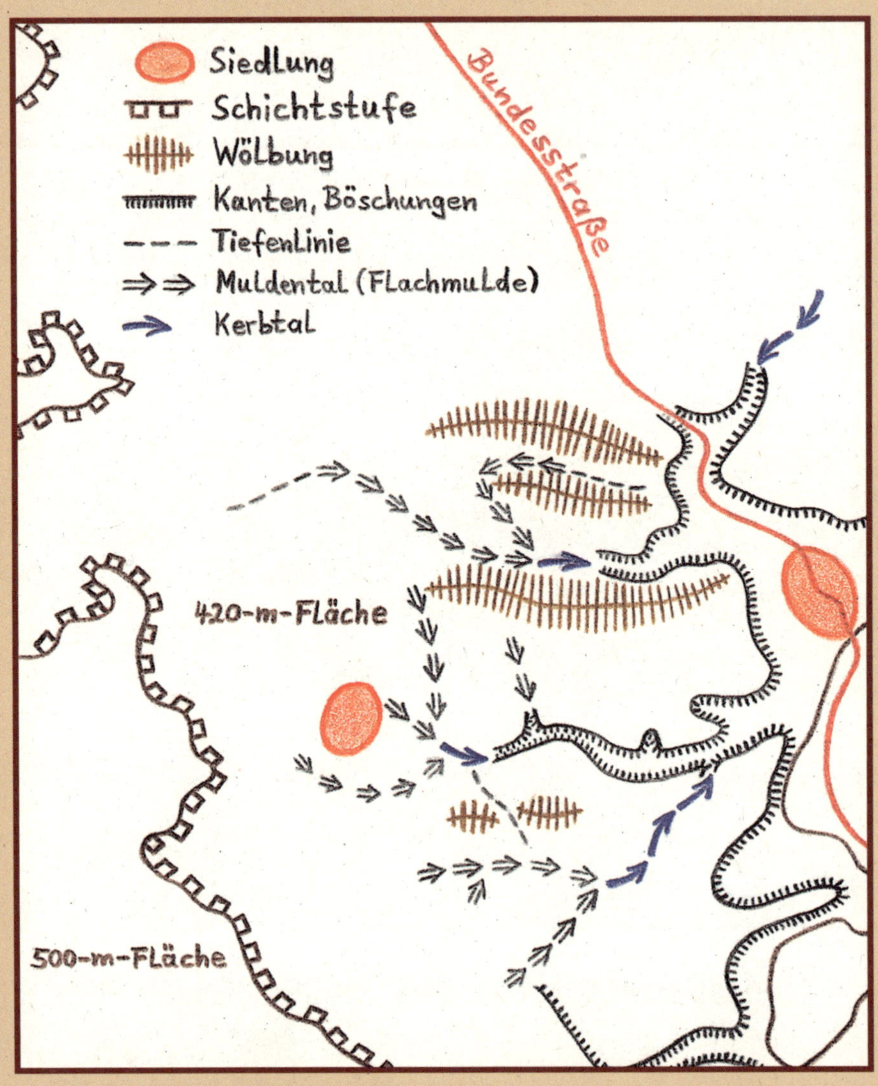

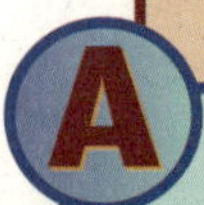

Suche – möglicherweise zusammen mit Freunden – ein Gebiet in deinem näheren Heimatraum auf, wähle zur Kartierung ein geeignetes Thema aus und fertige eine eigene Karte an. Die o. a. Beispiele können dir als Anregung dienen.

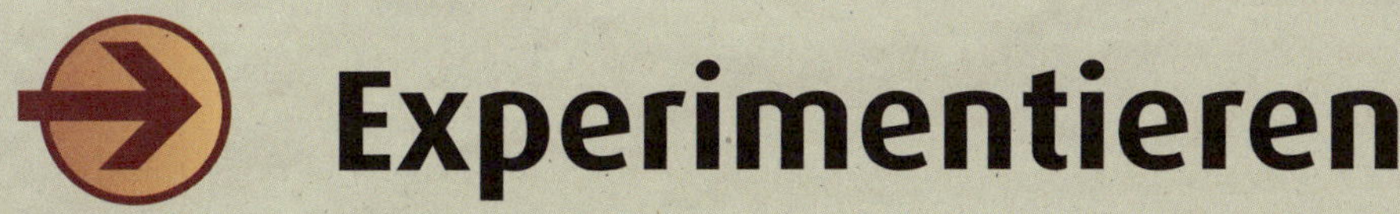

Experimentieren

Beobachtet man Erscheinungen und Vorgänge in der Wirklichkeit, so möchte man diese in der Regel auch gerne erklären, d. h. ihre Ursachen und ihre Folgen erkennen.
Dazu stellt man Fragen, wie z. B.

- Weshalb ist es am Äquator wärmer als in den mittleren Breiten?

- Warum treten in gleicher Höhe an einem Berghang Quellen auf und an anderen nicht?

- Warum scheint manchmal auf den Berghöhen die Sonne und in den Tälern liegt dichter Nebel?

- Warum gab es in unserem Fluss plötzlich ein Fischsterben und in anderen Flüssen nicht?

Experimente können helfen solche Fragen zu beantworten, d. h. Erscheinungen in der Umwelt mit ihren Ursachen, ihrem Verlauf, ihren Eigenschaften, Formen und Auswirkungen zu verstehen.
Experimente erlauben naturgesetzlich verlaufende Prozesse nachzuahmen. Dabei ist allerdings der Gesamtzusammenhang auf wesentliche Elemente zu reduzieren. Geographische Experimente müssen natürlich auch in einem kleineren Maßstab, also in einem Modell, durchgeführt werden. So werden Vorgänge, die in einem Gebirge ablaufen, in einem kleinen Sandkasten simuliert oder Erscheinungen auf der gesamten Erde an einem Tellurium untersucht.

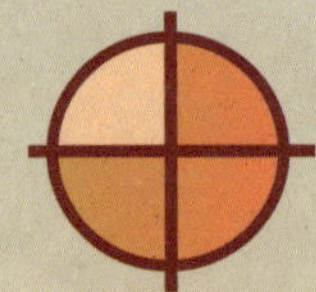

Experimentieren

1. Ausgangsfrage stellen

Der erste Schritt, der zu einem Experiment führt, ist eine Frage, die ein Problem, eine Erscheinung oder einen Vorgang in unserer Umwelt anspricht und deren Antwort eine Erklärung bieten soll.

2. Hypothesen bilden

Auf die klare Formulierung der Ausgangsfrage folgen Vermutungen, die man auch Hypothesen nennt.

3. Experiment entwickeln und aufbauen

Die Fragestellung muss nun aus dem natürlichen Gesamtzusammenhang genommen und in einem vereinfachten Modell dargestellt werden.

4. Experiment durchführen

Für jede Hypothese ist ein eigener Versuch notwendig und häufig dieser noch unter veränderten Bedingungen.

5. Hypothesen überprüfen

Durch die einzelnen Teilexperimente werden die unterschiedlichen Hypothesen entweder bestätigt oder widerlegt. Man kann dies z. B. schriftlich festhalten, indem man hinter die vorher formulierten Hypothesen ein Plus oder Minus schreibt.
Es wird deutlich, dass eine Fülle von Experimenten durchgeführt werden kann und dass jedes Teilexperiment nur eine Ursache aus dem Gesamtzusammenhang untersucht. Ein Problem – wie z. B. eine Überschwemmung – kann ja auf vielen Ursachen beruhen, sodass schließlich verschiedene Hypothesen bestätigt werden können.

6. Ergebnisse der Experimente mit der Wirklichkeit vergleichen

Die Erkenntnisse, die aus dem Experiment gewonnen wurden, werden nun mit der Wirklichkeit verglichen.

Experiment zur Entstehung von Talnebel

1. Ausgangsfrage

Warum bildet sich manchmal im Tal Nebel, wenn auf den Bergen die Sonne scheint?

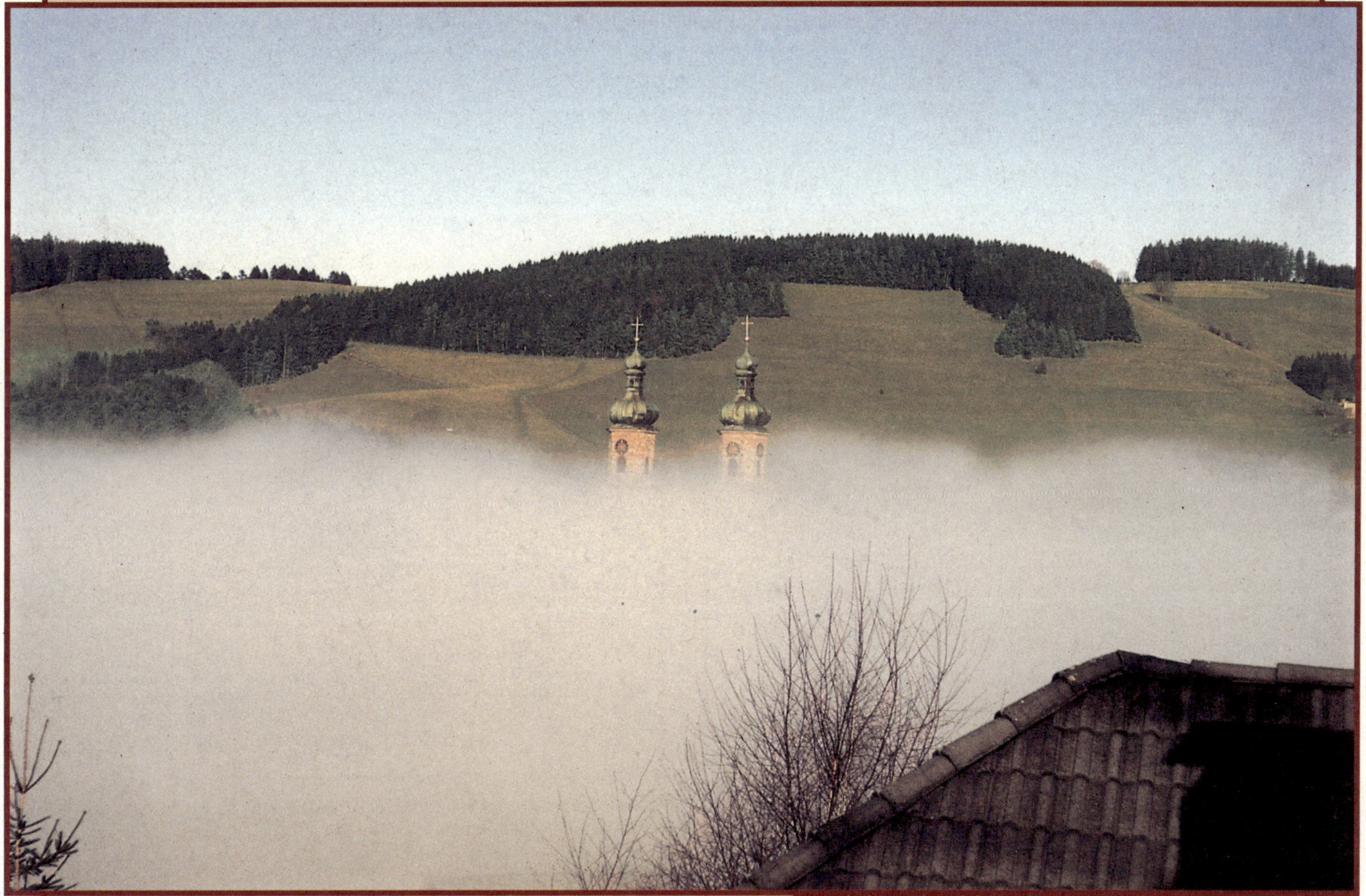

Nebel im Tal, auf den Höhen Sonnenschein • FOTO: H. Haubrich

2. Hypothesen

Hypothese 1: Nebel ist schwerer als Luft und sinkt deshalb in die Täler.

Hypothese 2: Die Sonne erwärmt die Berge stärker als die Täler, deshalb kondensiert der in der Luft enthaltene Wasserdampf in den kälteren Tälern.

Hypothese 3: Auf den Bergen ist es kälter als in den Tälern. Deshalb bildet sich im Tal Nebel.

Hypothese 4: Der Talnebel entsteht dadurch, dass die Sonnenstrahlen den Erdboden im Tal nicht erreichen, dieser also nicht erwärmt wird und deshalb keinen Auftrieb, d. h. aufsteigende Luft erzeugt, sodass der Nebel im Tal liegen bleibt.

3. Versuchsaufbau

Ein Glaszylinder soll den Querschnitt durch die Luft darstellen, ein brennendes Räucherstäbchen (oder Zigarette) soll Nebel bilden und ein glühender Tauchsieder soll die Luft erwärmen.

4. Versuchsdurchführung

Versuch 1

In einen Glaszylinder wird ein brennendes Räucherstäbchen bzw. eine Zigarette geworfen. Der Rauch steigt empor. Er setzt sich nicht auf dem Boden des Glaszylinders ab. Durch die Glut ist die Luft am Boden wärmer, sodass sie aufsteigt, d. h. Auftrieb erzeugt, und den Rauch in die Höhe trägt.

Übertragung auf die Realität: Ist die Luft am Boden wärmer als oben, so kann der Nebel nach oben abziehen. Es bildet sich kein Talnebel.

Versuch 2

Anders als im Versuch 1 wird in den oberen Teil des Glaszylinders ein glühender Tauchsieder gehalten. Damit wird die Luft oben wärmer als unten. Nun kann der Rauch nicht mehr aufsteigen, sondern er sammelt sich am Boden.

Übertragung auf die Realität: Ist die Luft oben wärmer als am Boden, so kann der Nebel nicht nach oben abziehen. Er sammelt sich am Boden als Talnebel.

Versuch 1 • ZEICHNUNG: R. Hoffmann

Versuch 2 • ZEICHNUNG: R. Hoffmann

5. Hypothesen überprüfen

Hypothese 1 erklärt die Entstehung des Talnebels nicht.

Hypothese 2 erklärt die Entstehung von Talnebel nur teilweise.

Hypothese 3 trifft nicht zu.

Hypothese 4 erklärt die Entstehung des Talnebels fast vollständig (siehe 6. Vergleich mit der Wirklichkeit).

6. Vergleich mit der Wirklichkeit

◆ Auf Wanderungen bei sonnigem Wetter stellten wir fest, dass die Luft mit der Höhe immer kühler wurde.

◆ Bei Ausflügen aus dem Talnebel auf Berghöhen stellten wir fest, dass die Temperatur sofort anstieg, als wir durch die Nebelgrenze auf sonnige Höhen gelangten.

◆ Im Winter haben wir beobachtet, dass nach zwei- bis dreiwöchigem Talnebel und sonnigen Höhen der Schnee auf den Bergen geschmolzen, aber im Tal gefroren und liegen geblieben war.

◆ Von sonnigen Bergen haben wir beobachtet, wie die Nebelgrenze morgens tiefer lag als am Tage und wie abends kalte, schwere Luft in die Täler floss.

Führe – angeregt durch die beiden Abbildungen – Versuche zur Talentstehung durch und beschreibe diese entsprechend den Hinweisen auf Seite 108.

Versuch 1 • ZEICHNUNG: R. Hoffmann

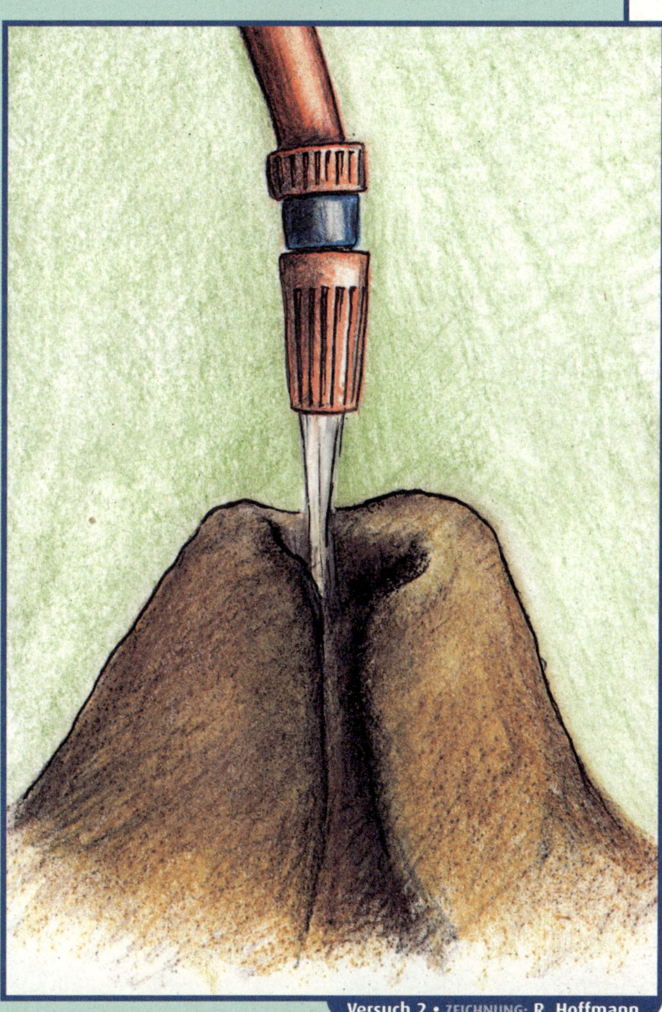

Versuch 2 • ZEICHNUNG: R. Hoffmann

Interviews analysieren und durchführen

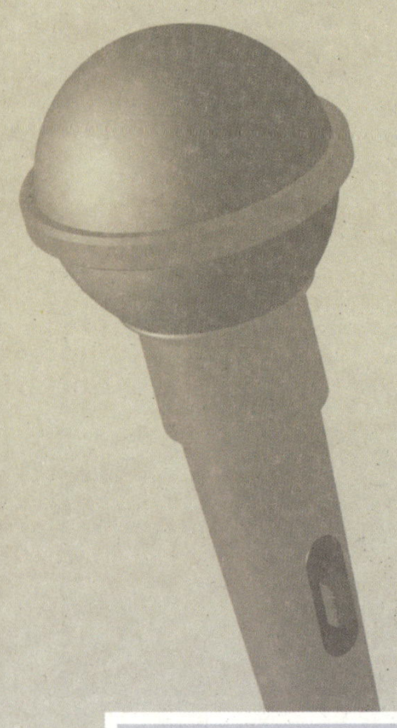

Täglich kann man Interviews in den Zeitungen lesen, im Radio hören und nicht zuletzt im Fernsehen in Wort und Bild miterleben. Talkshows ähneln oft Interviews und sind bei vielen Zuschauern sehr beliebt. Wissenschaftler, die eine Frage untersuchen und Journalisten, die abgesicherte Informationen weitergeben möchten, interviewen oft Experten, die über einen großen Erfahrungsschatz bzw. neueste Forschungsergebnisse verfügen. Man nennt diese Methode auch Delphi-Methode, genannt nach dem Orakel im griechischen Delphi, wo man die Wahrheit über die Zukunft erfahren wollte.

Häufiger aber sind Interviews mit Betroffenen oder wichtigen Entscheidungsträgern. Geht es z. B. um ein Verkehrsproblem, so können Autofahrer, Fahrradfahrer, Anwohner, Verkehrspolizisten, Betriebsinhaber von anliegenden Geschäften, ... davon betroffen sein. Entscheidungsträger sind Politiker, Bürgermeister, Unternehmer usw.

Bei Interviews geht es in der Regel nicht nur um reine Information, sondern auch um Interessen und Wertungen. Deshalb ist es wichtig als Leser oder Zuhörer eines Interviews schnell zu erkennen,

- ◆ welche Interessen der Fragesteller und auch welche der Befragte verfolgen;
- ◆ ob beide sich sachlich auf Informationen über Gegebenheiten, deren Ursachen und Folgen konzentrieren;
- ◆ ob beide aufeinander reagieren oder das Gespräch nur in eine eigene Richtung drängen wollen;
- ◆ ob der Interviewer dem Interviewten über seine Fragen hinaus Gelegenheit gibt, das zu sagen, was er für wichtig hält.

Will man durch ein Interview nicht in eine falsche Richtung gelenkt werden, ist es sinnvoll, sich einmal gründlich mit Interviews auseinandergesetzt zu haben. Die beste Übung ist natürlich, selbst einmal ein Interview durchzuführen. Dazu muss man in der Lage sein, Menschen vor dem Interviewbeginn freundlich zu grüßen, um ein Interview zu bitten, dessen Ziele zu begründen, auf die Antworten sachlich zu reagieren und sich am Ende zu bedanken. Erfolgreiche Gesprächsführung setzt Kontaktfreudigkeit voraus und ist eine äußerst wichtige Fähigkeit, die einem im Leben oft helfen kann.

Interviews analysieren

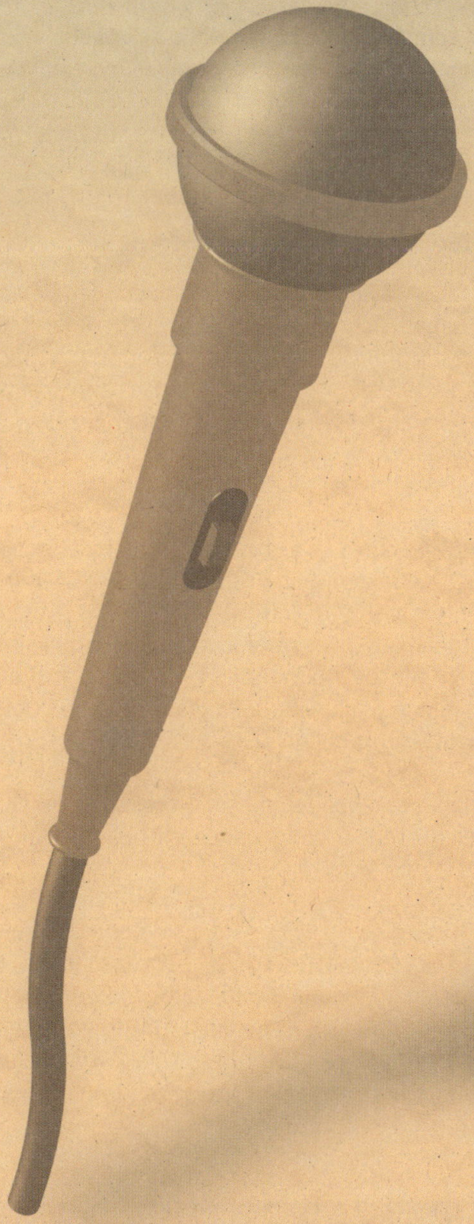

Es gibt natürlich viele Möglichkeiten ein Interview zu analysieren. Zur Übung ist es zunächst einmal sinnvoll, sich an folgendem Raster zu orientieren:

1. Quelle

2. Datum

3. Interviewer

4. Interviewter

5. Thema

6. Geographischer Raum

7. Teilthemen

8. Frageverhalten des Interviewers
- aktiv fragend
- reaktiv auf Antworten eingehend
- nicht Erfragtes zulassend
- wertend

9. Antwortverhalten des Interviewten
- sachlich informierend
- Sprache/Verständlichkeit/Sachbegriffe
- auf Fragen reagierend
- nicht Erfragtes aktiv vortragend
- wertend

BZ: In Deutschland sank über lange Zeit hinweg die Zahl der Unternehmungsneugründungen und der selbständig Beschäftigten. Dreht sich dieser Trend um?

Sternberg: Ja, das ist eindeutig der Fall. Im vergangenen Jahr versuchte einer von 25 Erwachsenen, ein Unternehmen zu gründen. Deutschland belegt damit Platz 8 unter 21 Staaten, die wir mit dem Blick auf das Gründungsgeschehen untersucht haben. Damit hat sich die Position Deutschlands verbessert.

BZ: Wie erklären Sie dies?

Sternberg: Die Politik hat erkannt, dass der Mangel an Unternehmungsgründungen behoben werden muss. Inzwischen hat sich die Einsicht verbreitet, dass es einen engen Zusammenhang zwischen Unternehmungsgründungen und Wirtschaftswachstum gibt. Will ein Land seinen Wohlstand halten oder sogar mehren, braucht es möglichst viele Unternehmer. Daneben ist es in Deutschland gelungen, ausreichend Kapital, auch Risikokapital, für die Bürger bereitzustellen, die das Wagnis einer Existenzgründung eingehen.

BZ: Gleichwohl erreicht Deutschland nur den achten Rang. Was machen andere Staaten besser, um die Grundlage ihres Wohlstandes zu sichern?

Sternberg: Das hat mehrere Gründe. Unter den Staaten mit hohen Quoten an Unternehmungsgründungen gibt es mehrere klassische Einwanderungsländer. Die Tatsache, dass Immigranten ganz stark zu unternehmerischer Dynamik beitragen, beweist die Entwicklung Israels, Kanadas und der USA.

BZ: Also braucht auch Deutschland mehr Einwanderung?

Sternberg: Wenn die Politik wirtschaftliches Wohlergehen will, und das will sie ja, muss sie der Öffentlichkeit auch vermitteln, welch großen Beitrag Einwanderer langfristig im Gründungssektor leisten.

BZ: Gibt es in Deutschland regionale Unterschiede bei den Firmengründungen?

Sternberg: Die Differenzen sind sogar recht deutlich. Der Raum München hat das lebendigste Gründungsgeschehen, gefolgt von Berlin und Hessen. Die ostdeutschen Länder schneiden leider mit Abstand am schlechtesten ab.

BZ: Wie erklären sich die Unterschiede?

Sternberg: Regionale Faktoren haben großen Einfluss. Da ist die regionale Politik, also der Bürgermeister, der Landrat, die örtlichen Kammern, die örtlichen Banken, die zum Beispiel Gründungszentren schaffen oder dafür sorgen, dass angehende Gründer alle wichtigen Informationen aus einer Hand bekommen und damit einen leichteren Start haben.

BZ: Welche Rolle spielen Frauen im Gründungsgeschehen?

Sternberg: Eine leider noch viel zu kleine. Die Gründerwelle, die es ja gibt, läuft an der Mehrheit der Frauen weitgehend vorbei. Zwar haben sich die Werte gebessert. Allerdings kommen auf 2,44 Gründer nur eine Gründerin. In Kanada liegt das Verhältnis bei 1,45 zu eins. Deutschland schöpft also ein großes Potenzial seiner Volkswirtschaft nicht aus.

BZ: Woran liegt das?

Sternberg: So wie Frauen es in Deutschland schwer haben eine Karriere zu verfolgen, haben sie es auch schwer sich selbständig zu machen. Das sind die bekannten Defizite in der Kinderbetreuung und der Vereinbarkeit von Familie und Beruf. Daneben gibt es bei Frauen den Mangel an hoch spezialisierter Bildung, die eine Bedingung für eine erfolgreiche Unternehmungsgründung ist.

BZ: Sie sagten, dass Einwanderung ein Grund dafür ist, dass andere Länder bessere Gründungsquoten haben. Welche Gründe gibt es noch?

Sternberg: Ich sehe nicht, dass es die Regierungen sind, die in anderen Staaten vieles so viel besser machen. Es sind mehr Fragen der Mentalität und Kultur. In Deutschland wird zum Beispiel das Scheitern einer Unternehmungsgründung noch immer als Makel betrachtet. An solchen grundlegenden Einstellungen und Mentalitäten muss jetzt in Deutschland ein Wandel eintreten.

QUELLE: Badische Zeitung vom 13.02.2001, S. 12; gekürzt

Spiegel: Es kann aber kaum in Ihrem Interesse sein, dass eine finanzstarke ausländische Oberschicht die Preise verdirbt und sich parallel dazu eine internationale Remmidemmi-Kultur ausbreitet. Fühlen Sie sich kolonisiert?

Antich: Die Balearen stellen eine Art Brücke dar zwischen dem reichen Norden und dem armen Süden. Von Kolonisation zu sprechen wäre viel zu einfach. Das geht nicht allein mit Geld.

Spiegel: Gerade die Deutschen geben doch schon den Ton an.

Antich: Man muss was dagegen tun, wenn beispielsweise ein Geschäft Produkte nur in ausländischer Sprache anbietet, sodass unsereins ratlos davor steht. Auch wenn ein Ausländer seinen Grundbesitz gesperrt hat, muss er jetzt Wege wieder öffnen.

Spiegel: Trägt der langjährige Ausverkauf zur Fremdenfeindlichkeit auf den Balearen bei?

Antich: Radikalismus gibt es überall. Dagegen muss man kämpfen, allerdings ist das sehr schwer.

Spiegel: Beraten Sie sich eigentlich mit anderen Regionalpolitikern über die Folgen der sozialen Umwälzungen?

Antich: Durchaus. Der Imedoc zum Beispiel, der Zusammenschluss der Inseln des westlichen Mittelmeers, vertritt acht Millionen Menschen. Ihm gehören Sardinien, Korsika, Sizilien und die Balearen an. Der Imedoc will auf unsere Probleme aufmerksam machen: Zuwanderung, Wassermangel, Müllberge, Rückgang der Lebensqualität.

Spiegel: Plagen Sie manchmal Fluchtgedanken?

Antich: Ich habe seit meinem Amtsantritt keinen Tag Ferien gemacht. Dabei würde ich gern mal wieder nach Deutschland reisen.

QUELLE: **Der Spiegel vom 24.02.2001, S. 66 f.; gekürzt. Das Interview führte Rüdiger Falksohn.**

A

2. Bereite ein eigenes Interview schriftlich vor und führe es anschließend durch (mögliche Themen: Freizeitverhalten, Käuferverhalten, ...). Beachte bei der Vorbereitung folgende Punkte:

- die Begrüßung zu Beginn des Interviews mit eigener Vorstellung
- die Begründung der Interviewziele
- die Fragen nach einem Problem, einer Erscheinung oder einem Vorgang
- die Fragen nach Ursachen
- die Fragen nach Folgen
- die Fragen nach zukünftigen Erwartungen und eventuellen Lösungen
- die Form des abschließenden Dankes.

Fragebogen beurteilen und erstellen

Immer wieder begegnen wir heute Fragebogen und insbesondere Ergebnisberichten von Befragungen. Zahlreiche demoskopische Institute leben von derartigen Befragungen.
Auftraggeber sind z. B. Parteien, die wissen möchten, ob sie Wahlen gewinnen oder Wirtschaftszweige, die ihre wirtschaftlichen Erfolgschancen für die nahe Zukunft abschätzen möchten.

Manchmal erreicht einen ein Fragebogen per Post. Meistens wird damit gleich eine Belohnung ausgesprochen – z. B. die Teilnahme an einem Gewinnspiel –, um genügend Antworten zu erhalten. Der Rücklauf der Fragebogen bei schriftlichen Befragungen kann nämlich manchmal weniger als ein Drittel betragen. Deshalb haben sich manche Institute dazu entschlossen, statt Fragebogen zu versenden, ausgewählte Personen anzurufen und zu befragen. Soll die Befragung repräsentativ sein, so ist es notwendig, eine bestimmte Anzahl von Mitgliedern einer Gruppe per Zufall auszuwählen. Dazu dienen dann z. B. das Telefonbuch oder andere Adressenlisten.

In den Medien findet man dann die Ergebnisse dargestellt, die allerdings nicht immer objektiv ausgewertet wurden. Es ist also immer Vorsicht geboten!
Es kommt auf die Fragen an, auf die Auswahl der Befragten und die Auswertung der Ergebnisse, ob eine Befragung aussagekräftige Ergebnisse vorweisen kann. Wenn man nicht in die Irre geführt werden will, ist es daher gut, sich mit den Methoden, eine Befragung durchzuführen und zu beurteilen, zu beschäftigen.

Eine Befragung beurteilen und durchführen

Vorbereitung der Befragung: der Fragebogen

1. Begleitschreiben

Jede Befragung sollte ein Begleitschreiben enthalten, in dem die Befragten durch freundliche Argumente gebeten werden, die sich anschließenden Fragen zu beantworten.

1.1 Absender

Dieses Begleitschreiben muss einen Absender aufweisen, sodass sich die Befragten ein Bild machen können, wer oder welche Interessen hinter der Befragung steckt/stecken.

1.2 Thema

Die grobe Angabe eines Themas oder einer Frage sollte eine erste Ahnung vermitteln, worum es in der Befragung geht.

1.3 Anrede

Die Befragten sollten in diesem Begleitbrief freundlich angesprochen werden.

1.4 Begründung der Befragung

Den Befragten sollte eine Begründung für die Befragung mitgeteilt werden, damit diese deren Bedeutung einschätzen können und deshalb eher die Fragen beantworten.

1.5 Unterstützung und Erlaubnis

Erfährt der Befragte, wer die Aktion unterstützt oder genehmigt hat, so kann man mit einer größeren Bereitschaft der Befragten rechnen mitzumachen.

1.6 Datenschutz

Die Befragten möchten meist nicht, dass ihre persönlichen Daten und Einstellungen an die Öffentlichkeit gelangen. Deshalb muss ihnen unbedingt eine anonyme Behandlung ihrer Angaben zugesichert werden.

1.7 Anleitung zu konkreten Tätigkeiten

Die Befragten müssen ganz genau erfahren, was sie zur Beantwortung der Fragen tun müssen.

1.8 Zeitangabe

Gleich zu Anfang möchten die Befragten wissen, wie viel Zeit sie für das Ausfüllen des Fragebogens aufbringen müssen. Ist der Fragebogen zu lang, wird der Rücklauf mit Sicherheit geringer ausfallen.

1.9 Dank und Unterzeichnung

Das Anschreiben sollte mit einem Dank abschließen, der von jemanden unterschrieben wird, der auch gleichzeitig für die Untersuchung verantwortlich ist.

2. Fragen

2.1 Hinführung zur Frage
Jede Frage beginnt mit einer Beschreibung der Situation oder des Umfeldes, um die Bedeutung der Fragen besser verstehen und damit auch die Fragen besser beantworten zu können.

2.2 Handlungsanweisung
Es muss dem Befragten unmissverständlich und eindeutig gesagt werden, was er zur Beantwortung der Fragen tun soll, z. B. ankreuzen, durchstreichen, unterstreichen, Zahlen einsetzen usw.

2.3 Hinweis bei Nichtbeantwortung
Der Befragte sollte genau wissen, was er tun soll, wenn er eine Frage nicht beantworten will oder aus mangelnder Kenntnis nicht beantworten kann.

2.3 Abfolge der Fragen
Das Kernstück eines Fragebogens sind die Fragen, die zu beantworten sind. Häufig ist es wichtig, mit welcher Frage man beginnt und in welcher Reihenfolge die Fragen gestellt werden, damit sich die Antworten nicht gegenseitig beeinflussen.

3. Angaben zur Person

Will man die Beantwortung des Fragebogens später auswerten, so ist es natürlich sinnvoll zu wissen, wer eine bestimmte Antwort gegeben hat.

3.1 Allgemeine Angaben zur Person
So ist es im Allgemeinen wichtig, ob junge oder alte Menschen, ob Frauen oder Männer, ob Deutsche oder Ausländer und je nach Interesse andere Gruppen die Fragen beantwortet haben.

3.2 Spezielle Angaben zur Person
Je nach Intention des Fragebogens können die Angaben zur Person sehr ins Detail gehen. Sie können z. B. Fragen enthalten über

- Ausbildung
- Familiengröße
- Einkommensverhältnisse.

Aus den Fragen zur Person wird deutlich, wie der Fragesteller seine Ergebnisse erklären möchte bzw. welche Bedeutung er diesen Eigenschaften im Hinblick auf die Beantwortung der Fragen zumisst.

Durchführung der Befragung

Sind die Fragebogen übersichtlich und einladend geschrieben, müssen sie natürlich zu denjenigen gelangen, die die Fragen beantworten sollen. Die Gruppe kann nach dem Zufallsprinzip ausgewählt werden, sie kann sich aber auch auf alle Mitglieder einer kleineren Gruppe wie z. B. eine Schulklasse oder die Bewohner einer Straße beziehen. Die professionellen Befragungsinstitute versuchen in der Regel eine repräsentative Stichprobe zu erhalten. Die Fragebogen können per Post verschickt werden. Dabei ist der Rücklauf in der Regel jedoch gering, manchmal sogar nicht ausreichend für ein repräsentatives Ergebnis. Besser ist es, wenn die Fragebogen den Befragten persönlich vorgelegt werden, sodass diese gleich die Fragen beantworten können. Hier besteht jedoch die Gefahr der Beeinflussung durch den Befrager. Dieser muss daher gut geschult sein. Schließlich können die Fragen natürlich auch telefonisch gestellt werden, wobei dann auf visuelle Unterstützung verzichtet werden muss.

Sind die Antworten alle gesammelt, so beginnt die Auszählung der Ergebnisse. Bei einer geringen Anzahl von Befragten und auch bei wenigen Fragen lässt sich die Auszählung noch per Hand von einer kleinen Gruppe erledigen. Bei einer großen Zahl wird das ein mühseliges Geschäft. Außerdem schleichen sich Fehler ein, wenn nicht eine Kontrollzählung vorgenommen wird.

Demoskopische Institute gestalten daher ihre Fragebogen so, dass sie später mit einem speziellen Gerät gelesen und die Ergebnisse per Computer dargestellt werden können.

Daran schließt sich die mühsame, aber auch interessante Auswertung der Ergebnisse an. Dabei wird nach Ursachen für verschiedene Antworten, Einstellungen, Gewohnheiten usw. gesucht. Oft können nur Vermutungen angestellt werden. Hier ist natürlich Vorsicht geboten.

Beispiel: Verbundenheit Jugendlicher aus Freiburg mit ihrem Wohnort, Baden-Württemberg, Deutschland und Europa

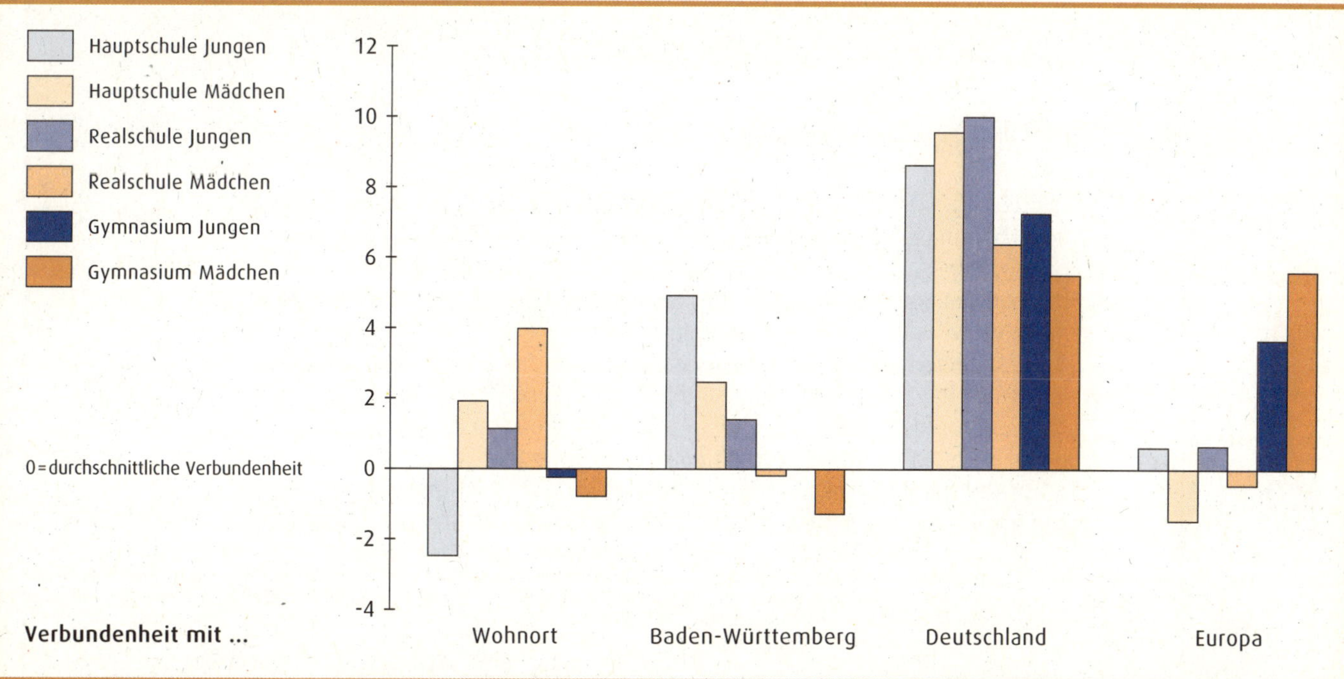

d. h.:

1. Gymnasialschüler fühlen sich mit Europa stärker verbunden als Real- und Hauptschüler.

2. Hauptschüler fühlen sich mit Deutschland stärker verbunden als Real- und Gymnasialschüler.

3. Zwischen Jungen und Mädchen gibt es teilweise erhebliche Unterschiede.

Damit sind zwar Tatsachen objektiv belegt, aber noch nicht endgültig erklärt. Reisen ins Ausland, Bildungsstand der Eltern, Inhalte des Geographieunterrichts und vieles andere mehr könnten die eigentlichen Ursachen für die obigen Einstellungen sein. Sucht man nicht nur eine Beschreibung von Einstellungen und Verhaltensweisen, sondern auch deren Erklärung, so braucht man relativ viele Angaben zur Person.

Modellklasse der Europaschule
Exzellent in Musterland

Fragebogen zur Untersuchung: **„Kennst du deine Nachbarn?"**

Liebe Schülerinnen und Schüler!

Wir leben als Deutsche, Franzosen und Schweizer relativ nahe beieinander und können uns ohne große Grenzschwierigkeiten gegenseitig leicht besuchen.
Um nun Genaueres über unser nachbarschaftliches Verhältnis zu erfahren, möchten wir euch gerne einige Fragen stellen.
Diese Untersuchung erfolgt mit Zustimmung und Unterstützung von Regierungsstellen, Schulämtern, Hochschulen und anderen Behörden.
Wir möchten euch bitten, uns bei unserem Vorhaben zu helfen und garantieren euch, dass die Auswertung völlig anonym erfolgt.
Antwortet möglichst ohne lange zu überlegen. Solltet ihr etwas nicht wissen – niemand kann alles wissen –, macht ihr einfach bei der nächsten Frage weiter. Die Beantwortung der Fragen dauert etwa fünf Minuten.

Herzlichen Dank für eure Mitarbeit!

im Auftrag der Modellklasse der Europaschule Exzellent in Musterland

Verbundenheit mit geographischen Räumen

Es gibt Menschen, die sich in erster Linie mit ihrem Wohnort verbunden fühlen. Andere fühlen sich vor allem als Europäer.
Kreuze bitte an, wie stark du dich als Europäer, als Deutscher usw. fühlst.
Wenn du glaubst, du kannst nicht antworten, dann kreuze das Kästchen „keine Antwort" an.

Ich fühle mich als ...	überhaupt nicht	weniger	durchaus	ziemlich stark	voll und ganz	keine Antwort
Deutscher/Deutsche						
Angehörige/r meiner Wohngemeinde						
Europäer/Europäerin						
Bewohner/in meiner Region						
Bürger/in meines Bundeslandes						
Weltbürger/ Weltbürgerin						

Selbst- und Fremdbilder

Immer wieder kann man auf der Straße hören, was typisch deutsch, französisch oder schweizerisch sei. Kreuze an, inwieweit die folgenden Eigenschaften deiner Meinung nach bei Deutschen, Franzosen und Schweizern zutreffen. Wenn du glaubst, du kannst nicht antworten, dann kreuze das Kästchen „keine Antwort" an.

Die Deutschen sind ...	überhaupt nicht	weniger	durchaus	ziemlich stark	voll und ganz	keine Antwort
fleißig						
friedlich						
sauber						
geizig						
freundlich						
altmodisch						
klug						
langsam						
reich						
fortschrittlich						
gewissenhaft						
ehrgeizig						
verschlossen						
selbstbewusst						
redselig						

Die Franzosen sind ...	überhaupt nicht	weniger	durchaus	ziemlich stark	voll und ganz	keine Antwort
fleißig						
friedlich						
sauber						
geizig						
freundlich						
altmodisch						
klug						
langsam						
reich						
fortschrittlich						
gewissenhaft						
ehrgeizig						
verschlossen						
selbstbewusst						
redselig						

Die Schweizer sind ...	überhaupt nicht	weniger	durchaus	ziemlich stark	voll und ganz	keine Antwort
fleißig						
friedlich						
sauber						
geizig						
freundlich						
altmodisch						
klug						
langsam						
reich						
fortschrittlich						
gewissenhaft						
ehrgeizig						
verschlossen						
selbstbewusst						
redselig						

Angaben zur Person

meine Nationalität (nach Personalausweis): ________________________

mein Alter: _______ Jahre

mein Geschlecht:　　　　◯ männlich　　　　　◯ weiblich

meine Sprachkenntnisse (weitere Sprachen ergänzen):

	verstehen			
	gar nicht	etwas	gut	sehr gut
Deutsch				
Mundart				
Französisch				
...				
...				

	sprechen			
	gar nicht	etwas	gut	sehr gut
Deutsch				
Mundart				
Französisch				
...				
...				

	schreiben			
	gar nicht	etwas	gut	sehr gut
Deutsch				
Mundart				
Französisch				
...				
...				

Sprachkenntnisse meiner Eltern:

	verstehen			
	gar nicht	etwas	gut	sehr gut
Deutsch				
Mundart				
Französisch				
…				

	sprechen			
	gar nicht	etwas	gut	sehr gut
Deutsch				
Mundart				
Französisch				
…				
…				

	schreiben			
	gar nicht	etwas	gut	sehr gut
Deutsch				
Mundart				
Französisch				
…				
…				

Mundart als Umgangssprache im Elternhaus:

○ ja   ○ nein   ○ ab und zu

Meine Schulleistungen sind im Durchschnitt ...

	eher gut	eher mittel	eher schlecht
Geographie			
Sprachen			
Mathematik			

Meine Eltern wohnen in Deutschland ...

○ schon immer   ○ seit etwa _____ Jahren

Meine Eltern wohnen in unserer Region ...

○ schon immer   ○ seit etwa _____ Jahren

Ich bin schon gereist ...
    – nach Frankreich:
    ○ ja -> wie oft? _____ mal   ○ nein

    – in die Schweiz:
    ○ ja -> wie oft? _____ mal   ○ nein

    – in folgende Länder: _________________________________

    ____

Meine Eltern haben besucht:

	Vater	Mutter
Hauptschule		
Realschule		
Gymnasium		
Berufsschule		
Fachhochschule		
Universität		
Sonstiges:		

Im Internet recherchieren

Das Internet bietet eine unvorstellbare Fülle an Informationen, die es in dieser Form noch nie gegeben hat. Wer Informationen anbieten möchte, kann sie durch das Internet weltweit verfügbar machen und wer Informationen sucht, kann sie in den Datenbanken auf der ganzen Welt finden.

Wie man im Internet Informationen finden kann, soll hier geübt werden. Wie die Ergebnisse – also Texte, Bilder, Tabellen, Grafiken, Karten, ... – genutzt, aber auch kritisch beurteilt werden sollten, konnte in den vorausgegangenen Kapiteln geübt werden.

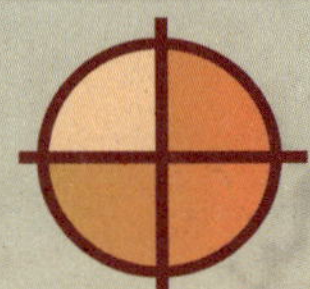

Im Internet recherchieren

Das **Internet** ist ein „internationales Netz", das Computer bzw. Server mit Datenbanken aus allen Ländern der Erde verbindet. Jede Datenbank hat eine eigene Adresse. Um diese Adressen zu erreichen, muss man zunächst mit seinem eigenen Computer in das Netz gelangen. Dies besorgt ein **Provider** wie T-Online, AOL, Freenet, ... Hat man nun eine Datenbank erreicht, benötigt man einen **Webbrowser** wie Netscape oder Internet Explorer, der einen durch das Netz navigiert und Datenbanken öffnet. Dann kann man beginnen, in den Daten zu suchen und damit zu arbeiten (s. Abbildung Seite 131).

Weiß man aber nicht, wo man suchen soll, so kann man Suchbegriffe in eine **Suchmaschine** eingeben. Diese zeigt dann an, in welchen Datenbanken man die gesuchten Informationen finden könnte. Mit der Zeit sammelt man eine Liste von Adressen, die bei verschiedenen Fragen erfolgreich geholfen haben und auch in Zukunft helfen sollen. Diese Adressen kann man als **Bookmarks** oder **Favoriten** speichern, sodass man sie später nur anklicken muss, um wieder in die betreffende Datenbank zu gelangen.

In der **Liste 1** auf Seite 132 findet sich eine Auswahl von Adressen, die bei geographischen Fragen hilfreich sein können.
Helfen diese Adressen nicht weiter, so benutzt man am besten eine Suchmaschine. Mit der Zeit weiß man, welche Suchmaschine einem am besten weiterhilft. Ebenso wie es ständig neue Datenbanken gibt, so vergrößert sich auch ständig die Zahl der Suchmaschinen. In der **Liste 2** auf Seite 133 findet sich eine Auswahl von Suchmaschinen.

Das erfolgreiche Suchen mit Suchbegriffen will gelernt sein. Es kommt darauf an, welcher Begriff oder welche Begriffe man eingibt, ob man keine, zu viele oder brauchbare Suchergebnisse erzielt. Unter **http://www.suchfibel. de** findet man leicht verständlich dargestellt, wie man eine Internet-Recherche durchführt. Es ist nicht nötig alles zu lesen, ein Index leitet zu den Fragen hin, die man beantwortet haben möchte.

Das Suchen im Internet hat einige Grundkenntnisse zur Voraussetzung, die hier nicht geschaffen werden können; es benötigt aber auch einige Computererfahrung, die hier auch nicht erlernt werden kann. Am besten ist es, einfach zu beginnen und bei Problemen die Suchfibel http://www.suchfibel.de zu befragen.

Umgang mit einem Webbrowser

Das **Adressfeld** zeigt die Adresse der aktuellen Datenbank. Du kannst hier andere Adressen eingeben und der Computer führt dich zu den entsprechenden Webseiten.

Über die **Leiste** „Datei", „Bearbeiten" usw. kannst du eine Webseite speichern, drucken und bearbeiten.

Die **Schaltknopfleiste** enthält Knöpfe mit oft benutzten Funktionen.

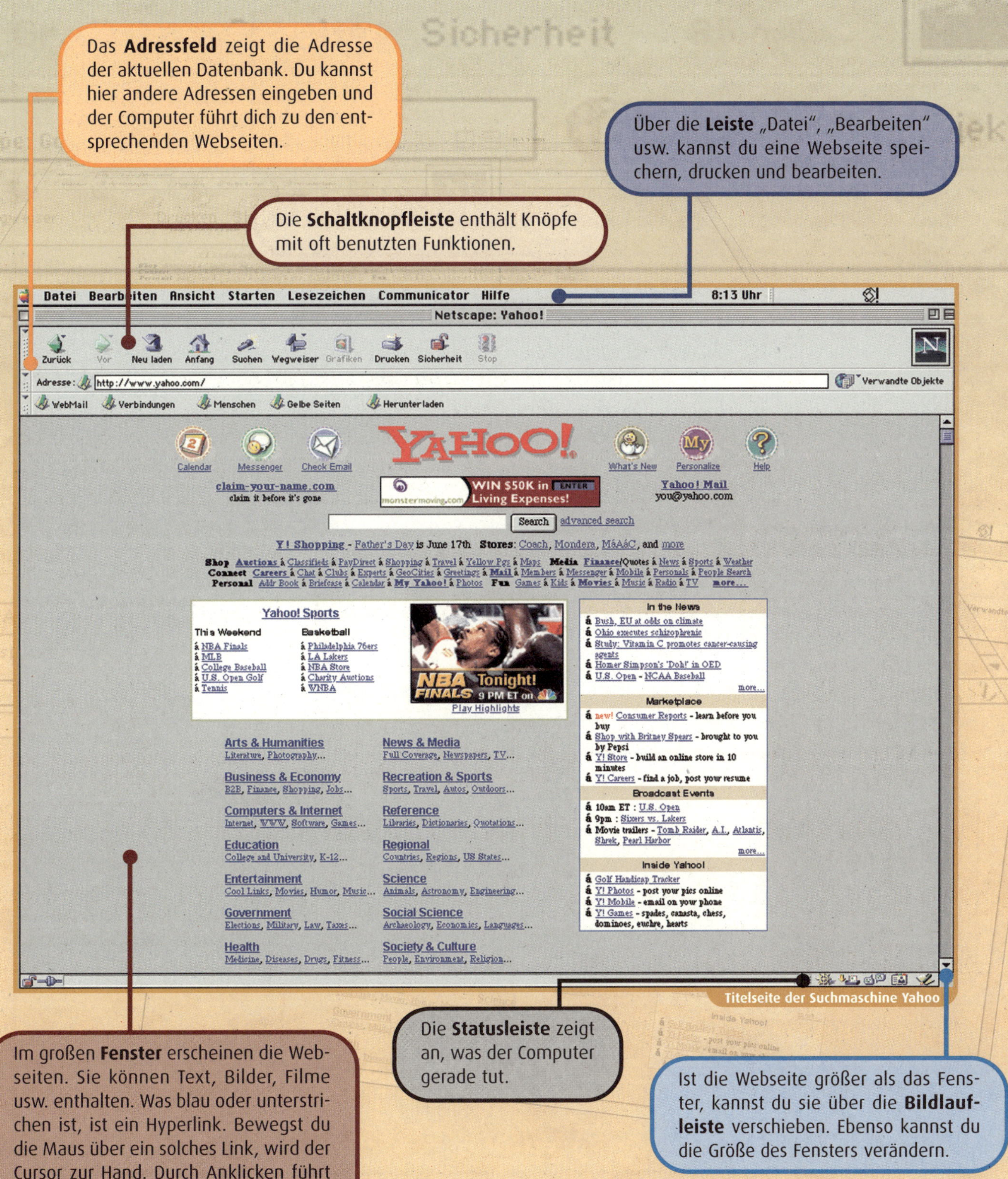

Titelseite der Suchmaschine Yahoo

Im großen **Fenster** erscheinen die Webseiten. Sie können Text, Bilder, Filme usw. enthalten. Was blau oder unterstrichen ist, ist ein Hyperlink. Bewegst du die Maus über ein solches Link, wird der Cursor zur Hand. Durch Anklicken führt dich der Computer zu diesem Link.

Die **Statusleiste** zeigt an, was der Computer gerade tut.

Ist die Webseite größer als das Fenster, kannst du sie über die **Bildlaufleiste** verschieben. Ebenso kannst du die Größe des Fensters verändern.

Naturgeographie

Vulkanismus:	http://volcano.und.nodak.edu
Erdbeben:	http://www.geophys.washington.edu/seismosurfing.html
Landschaftsformen:	http://hum.amu.edu.pl/~sgp/gw/gw1.htm
Klima:	http://www.dkrz.de
Wetter:	http://www.atmos.uiuc.edu
	http://www.imk.physik.uni-karlsruhe.de-gmueller/met.html
Gewässer:	http://www.uwin.siu.edu/
Vegetation:	http://www.sul.stanford.edu/depts/branner/vegmaps.htm
Umwelt:	http://earthsystems.org/Environment.shtml

Sozial- und Wirtschaftsgeographie

Bevölkerung:	http://www.prb.org
Städte:	http://www.un.org/Pubs/CyperSchoolBus/special/habitat/
Gesellschaft:	http://www.sosig.ac.uk/roads/subject-listing/World/
Wirtschaft:	http://www.hkkk.fi/EconVLib.html/
Landwirtschaft:	http://www.nass.usda.gov/census/census92/atlas92/html/

Virtuelle Exkursionen

Grand Canyon:	http://www.kaibab.org/gc_home.htm
Stromboli:	http://www.ezinfo.ethz.ch/ezinfo/volcano/index.html
Hawaii:	http://hawaii.ivv.nasa.gov
Sahara:	http://sahara-info.ch
Brasilien:	http://www.cba.nutecnet.com.br/inter/pantanal/pantanal.htm
Ägypten:	http://www.memst.edu/egypt/main.html

Webcams

Deutschland:	http://www.webcams.de
Europa:	http://www.webcams.de
Afrika:	http://www.africa.com
Welt:	http://www.webcams.de

Fernerkundung

Deutsches Fernerkundungsdatenzentrum:	http://www.dfd.dlr.de
NASA:	http://www.nasa.gov/gallery/photo/index.html
Remote Sensing Tutorial:	http://rst.gsfc.nasa.gov
Meteosat:	http://www.nottingham.ac.uk/meteosat
Earth and Moon Viewer:	http://www.fourmilab.ch/earthview/planet.html

Welt: http://www.odici.gov/cia/publications/factbook/index.html
http://www.lcweb2.loc.gov/frd/cshome.html
http://www.wcsu.ctstateu.edu/socialsci/area.html
http://www.worldbank.org/html/extdr/country.htm
Europa: http://www.asg.physik.uni-erlangen.de/europa/index.htm
Deutschland: http://www.deutschland.de
– Bundesumweltministerium: http://www.bmu.de
– Bundesumweltamt: http://www.umweltbundesamt.de
USA: http://www.for.nau.edu/%7Ealew/ustxtwlc.html
Antarktis: http://www.antdiv.gov.au

Statistiken

Welt: http://www.census.gov
http://lib.umich.edu/libhome/Documents.center/stats.html
http://www.un.org/Pubs/CyberSchoolBUs/infonation/_infonation.htm
Europa: http://www.mzes.uni-mannheim.de/eurodata/links.html
http://europa.eu.int
Deutschland: http://statistik-bund.de

Für Schüler und Lehrer besonders geeignete Adressen

Education Highway – Geographie und Wirtschaftskunde:	http://www.asn-linz.ac.at/schule/gw/default.htm
Forum Erdkunde:	http://www.uni-kiel.de:8080/ewf/geographie/forum/forum.htm
Quellen zum Geographieunterricht:	http://www.zum.de/cgi-bin/hoturls?geographie
EducETHGeographie:	http://www.educeth.ethz.ch/geographie
The Globe Program:	http://www.globe-germany.de
Learn line – Geographie:	http://www.learn-line.nrw.de/Faecher/geo.htm
Graphic Maps:	http://www.graphicmaps.com/graphic_maps.html
Oddens's Bookmarks – the Fascinating World of Maps and Mapping:	http://www.kartoserver.frw.ruu.nl/html/staff/oddens/oddens.htm
GIS-Tutorial:	http://www.gis-tutor.de
Friedrich Verlag (geographie heute)**:**	http://www.friedrichonline.de

LISTE 2: Suchmaschinen (Auswahl)

Auswahl

http://www.suchfibel.de
http://www.klug-suchen.de
http://www.google.de
http://www.web.de
http://www.altavista.de

http://www.lycos.de
http://www.yahoo.com
http://www.infoseek.de
http://www.fireball.de

Eine Beschreibung dieser und anderer Suchmaschinen findet sich unter http://www.suchfibel.de

1. Wähle die Adresse des Education Highway in Linz **http://www.asn-linz.ac.at/schule/gw/default.htm** und suche über die Begriffe **Themen, Wetter und Klima, Satellitenbilder** ein stündlich aktualisiertes Bild von Meteosat 7. Wenn eine Abbildung ähnlich der folgenden auf dem Bildschirm erscheint, dann drucke sie aus.

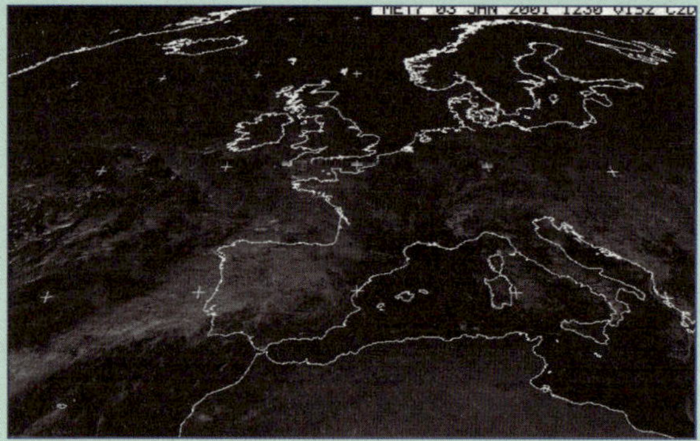

2. Wähle die Adresse des Statistischen Bundesamtes **http://www.statistik-bund.de** und versuche über **Indikatoren** die folgende Grafik über den deutschen Außenhandel zu finden. Speichere die Seite auf der Festplatte oder auf einer Diskette, drucke dann das Ergebnis aus.

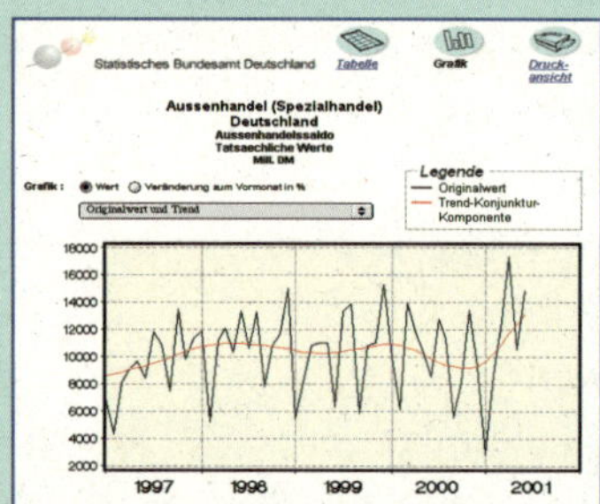

3. Wähle die Webcam-Adresse **http://www. webcams.de**, suche unter **Baden-Württemberg** den Ort **St. Peter** und informiere dich über den Erholungsort im Schwarzwald.

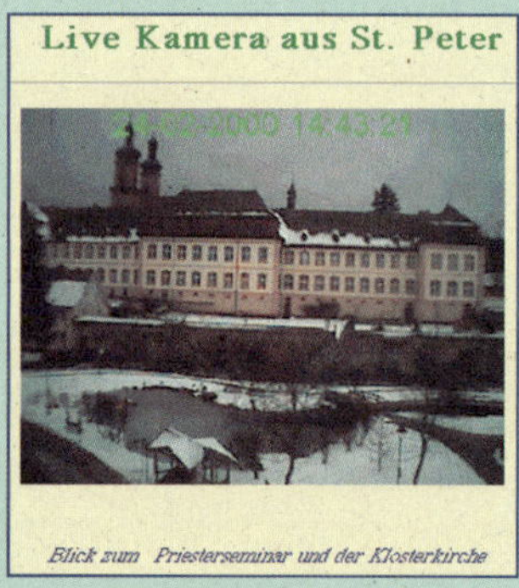

4. Versuche über **http://www.webcams.de** nach Australien zu gelangen. Schau nach, was sich an den Stränden von Sydney tut.

5. Wähle die Suchmaschine **http://www.google.de** aus und gib die Suchbegriffe **Nordrhein-Westfalen AND Freizeit** ein. Das Ergebnis müsste der folgenden Abbildung gleichen.

6. Wähle nun eine andere Suchmaschine aus und gib die gleichen Suchbegriffe ein. Wie unterscheidet sich die erste von der zweiten Recherche? Was kann man daraus lernen?

7. Prüfe die Adressen der Informationsanbieter bei der letzten Recherche und stelle fest, ob Behörden, Hochschulen, Schulen, private Personen, Parteien, Vereine, Unternehmen oder andere die Informationen anbieten. Versuche daraus Rückschlüsse auf die Zuverlässigkeit der Informationen zu ziehen.

Bilder beschreiben, S. 16

Beschreibung des Bildes **Szene am Stadtrand von Manila**

1. Inhalt

1.1 Das Bild ist am Stadtrand von Manila, der Hauptstadt der Philippinen, aufgenommen worden.

1.2 Das Bild erfasst eine Fläche von ca. 10 m Breite und 20 m Tiefe.

1.3 Am auffälligsten im Bild sind Jugendliche in einem schmutzigen Kanal oder Fluss. Sie haben lange Stangen in ihren Händen, an deren äußeren Ende ein Auffangnetz angebracht ist.
Punktuelle, lineare und flächenhafte Gruppierungen: Die meisten aktiven Jugendlichen befinden sich als Gruppe im Wasserlauf oder direkt an dessen Ufer. Die weiter weg Stehenden scheinen mehr Zuschauer als Handelnde zu sein.
Aussehen und Tätigkeiten von Menschen: Die Jugendlichen im und am Wasser tragen nur eine kurze Hose oder einen Lendenschurz, zwei Jungen und zwei Mädchen am Ufer tragen auch ein Hemd. Während die Jungen versuchen, etwas aus der Luft aufzufangen, sind die Mädchen nur Zuschauer.

1.4 Es ist nicht einfach zu erkennen, was die Jugendlichen mit ihren Netzen aufzufangen versuchen. Sie könnten etwas aus der Luft fangen wollen, dafür sprechen die langen Stangen, die sie in die Höhe halten. Da sie aber auch im Wasser oder am Ufer stehen, könnten sie auch etwas aus dem Wasser fischen wollen. Am oberen rechten Bildrand sind Teile eines Krans oder Baggers zu sehen. Ob dieser noch funktionstüchtig ist, kann nicht erkannt werden.

1.5 Das, was die Jugendlichen mit Begeisterung tun, scheint für sie attraktiv zu sein. Aber auch für den Betrachter ist diese Szene von Interesse, da er nicht genau weiß, was die Jugendlichen dort tun. Das Problem der Jugendlichen scheint zu sein, etwas auffangen zu wollen und möglicherweise dabei der erste zu sein. Es könnte aber auch sein, dass sie sich die Beute teilen.

1.6 Wie die Jugendlichen ihr Problem zu lösen versuchen, zeigen ihre langen Stangen und Netze. (Das Bild verrät nicht, dass Touristen den Jungen von einer Brücke herunter Geldmünzen zuwerfen. Die Tätigkeiten der Jugendlichen kann man als akrobatische Leistung ansehen, für die sie entlohnt werden. Man kann sie aber auch als Bettelei ansehen, die von der schulischen Ausbildung oder anderen sinnvollen Tätigkeiten ablenkt.)

2. Herkunft/Gestaltungsmittel

2.1 Das Bild ist hier zum ersten Mal erschienen.

2.2 Der Autor des Bildes ist H. Haubrich.

2.3 Adressaten könnten Menschen sein, die sich für in fremden Ländern zu beobachtende außergewöhnliche Erscheinungen interessieren, aber auch Menschen, die auf die Probleme Jugendlicher in Entwicklungsländern hinweisen (und das Verhalten von Touristen problematisieren) möchten.

2.4 **Datum:** März 1990
Tageszeit: Nach den Schatten zu schließen steht die Sonne sehr steil. Es könnte also um die Mittagszeit in tropischen Breiten sein.
Jahreszeit: Manila liegt auf etwa 15° nördl. Breite. Die Aufnahme ist im März entstanden, also ist die Jahreszeit als Frühling zu bezeichnen.
Wetter: Licht und Schatten deuten auf sonniges Wetter, die spärliche Bekleidung der Jugendlichen auf hohe Temperaturen hin.

2.5 Die Aufnahme ist von einem etwas erhöhten Standort auf der Erde aufgenommen worden.

2.6 Die Aufnahme zeigt einen kleinen Landschaftsausschnitt mit einigen Menschen und liegt deshalb zwischen einer Nah- und Detailaufnahme.

2.7 Das Bild informiert über eine ungewöhnliche Tätigkeit von Jugendlichen in einem Entwicklungsland. Der Autor hat aber wohl diese Einzelbeobachtung wegen ihrer außergewöhnlichen Erscheinung aufgenommen. Es besteht deshalb die Gefahr für den Betrachter, dass er diese als typisch für das ganze Land ansieht.

3. Bewertung

3.1 Die Auswahl des Bildinhaltes ist wohl durch seine außergewöhnlichen, aber nicht durch seine typischen Tätigkeiten begründet. Allerdings kann man die Fantasie und Kreativität der Jugendlichen als bewundernswert beurteilen.

3.2 Die Bildperspektive von einem erhöhten Standort bietet einen guten Überblick über das Geschehen. Allerdings ist die Ursache der Auffangbemühungen der Jugendlichen – nämlich Münzen werfende Touristen – aus dieser Perspektive nicht zu erkennen.

3.3 Der Autor wollte wohl eine singuläre Erscheinung, die ihn fasziniert hat, festhalten, möglicherweise aber auch auf Probleme oder auf den Einfallsreichtum von Jugendlichen hinweisen.

3.4 (individuell unterschiedliche Antwort)

Luftbilder analysieren, S. 17–26

Analyse des Schrägluftbildes **Guilin/Südchina**

1. Bildorientierung

1.1 Das Bild ist in Guilin in Südchina aufgenommen worden und zeigt eine Stadt in einer Berglandschaft mit einzelstehenden, turmartigen Bergen.

1.2 Das Bild ist im Jahre 2000 und zwar im Frühherbst aufgenommen worden.

1.3 Das Bild ist von H. Haubrich aufgenommen worden.

1.4 Wahrscheinlich ist das Bild zur eigenen Erinnerung oder für Vorträge und Publikationen aufgenommen worden. Genaue Informationen dazu gibt es jedoch nicht.

1.5 Das Bild ist aus der Vogelperspektive und zwar aus einem relativ spitzen Winkel aufgenommen worden. Es könnte von einem Hubschrauber oder von einer größeren Erhebung aus gemacht worden sein.

1.6 Der Maßstab im Vordergrund ist bedeutend größer als im Mittel- oder Hintergrund. Ein Haus im Vordergrund umfasst im Bild in etwa die Größe eines ganzen Berges im Hintergrund.

1.7 Die Schatten rechts neben dem turmartigen Berg im Mittelgrund und rechts neben den Häusern auf der linken Straßenseite deuten darauf hin, dass die Sonne links vom Bild steht. Sie strahlt alle Häuser und Berge im Blickwinkel des Fotografen an.

1.8 Da die Sonne links vom Bild steht und es spät nachmittags ist, wird sie noch weiter nach Westen, also nach links wandern, sodass wohl die Berglandschaft am Horizont im Norden liegt.

2. Bildbeschreibung

2.1 Im Vordergrund liegt ein Wohngebiet mit drei- bis viergeschossigen Häusern.
Die linke Bildmitte zeichnet sich durch ein Parkgebiet aus.
Dahinter und auf der rechten Seite der Hauptstraße liegt ein dicht mit großen Häuserblocks bebautes Stadtgebiet.
Den Hintergrund bis zum Horizont füllt eine bizarre Berglandschaft.

2.2 Skizze

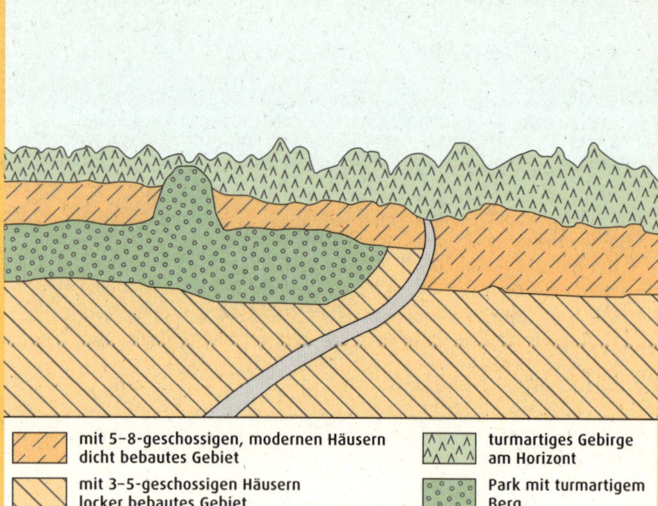

2.3 Hintergrund: Landschaft mit turmartigen Bergen
davor: dicht bebautes Stadtgebiet
davor: Stadtpark
Vordergrund: unregelmäßig bebautes Stadtgebiet

2.4 Die Berglandschaft wird durch zahlreiche turmartig aufsteigende Berge gekennzeichnet. Sie scheinen fast alle wie der Berg im Park isoliert, mit steilen Hängen in einer Ebene zu stehen.
Die kompakte Bebauung am Fuße der Berglandschaft umfasst zahlreiche, mehr oder weniger gleich hohe und breite Gebäude mit bis zu acht Stockwerken. Die meisten Gebäude scheinen noch nicht alt zu sein.
Den Park in der Bildmitte überragt ein fingerartig aufragender Berg, auf dessen Spitze ein kleines Dach einen Aussichtspunkt oder Tempel andeutet.
Der baumbestandene Park umschließt wenige langgezogene Gebäude mit Satteldächern.
Das Stadtgebiet im Vordergrund ist relativ unregelmäßig im Grundriss bebaut. Die Dächer sind teils Satteldächer, teils Walmdächer und teils typisch chinesische Doppeldächer.

3. Bilderklärung

3.1 Die Berglandschaft muss durch eine besondere Erosion entstanden sein. Nur wer sich schon damit beschäftigt hat, kann erkennen, dass die Landschaftsform als Turmkarst bezeichnet wird.
Das kompakt bebaute Stadtgebiet scheint sich vor allem aus jüngeren, d. h. modernen Gebäuden zusammenzusetzen. Dies deutet auf jüngste Modernisierungsmaßnahmen in der Stadtmitte hin. Es wird nicht deutlich, ob die Häuser vor allem dem Wohnen oder auch anderen städtischen Funktionen dienen.
Der Park mit dem „Turmberg" und den wenigen großen Gebäuden deutet auf eine besondere Bedeutung hin. Es könnte sich um ein ehemaliges Tempelgebiet, eine historische Schlossanlage, ein Universitätsgelände o. Ä. handeln.
Das Quartier im Vordergrund scheint vorwiegend dem Wohnen zu dienen. Es ist aber auch mit gewerblichen Gebäuden durchsetzt, was z. B. rechts durch eine besondere Dachform deutlich wird.

3.2 Von der traditionellen chinesischen Stadt sind eigentlich nur der Park und einige Häuser mit chinesischen Dachformen übrig geblieben. Ansonsten scheint die Modernisierung die ganze Stadt erfasst zu haben. Auf der Straße sind nur wenige Fahrzeuge zu erkennen. Das könnte an der Tageszeit liegen, aber auch daran, dass der motorisierte Verkehr noch nicht so weit entwickelt ist.

4. Bildbewertung

4.1 Beispiel (individuell unterschiedliche Antwort): Die Berglandschaft und den Turmberg im Park finde ich einzigartig.

4.2 Beispiel (individuell unterschiedliche Antwort): Dass die klassische chinesische Architektur kaum noch zu sehen ist und dass die Stadt so kompakt und hoch wie in vielen westlichen Ländern bebaut ist, ist schade.

5. Bildkritik

5.1 Das Bild lebt von der Plastizität der Berglandschaft, die die Stadtlandschaft umgibt und die hier gut eingefangen ist. Die „Schokoladenseite" der Stadt wird von der Sonne angestrahlt und verdeckt damit manche „Schattenseiten".

5.2 Der spitze Winkel der Aufnahme erlaubt keinen Einblick in die quer verlaufenden Straßen. Nur die der Sonne zugewandten Fassaden werden sichtbar. Insgesamt erscheint das Bild jedoch sehr plastisch.

5.3 Die Perspektive erlaubt nur einen geringen Einblick in die Gliederung der Stadt. Auch über das Leben in der Stadt können nur anhand einiger Indizien wie Straßenbild, Bausubstanz usw. Vermutungen angestellt werden.

5.4 Wie bei allen Luftbildern müsste man weitere Erdaufnahmen, Filme oder Berichte haben, um wirklich etwas über das Leben in dieser chinesischen Stadt zu erfahren.

Analyse des Senkrechtluftbildes **Zwei Dörfer und Flure in Süddeutschland**

1. Bildorientierung

1.1 Das Bild zeigt ein ländliches Gebiet in Süddeutschland.

1.2 Die vielen hellen Flächen in der Flur deuten auf kahle Felder hin, die entweder abgeerntet oder umgepflügt worden sind. Deshalb ist das Bild wahrscheinlich im späten Herbst oder im Winter aufgenommen worden.

1.3 Der Bildautor ist nicht bekannt.

1.4 Wahrscheinlich ist das Bild zur Anfertigung von Karten aufgenommen worden. Genaue Informationen dazu gibt es jedoch nicht.

1.5 Das Bild ist aus der senkrechten Vogelperspektive aufgenommen worden.

1.6 Das Bild hat keinen Vorder- und Hintergrund, sondern nur eine Bildmitte und einen Bildrand. Der Maßstab scheint sowohl in der Bildmitte als auch am Bildrand identisch oder zumindest fast identisch zu sein.

1.7 Einige kleinere Schatten deuten darauf hin, dass der Schatten links neben Gebäuden und Bäumen liegt. Danach müsste die Sonne rechts im Bild stehen. Da die Schatten sehr kurz sind, müsste die Sonne ziemlich hoch stehen – so wie es um die Mittagszeit der Fall ist.

1.8 Wenn der Schatten zum oberen linken Bildrand fällt, steht die Sonne in etwa am unteren rechten Bildrand. Wenn das Bild gegen Mittag gemacht worden ist, muss der Schatten nach Nordwesten fallen. Danach läge der obere Bildrand in etwa im Norden.

2. Bildbeschreibung

2.1 Das Bild wird von links oben nach rechts unten durch eine unregelmäßige Linie in zwei Teilgebiete aufgeteilt. In jedem Teil liegt ein dicht bebautes Dorf und rundherum eine offene Flur.

2.2 Skizze

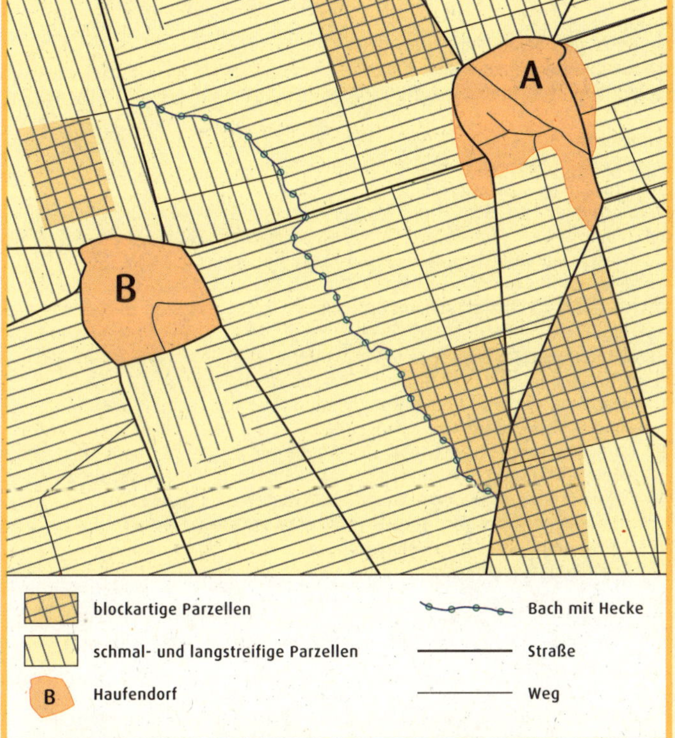

2.3 Dorf A mit Flur links und Dorf B mit Flur rechts

2.4 Das Dorf B bildet fast eine ideale Kreisfläche. Es wird fast vollständig von einer Ringstraße umgeben. Zwei Straßen führen vom Dorfrand zur Dorfmitte. Dort erhebt sich ein größeres Gebäude neben einem unbebauten Platz. Die Gebäude sind unregelmäßig in der Fläche verteilt. Man kann zwar viele Bäume, aber keine Wege, die zu den einzelnen Gebäuden führen, erkennen.
Die Flur ist in zahlreiche Parzellen aufgeteilt, die in einzelne Gruppen verbunden sind. Manche verlaufen in ihrer Längserstreckung von oben nach unten und manche von rechts nach links. Die meisten Parzellen sind Langstreifen. In der Nähe des Dorfes sind die Parzellen allerdings kürzer und schmaler.
Mehrere Straßen führen radial vom Dorf nach außen. Feldwege begrenzen und erschließen die einzelnen Parzellengruppen. Eine Straße verbindet Dorf B mit Dorf A und quert eine unregelmäßige, von Bäumen und Büschen bestandene Linie, die auf einen Bachverlauf hinweist.
Dorf A ist ähnlich wie Dorf B aufgebaut. Allerdings sieht man hier eine größere und eine kleinere Siedlungsspitze jeweils an einer Straße entlang. Außerdem unterscheidet sich eine größere einheitliche Flurfläche von den übrigen Langstreifen.

3. Bilderklärung

3.1 Die beiden Siedlungen scheinen im Bachverlauf von links oben nach rechts unten ihre Gemarkungsgrenze zu besitzen. Die Gehöfte, die dichte Bebauung der beiden Siedlungen und die intensive Aufteilung der Flur deuten auf zwei Bauerndörfer hin. Es scheint eine Vereinbarung vorzuliegen, die eine Bebauung nur innerhalb einer festgelegten Kreislinie erlaubt. Innerhalb des Ortes fehlt neben der Dorfmitte eine Ordnung, die auf eine Planung bzw. auf regelmäßige Baugrundstücke hinweist.
Alle Indizien weisen auf ein Haufendorf hin bzw. auf ein Etterdorf, das eine schwer durchdringliche Schutzhecke am Dorfrand besaß, die einmal die frei laufenden Tiere von den Feldern abhielt und zum anderen vor Feinden einen gewissen Schutz bot. Auch das Flurbild passt zu einem traditionellen Haufendorf. Die einzelnen Parzellen liegen verbunden in einzelnen Gruppen, die man Gewann nennt. Ein Gewann wurde nach und nach von der Dorfgemeinschaft gerodet, d. h. neu hinzugewonnen und an die einzelnen Familien verteilt. So entstand eine Gewannflur, deren Parzellen immer Eigentum einzelner Familien waren. Auf diese Weise und dadurch, dass die Felder bei der Erbteilung an die Kinder verteilt wurden, entstanden immer kleinere Parzellen und eine immer größere Zersplitterung des Besitzes.
Diese letzten Erklärungen sind natürlich nicht aus dem Bild ablesbar. Wer aber die geschichtlichen Vorgänge kennt, findet dafür genügend Indizien in der Luftaufnahme.

3.2 Die Kulturlandschaft scheint ziemlich intakt und abgeschlossen. Größere Brüche oder einen Wandel der Strukturen kann man kaum erkennen. Die beiden Dörfer unterscheiden sich nur ein klein wenig, dadurch, dass das Dorf A zwei Siedlungsspitzen aufweist, die auf ein stärkeres Wachstum hinweisen. Da die Häuser an zwei Ausfallstraßen liegen, könnte man vermuten, dass dort Pendler wohnen. Außerdem scheint hier ein Gewann zu einem großen Feld zusammengelegt worden zu sein. Das Dorf B dagegen bewahrte seine traditionellen Strukturen.

4. Bildbewertung

4.1 individuell unterschiedliche Antwort, Beispiel: Mich beeindruckt, wie die Bauern ihre Landschaft zu einer intensiv genutzten Kulturlandschaft umgewandelt haben, die man sogar als einen Garten ansehen könnte. Vielleicht schafft das enge Zusammenleben der Menschen eine gute Dorfgemeinschaft.

4.2 individuell unterschiedliche Antwort, Beispiel: Vielleicht schafft die Enge des Dorfes soziale und wirtschaftliche Probleme. Die Zersplitterung der Flur in kleinste Parzellen scheint sehr arbeitsaufwändig und deshalb nicht besonders ökonomisch zu sein.

5. Bildkritik

5.1 Will man den Grundriss von Dorf und Flur erfassen, so ist diese senkrechte Aufnahme sehr gut geeignet.

5.2 Die Aufnahme zeigt die räumliche Gliederung von Dorf und Flur, jedoch nicht viel mehr.

5.3 Das Luftbild zeigt weder die genaue Nutzung der einzelnen Parzellen noch die Besitzstruktur der Flur.

5.4 Eine Katasterkarte könnte z. B. die Besitzer der einzelnen Flächen aufzeigen, eine Dorf- und Flurordnung das Dorf- und Flurbild erklären. Erdaufnahmen würden die Landschaftsteile anschaulicher erfassen. Berichte über die Geschichte des Dorfes bzw. über die heutigen Lebensverhältnisse könnten den Eindruck, den die senkrechte Luftaufnahme von diesem ländlichen Raum vermittelt, abrunden.

Karte I: Einfache Kartenskizze zur Beschreibung des Satellitenbildes

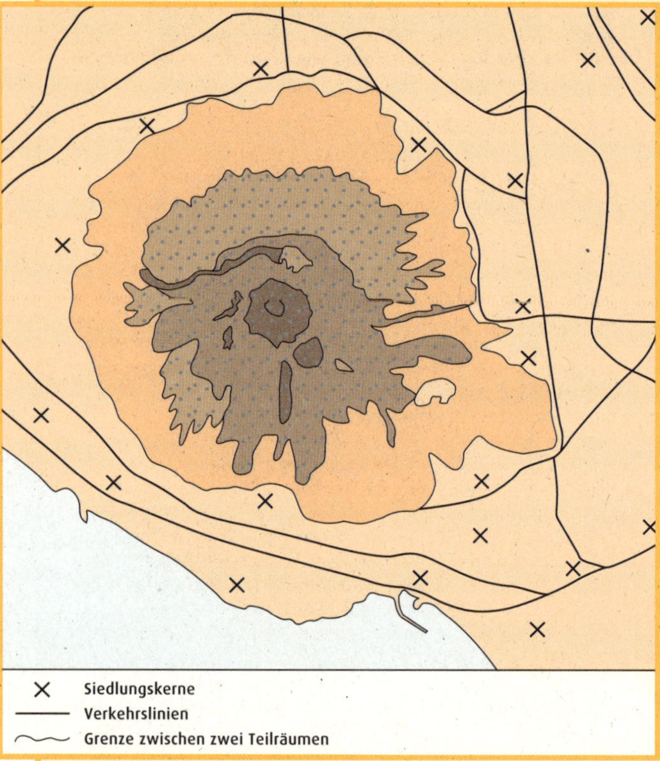

Karte II: Karte zur Interpretation des Satellitenbildes

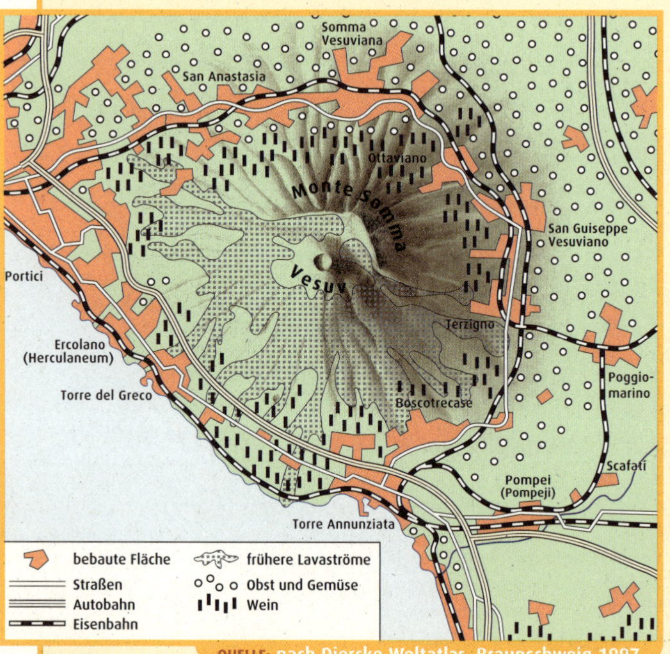

QUELLE: nach Diercke Weltatlas, Braunschweig 1997

Flächen
schwarz: vegetationsloses Gestein, Vulkan erkennbar
hellrot: Vegetation, Typ A
dunkelrot: Vegetation, Typ B
hell- bis mittelrot: Vegetation, Typ C
blaugrau: Besiedlung
dunkelgrün: Meer

Linien
breit und sehr geradlinig: Autobahnen
schmal und geradlinig: Eisenbahnen
schmal und oft richtungsändernd: Straßen

Strukturen
parzellierte, rote Flächen: Felder mit Kulturen
zungenförmige, schwarze Flächen: Lavaströme
wenig gegliederte, dunkelrote Flächen: unparzellierte Wälder oder Gebüsch
radial nach außen gezogene, hellrote Flächen: natürliche Vegetation auf Lavaströmen
stark gegliederte, blaue Flächen: Besiedlung

Wie die Kartenskizze zeigt, ist die Landschaft des Satellitenbildes ringförmig aufgebaut und enthält die folgenden Teilräume:
1. Das Zentrum wird von einem Vulkan beherrscht, dessen Krater und Kegel deutlich zu erkennen sind.
2. Um den Vulkan herum legt sich ringförmig ein breiter Vegetationsgürtel, der sich im Norden und Süden durch die verschiedenartigen Rottöne deutlich unterscheidet. Hier ist keine Parzellierung zu erkennen, sodass man eine natürliche Vegetation vermuten kann. Die Vegetationstypen sind allerdings nicht ohne weitere Informationen zu bestimmen.
3. Im Norden des zentralen Vulkans liegt halbkreisförmig ein Ring, dessen Gesteinsmaterial dem des Vulkans ähnelt. Hier könnte ein größerer Kraterrand vorliegen, der im Süden allerdings schon abgetragen ist.
4. Vom Zentrum des Vulkans und vom zweiten größeren schwarzen Ring verlaufen dunkle Zungen nach außen. Ähnliches zeichnet sich auch unter der Vegetation ab. Wahrscheinlich haben Lavaströme diese Formen verursacht.
5. Um die vulkanische Erhebung herum legt sich ein Ring von Siedlungen, die durch Straßen und Eisenbahnen miteinander verbunden werden. Die Besiedlung ist in Küstennähe dichter als in Küstenferne. Hier sind deutlich einige Hafenanlagen zu erkennen. Auch diese werden durch Straßen und Eisenbahnen miteinander verbunden.
6. Im Norden des Siedlungsrings liegt ein weniger dicht besiedeltes Gebiet, dessen deutliche Parzellierung auf Kulturland und dessen Siedlungsbild auf einen ländlichen Raum schließen lässt.
7. Nicht nur die Durchgangsstraßen, die die Siedlungen miteinander verbinden, sondern auch einige Autobahnen und Eisenbahnlinien umgeben ringförmig das zentrale Vulkangebiet.

A Weiterführende Aufgaben

1. Überprüfe anhand der Karte II, inwieweit du das Satellitenbild richtig beschrieben und gedeutet hast.
2. Suche Unterschiede in den Inhalten der Karte II und des Satellitenbildes.

Analyse des Textes **Glitzernde Stadt über dem Meer**

1. Textinhalt

1.1 Shanghai liegt in China und zwar am Fluss Huangpu im Jangtse-Delta, also nicht direkt am bekannten Fluss Jangtsekiang und auch nicht direkt am Pazifischen Ozean, wie es die alte Bezeichnung „Glitzernde Stadt über dem Meer" vermuten ließe.

1.2 Shanghai ist eine Weltmetropole mit 13 Millionen Einwohnern und mit vielen modernen Hochhäusern insbesondere in der Stadtmitte und am östlichen Ufer des Huangpù. Shanghai gliedert sich in viele Viertel wie z. B. in Hafenviertel, Industrieviertel, die neue Sonderwirtschaftszone Pudong mit Bürohochhäusern, das französische Viertel mit alten Villen, das historische Chinesenviertel mit engen Gassen in der Altstadt, die alte internationale Niederlassung der Westmächte aus der Kolonialzeit, das Haupteinkaufsviertel an der Nanjing Road und dem Bund, d. h. der prächtigen Uferpromenade am Westufer des Huangpu.

1.3 Das Gebiet von Shanghai bestand bis ins 19. Jh. aus einem sumpfigen Gelände des Jangtse-Deltas, in dem nur einige Bauerndörfer lagen. Erst mit den Ansiedlungen des Franzosenviertels und des internationalen Geschäftsviertels, die nach dem Opiumkrieg 1843 von den westlichen Kolonial- und Handelsmächten als so genannte Konzessionsgebiete den Chinesen abgetrotzt wurden, wuchs Shanghai zur Handelsmetropole heran. Konzessionsgebiet hieß, hier konnten die ausländischen Mächte Handel treiben. Die Prachtbauten der Kolonialzeit entstanden an der Uferpromenade des Huangpu. Besonders berühmt ist der prächtige Kuppelbau der Hongkong & Shanghai Bank aus den 1920er-Jahren, der allerdings zur Revolutionszeit in den 1940er-Jahren Sitz der Kommunistischen Partei Chinas wurde und in den letzten Jahren wieder in eine Bank, nämlich die Shanghai Pudong Development Bank, umgewandelt wurde. Die jüngste Entwicklung zeichnet sich nun in Pudong am östlichen Ufer des Huangpu ab. Dieses Gebiet war bis in die 1980er-Jahre reines Bauernland und ist nun, nachdem die Regierung Pudong 1990 zur Sonderwirtschaftszone erklärt hat, von großen nationalen und internationalen Konzernen mit Hochhäusern und Wolkenkratzern zu einem Manhattan Chinas überbaut worden. Ein monumentaler Fernsehturm, genannt die „Perle des Ostens", überragt mit 450 m Höhe die moderne Skyline von Shanghai.

1.4 Shanghai wuchs erst im 19. Jh. zu einer großen Hafen- und Handelsstadt heran, nachdem die Westmächte sich Konzessionsgebiete erzwungen hatten und hier frei Handel treiben konnten. Wichtig dabei war die Ausfuhr von Tee und Seide nach Europa und Amerika und die Einfuhr von Opium nach China. 1990 erklärte die chinesische Regierung Pudong zur Sonderwirtschaftszone, d. h. hier konnten sich auch ausländische Firmen und Konzerne niederlassen und mit dem riesigen Hinterland Chinas Handel treiben. Internationale und nationale Konzerne haben mittlerweile aus dem sumpfigen Agrarland Pudong eine supermoderne Stadt gemacht.

1.5 Die Folgen des schnellen Städtewachstums sind ein völliger Wandel des Stadtlebens und Stadtbildes. Die historische Altstadt wird zum größten Teil abgerissen und durch Hochhäuser ersetzt, am Stadtrand entstehen Trabantensiedlungen für 13 Millionen Einwohner und die Skyline ähnelt nun Manhattan.

1.6 Schaden erlitten zur Kolonialzeit die Hafenkulis, d. h. die Hafenarbeiter, die für einen Spottlohn schwerste Arbeit leisteten und die mit billigem Opium ihren Hunger stillten und sich damit ruinierten. Nutzen von der Entwicklung hatten die Westmächte, die mit ihren „Kolonialwaren" blühenden Handel trieben und damit großen Reichtum anhäufen konnten. Ein Ende der Ausbeutung versuchten die chinesischen Kommunisten durch eine Revolution in den 1930er- und 1940er-Jahren dieses Jahrhunderts. Genauere Informationen dazu fehlen im Text. Die jüngste Entwicklung in der Sonderwirtschaftszone lässt darauf schließen, dass einerseits viele neue Arbeitsplätze geschaffen werden und dass andererseits die internationalen Investoren große Gewinne davontragen. Darüber wird aber im Text nichts ausgesagt.

1.7 Die Vorzüge von Shanghai liegen insbesondere in der Lage nahe am Pazifischen Ozean mit einem riesigen Hinterland, das für den Handel insbesondere auch durch den Jangtse-Fluss erschlossen wird. Ein weiterer jüngster Vorteil ist die Entscheidung der Regierung für eine Sonderwirtschaftszone, die viele internationale Investoren angelockt und damit einen wirtschaftlichen Boom herbeigeführt hat. Die Probleme Shanghais sind sicher durch die Größe bedingt. 13 Millionen Menschen auf engem Raum mit Verkehr, Arbeit und vielem mehr zu versorgen, ist eine große Herausforderung. Dass die historische Bausubstanz vielfach durch Abriss verloren geht, ist ein für den Touristen besonders auffallendes Problem.

1.8 Eine Lösung für die Probleme einer Weltmetropole zu benennen ist natürlich besonders schwierig. Deshalb meidet der Autor wohl auch dieses Thema.

2. Textherkunft/Textmittel

2.1 Reise-Magazin der Badischen Zeitung, S. I/II

2.2 30.12.2000

2.3 Kai Portmann, möglicherweise ein Zeitungsreporter oder Reisender

2.4 an fernen Ländern und Fernreisen interessierte Zeitungsleser

2.5 Der Autor benutzt keine Fachbegriffe und ist sparsam mit unbekannten chinesischen Namensbezeichnungen. Seine Sprache ist sehr lebendig und leicht verständlich.

2.6 Der Text bietet auf kleinem Raum relativ viele Informationen. Wertungen über die sozialen Ungerechtigkeiten zur Kolonialzeit und über die Vernichtung der historischen Bausubstanz werden deutlich angesprochen.

2.7 Der Text ist ein Reisebericht.

3. Textbewertung

3.1 Der Text konzentriert sich auf die für Touristen besonders interessanten Highlights wie Hafen, Pudong, Bund, Nanjing Road und Altstadt. Er bietet einige historische Daten, spart aber die Revolutionszeit aus. Die Aussagen scheinen richtig zu sein. Der Text liefert nur wenige Informationen über das gegenwärtige Leben in Shanghai. Die Szene des alten Rollschuhfahrers am Bund erweckt zwar als Besonderheit Interesse, ist aber kein Ersatz für die Beschreibung der Lebensverhältnisse der Bewohner Shanghais.

3.2 Für den knapp bemessenen Platz eines Zeitungsartikels bietet der Text recht vielseitige Informationen.

3.3 Der Text steht in einem Reise-Magazin und intendiert deshalb in erster Linie, Menschen, die gerne reisen, über Shanghai zu informieren oder sie für eine Reise nach Shanghai zu interessieren.

3.4 Wenn auch nur das Erlebnis mit dem alten Rollschuhfahrer Jiang am Bund auf einen direkten Reisebericht hindeutet und die übrigen Teile für einen Reiseführer gedacht sein könnten, so ist der Text sowohl nach seiner Form und seinem Inhalt als auch nach seiner Veröffentlichung in einem Reise-Magazin als eine Reisebeschreibung einzustufen.

3.5 (individuell unterschiedliche Antwort)

Beurteilung des Textes „Mein Frankreich"

1. Überschrift
Die Überschrift lässt vermuten, dass ohne Themeneinschränkung eine Beschreibung Gesamtfrankreichs geboten werden soll und dass der Autor sich mit seinem Frankreich identifiziert. Vor allem Letzteres verspricht interessant zu werden.

2. Einleitung
Die Einleitung ist ziemlich ausführlich. Sie bettet die Thematik in den aktuellen Wandel der Welt, in dem Frankreich einen wichtigen Platz habe.
Dann wird praktisch jedes abzuhandelnde Teilthema kurz angedeutet und dabei zum Ausdruck gebracht, dass dies das Frankreich des Autors sei. Diese konkrete, anschaulich und informierende Einleitung animiert zum Weiterlesen.

3. Gliederung
Der Text ist ausführlich gegliedert und damit gut überschaubar und lesbar.
Die einzelnen Abschnitte behandeln die folgenden Teilthemen:
- a) Frankreich der Landschaften (gleichsam eine Zusammenfassung aller europäischen Landschaften)
- b) Die Schönheit der Wälder Frankreichs
- c) Die Traditionen wie Volksfeste und Tänze Frankreichs
- d) Das Neujahrsfest mit einem Teller für den „verirrten Reisenden"
- e) Karneval in Frankreich mit folkloristischen Paraden
- f) Der Tourismus im Hoch- und Mittelgebirge, an der Küste und in den Städten
- g) Die Politik Frankreichs zur Erhaltung des militärischen Gleichgewichts in der Welt
- h) Die wirtschaftliche Stellung Frankreichs
- i) Die historische Bedeutung Frankreichs, insbesondere seine Unterstützung Amerikas während dessen Unabhängigkeitskrieges
- j) Die Bedeutung der Menschenrechte, die von Frankreich während der Französischen Revolution 1789 erkämpft worden sind und nun die Grundlage der Erklärung der Menschenrechte 1948 darstellen
- k) Die Bedeutung von Freiheit und Größe in Frankreich.

4. Zusammenfassung
Die Zusammenfassung benennt noch einmal fast alle Teilthemen, die für den Autor „sein Frankreich" ausmachen. Daraus zieht er zusammenfassend die Schlussfolgerung: „Frankreich kann nicht Frankreich sein ohne Größe."

5. Inhalt
Der Text ist sehr inhaltsreich und damit auch sehr vielfältig. Die vielen Angaben von Geschichtsdaten, von statistischen Angaben und von vielerlei Namen scheinen richtig zu sein. Sie machen den Eindruck, dass der Autor viele Informationen im Atlas und in der Literatur nachgeschlagen hat.

6. Sprache
Da es sich um eine Übersetzung handelt, kann der Urtext nicht beurteilt werden. Die Sprache der Übersetzung ist aber verständlich. Ob manche deutschen Begriffe immer die Bedeutung der französischen genau wiedergeben, ist nicht zu beurteilen.

7. Kritisches Bewusstsein
Der Text enthält keine Hinweise auf ein kritisches Bewusstsein bzw. auf Grenzen seiner Aussagen. Fast in jedem Abschnitt finden sich Zeichen der Identifikation des Autors mit „seinem Frankreich".

8. Zusammenfassende Beurteilung
Der französische Autor sieht sein Land nur positiv. In seinem Aufsatz sind keine negativen Beurteilungen einer Erscheinung in Frankreich zu finden. Seine Ausführungen beschäftigen sich mit vielen Teilthemen aus der Natur, der Folklore, der Geschichte, der Wirtschaft, der Kultur und des Tourismus. Fast alle Teilthemen erfahren eine recht intensive Behandlung. Es ist erstaunlich, was der Autor alles an Details weiß oder zusammengetragen hat.
Am auffälligsten aber ist sein starkes Nationalbewusstsein. Immer spricht er von „seinem Frankreich", dem einer der ersten Plätze in der Welt gebührt.

BALKENDIAGRAMME

Aufgabe 1

1. Einordnung
- **1.1** **Quelle:** International Fertilizer Association
- **1.2** **Veröffentlichungsjahr:** 2000
- **1.3** **Thema bzw. Indikator:** Düngerverbrauch
- **1.4** **Bezugsjahr:** 1970–1998
- **1.5** **Bezugsraum:** Welt, Industriestaaten (ohne Nachfolgestaaten der UdSSR), UdSSR bzw. Nachfolgestaaten ab 1991, VR China, Entwicklungsländer (ohne VR China)
- **1.6** **Art der Zahlenangaben:** Mio. t Nährstoffe

2. Auswertung
- **2.1** **Maximalwerte:** Weltweit wurde 1988 am meisten Dünger verbraucht. Durchgängig ist der Düngerverbrauch in den UdSSR bzw. deren Nachfolgestaaten am höchsten.
- **2.2** **Minimalwerte:** Der geringste Düngerverbrauch liegt im Anfangsjahr der Statistik 1970. Der Düngerverbrauch der Industrieländer erreichte 1998 seinen geringsten Wert.
- **2.3** **Durchschnittswerte:** Die UdSSR bzw. ihre Nachfolgestaaten haben in den letzten drei Jahrzehnten fast immer die gleiche Menge an Dünger verbraucht. In den letzten zwei Jahrzehnten lag der Welt-Düngerverbrauch bei etwa 120 Mio. t pro Jahr.
- **2.4** **Abweichungen von den Durchschnittswerten:** Es bestehen relativ große Unterschiede zwischen den vier genannten Ländergruppen.
- **2.5** **Zunahmen oder Abnahmen bei Zeitreihen:** Weltweit stieg der Düngerverbrauch bis 1988 an, um dann etwas zurückzugehen. Dieser Rückgang ist auf den sparsameren Einsatz von Düngern in den Industrieländern zurückzuführen. In den Nachfolgestaaten der UdSSR stagniert in den letzten Jahren der Düngerverbrauch auf hohem Niveau. In China und den übrigen Entwicklungsländern wächst der Düngerverbrauch kontinuierlich an.
- **2.6** **Vergleich von Einzelwerten:** Während die Industrieländer 1989 noch ca. 30 Mio. t Dünger verbrauchten, schrumpfte diese Menge 1999 auf ca. 4 Mio. t. Die Entwicklungsländer steigerten ihren Verbrauch zwischen 1970 und 1999 von 10 Mio. t auf 40 Mio. t.
- **2.7** **Erfassen von Entwicklungen:** Während die Entwicklungsländer ihren Düngerverbrauch weiter steigern, gehen die Industrieländer in den letzten Jahren sparsamer damit um. In der Sowjetunion bzw. ihren Nachfolgestaaten ist der Düngerverbrauch von 1970 bis 1999 fast gleich geblieben. Auf die Nachfolgestaaten der Sowjetunion und auf die Industrieländer geht die Stagnation der jüngsten Jahre zurück.
- **2.8** **Hauptaussage:** Der Düngerverbrauch wuchs bis 1990 nicht nur weltweit, sondern auch in allen Teilregionen relativ schnell an. Seitdem ist er in den Industrieländern stark rückläufig. Bis auf die Nachfolgestaaten der UdSSR, wo er stagniert, zeigen die Entwicklungsländer einschließlich der VR China ein relativ schnelles Wachstum des Düngerverbrauchs.

3. Bewertung

3.1 Zuverlässigkeit der Quelle: Die International Fertilizer Association ist auf das Thema „Düngereinsatz" spezialisiert und sollte deshalb zuverlässige Angaben machen.

3.2 Form der Angaben: Die Angaben sind in Mio. t Nährstoffen für die einzelnen Regionen ausgewiesen. Diese Werte besagen nichts über den Düngereinsatz pro Fläche oder pro Einwohner oder pro landwirtschaftlichem Betrieb.

Aufgabe 2

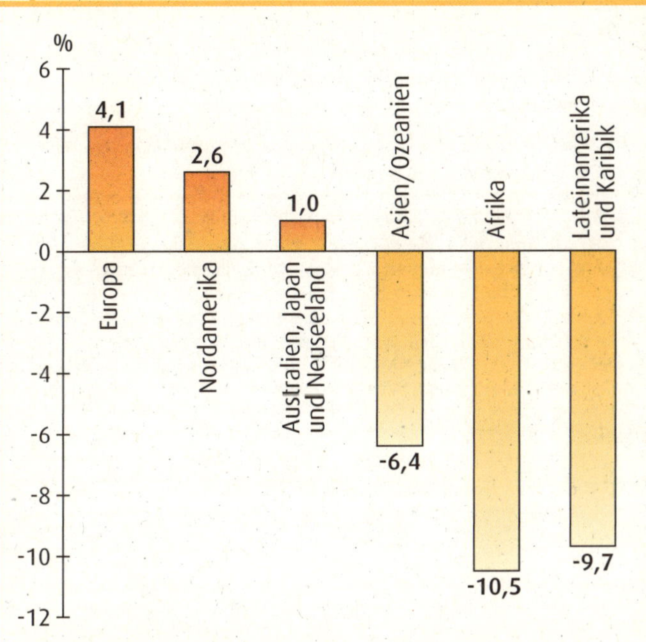

KREISDIAGRAMME

Aufgabe 1

1. Einordnung

1.1 Quelle: IPPC; in: Der Fischer Weltalmanach

1.2 Veröffentlichungsjahr: 2001

1.3 Thema bzw. Indikator: vom Menschen erzeugte Treibhausgase

1.4 Bezugsjahr: 1995

1.5 Bezugsraum: Welt

1.6 Art der Zahlenangaben: Anteil einzelner Gase an allen vom Menschen produzierten Treibhausgasen

2. Auswertung

2.1 Maximalwerte: Kohlendioxid (CO_2) hat mit über 50 % den größten Anteil am anthropogenen Treibhauseffekt.

2.2 Minimalwerte: Distickstoffoxide (N_2O) haben mit 5 % den kleinsten Anteil am anthropogenen Treibhauseffekt.

2.3 Durchschnittswerte: entfällt, da keine Vergleichswerte

2.4 Abweichungen: Die Maximal- und Minimalanteile unterscheiden sich um 50 %.

2.5 Zunahmen oder Abnahmen bei Zeitreihen: entfällt, da keine Zeitreihe

2.6 Vergleich von Einzelwerten: Kohlendioxid (CO_2) hat einen Anteil von 55 %, Methan (CH_4) von 17 %, Ozon in der Troposphäre von 14 %, FCKW/HFCKW von 9 % und Distickoxid (N_2O) von 5 %.

2.7 Erfassen von Entwicklungen: entfällt, da keine Entwicklung dargestellt

2.8 Hauptaussage: Die CO_2-Belastung der Atmosphäre ist der größte Verursacher des anthropogenen Treibhauseffektes.

3. Bewertung

3.1 Zuverlässigkeit der Quelle: Es ist anzunehmen, dass eine in „Der Fischer Weltalmanach" abgedruckte Statistik einer seriösen Quelle entnommen ist.

3.2 Form der Angaben: Prozentanteile einzelner Gase an der gesamten vom Menschen verursachten Treibhausgas-Belastung. Absolute Zahlen fehlen.

Aufgabe 2

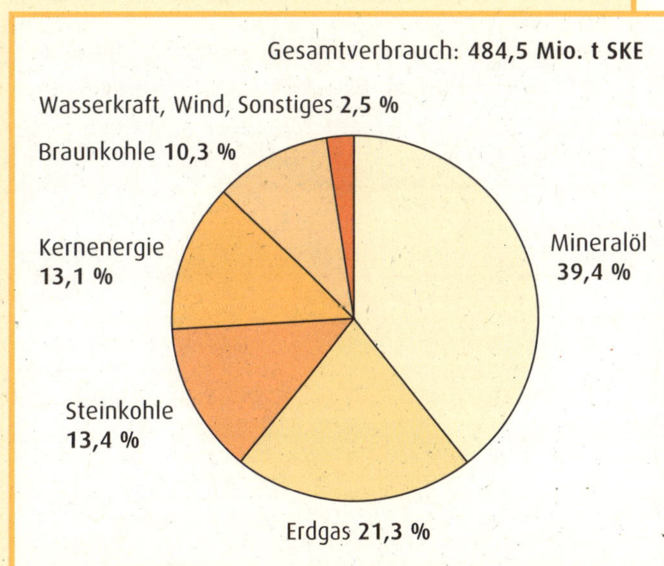

KURVENDIAGRAMME

Aufgabe 1

1. Einordnung

1.1 Quelle: Mann u. a., WMO; in: Der Fischer Weltalmanach

1.2 Veröffentlichungsjahr: 1999

1.3 Thema bzw. Indikator: Globale Mitteltemperaturen

1.4 Bezugsjahr: 1000–2000

1.5 Bezugsraum: Welt

1.6 Art der Zahlenangaben: Abweichungen gegenüber dem Mittelwert der Jahre 1961–1990

2. Auswertung

2.1 Maximalwerte: Die positive Abweichung vom Mittelwert, der gleich 0 gesetzt wurde, war mit +0,33 °C im Jahre 1999 am größten. Die negative Abweichung vom Mittelwert war etwa 1480 mit -0,45 am größten.

2.2 Minimalwerte: Die kleinsten Abweichungswerte liegen zwischen 1000 und 1400. Da der Durchschnittswert zwischen 1961 und 1990 als Index gleich Null gesetzt wurde, ist natürlich dort keine Abweichung zu verzeichnen.

2.3 Durchschnittswerte: Über mehrere Jahrhunderte liegen die durchschnittlichen Abweichungswerte zwischen -0,1 und -0,3.

2.4 Abweichungen von den Durchschnittswerten: Die Abweichungen verlaufen sprunghaft und sind im negativen Bereich um 1480 und im positiven Bereich im Jahr 2000 am größten.

2.5 Zunahmen oder Abnahmen bei Zeitreihen: Die negative Abweichung vom Indexwert pendelt auf und ab, fällt aber in der Tendenz bis nach 1900. Dann macht sie zwischen 1910 und 2000 einen Sprung von -0,3 auf +0,33 °C.

2.6 Vergleich von Einzelwerten: Der Vergleich des Minimums von 0,4 °C mit dem Maximum von 0,33 °C Weltdurchschnittstemperatur wird in seiner Tragweite aus dem Diagramm nicht ersichtlich. Das stetige Verharren in der negativen Abweichung über neun Jahrhunderte und das plötzliche Ansteigen in die positive Abweichung am Ende des 20. Jahrhunderts deutet allerdings eine dramatische Veränderung an.

2.7 Erfassen von Entwicklungen: siehe oben

2.8 Hauptaussage: Nach einer sehr langen Phase mit leichtem Temperaturrückgang sind die Temperaturen in der jüngsten Gegenwart plötzlich über den Indexwert aus den 1960er- bis 1980er-Jahren gestiegen.

3. Bewertung

3.1 Zuverlässigkeit der Quelle: Eine in „Der Fischer Weltalmanach" abgedruckte Statistik dürfte auf eine seriöse Quelle hinweisen.

3.2 Form der Angaben: Die Angaben beruhen auf Abweichungswerten in °C bezogen auf einen Index- bzw. Mittelwert, der aus den Jahren 1961 bis 1990 errechnet wurde.

Aufgabe 2

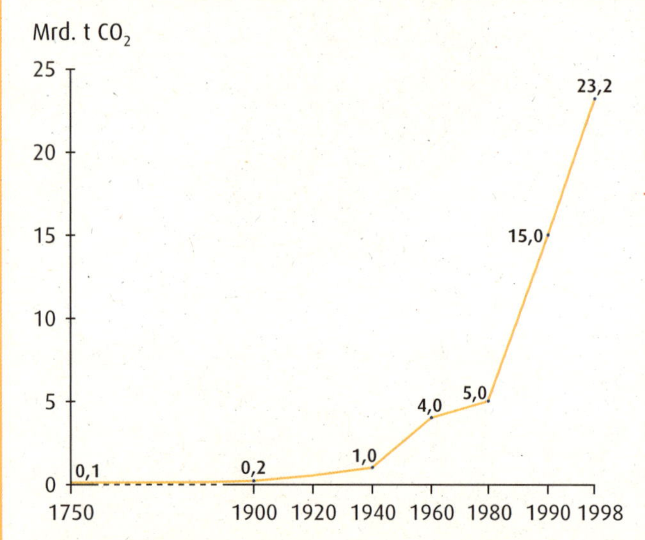

KLIMADIAGRAMME

Aufgabe 1

1. Temperatur

1.1 Maximum: 36 °C im Mai

1.2 Minimum: 25 °C im Dezember/Januar

1.3 Amplitude: 11 °C

1.4 Jahresmittel: ca. 29 °C

1.5 Jahresgang: Die Monatsmittel der Temperatur schwanken nur geringfügig.

2. Niederschlag

2.1 Maximum: 207 mm im Juli und August

2.2 Minimum: 0 mm von Januar bis April

2.3 Amplitude: 207 mm

2.4 Jahressumme: ca. 750 mm

2.5 Jahresgang: Die Niederschläge fallen in den Monaten Mai bis Dezember. Sie setzen im Mai allmählich ein und hören im Oktober allmählich auf. Die Hauptregenzeit liegt im Juli und August.

3. Vergleich des Jahresgangs von Temperatur und Niederschlag

Die Temperaturen liegen mit ca. 29 °C ganzjährig ziemlich hoch. Sie steigen in der Trockenzeit bis auf 36 °C, fallen dann in der Regenzeit auf 28 °C, um anschließend wieder etwas anzusteigen und dann im Dezember/Januar ihren niedrigsten Wert von 25 °C zu erreichen.

4. Lage der Klimastation

4.1 Höhe über dem Meeresspiegel: 150 m

4.2 Lage auf der Nord- oder Südhalbkugel: Da die höchsten Niederschläge im Juli/August fallen und kurz vorher die höchsten Temperaturen herrschen, muss das Klima vom Sonnenstand beeinflusst sein. Die Sonne hat auf der Nordhalbkugel im dortigen Sommer den höchsten Stand. Es fallen aber mit dem Höchststand der Sonne die meisten Niederschläge. Also deutet alles auf Zenitalregen auf der Nordhalbkugel hin.

4.3 Klimaregion: Die sommerlichen Niederschläge und die hohen Monatsmittel der Temperatur weisen auf eine Klimastation in den Tropen hin. Die Aufteilung in eine Trockenzeit und in eine Regenzeit lassen aber nicht auf Äquatornähe, sondern auf feuchte Randtropen schließen. Die Höhe über dem Meeresspiegel deutet auf tiefer gelegenes Land und die ausgesprochene Trockenzeit auf eine größere Meeresferne.

Aufgabe 2

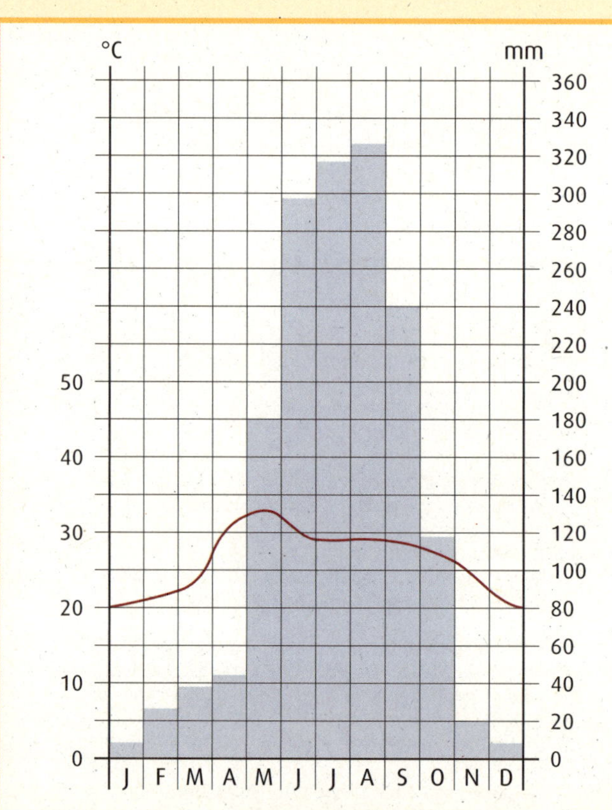

Aufgabe 3

1. Temperatur
1.1 Maximum: 33 °C im Mai
1.2 Minimum: 21 °C im Januar
1.3 Amplitude: 12 °C
1.4 Jahresmittel: 26,5 °C
1.5 Jahresgang: Die Monatsmittel der Temperatur schwanken nur geringfügig.

2. Niederschlag
2.1 Maximum: 326 mm im August
2.2 Minimum: 8 mm im Januar und Dezember
2.3 Amplitude: 318 mm
2.4 Jahressumme: ca. 1 620 mm
2.5 Jahresgang: Die Niederschläge fallen in allen Monaten. Von Mai bis Oktober herrscht eine ausgesprochene Regenzeit.

3. Vergleich des Jahresgangs von Temperatur und Niederschlag
Die Temperaturen liegen mit durchschnittlich 26,5 °C ziemlich hoch. Sie steigen in der Trockenzeit bis auf 33 °C, fallen dann in der Regenzeit auf 28 °C und bis Dezember weiter auf 22 °C.

4. Lage der Klimastation
4.1 Höhe über dem Meeresspiegel: 100 m
4.2 Lage auf der Nord- oder Südhalbkugel: Da die höchsten Niederschläge von Juni bis August fallen und kurz vorher die höchsten Temperaturen herrschen, muss das Klima vom Sonnenstand beeinflusst sein. Die Sonne hat auf der Nordhalbkugel im dortigen Sommer den höchsten Stand. Es fallen aber mit dem Höchststand der Sonne die meisten Niederschläge. Also könnten Zenitalregen auf der Nordhalbkugel vorliegen.
4.3 Klimaregion: Die sommerlichen Niederschläge und die hohen Monatsmittel der Temperatur weisen auf eine Klimastation in den Tropen hin. Die Aufteilung in eine Trockenzeit und in eine Regenzeit und die sehr starke Niederschlagstätigkeit im Nordsommer lassen nicht auf Äquatornähe, sondern auf feuchte Randtropen mit zusätzlichen Monsunregen schließen. Die Höhenlage könnte bei einer Lage im Küstenbereich zu einem zusätzlichen Luveffekt führen.

BEVÖLKERUNGSDIAGRAMME

Aufgabe 1

Vorbemerkung:
Dieses Diagramm ist kein klassisches Bevölkerungsdiagramm. Es unterscheidet nicht nach dem männlichen und weiblichen Anteil an den verschiedenen Altersgruppen, sondern nur nach Erwerbstätigen und Nichterwerbstätigen. Es werden die Jahre 1970 und 1999 miteinander verglichen. Die Werte von 1970 beziehen sich nur auf das frühere Bundesgebiet, die Werte von 1999 auf das gesamte Deutschland.

1. Vergleich der verschiedenen Altersgruppen und ihrer Anteile
1.1–1.3 Vorschulkinder, Grundschulkinder, Schülerinnen und Schüler der Sekundarstufe I und II: Wie zu erwarten zählen die o. a. drei Gruppen mit einer Ausnahme nicht zu den Erwerbstätigen. Viele aus der Gruppe der 16- bis 20-Jährigen standen schon im Berufsleben und zwar waren es 1970 in Westdeutschland prozentual mehr als 1999 in Gesamtdeutschland.
1.4 Erwachsene bis zu 65 Jahren: Der Anteil der Erwerbstätigen an den Erwerbsfähigen nimmt bis zum 40. Lebensjahr kontinuierlich zu und dann bis zum 65. Lebensjahr kontinuierlich ab. 1999 ist der Anteil der Erwerbstätigen in Deutschland an den Erwerbsfähigen generell größer als 1970 in Westdeutschland. 1999 nimmt allerdings der Anteil der Erwerbstätigen über 60 Jahre stärker ab als 1970. 1970 hat man länger gearbeitet als 1999.

1.5 Ruheständler: Erstaunlicherweise sind nicht alle Personen über 65 Jahre Rentner oder Pensionäre. Eine kleinere Gruppe ist noch erwerbstätig. 1970 war dieser Anteil allerdings noch bedeutend größer als 1999.

3. Regel- und Unregelmäßigkeiten
1970 fing man früher an zu arbeiten und hörte später auf. 1999 gab es insgesamt mehr Nichterwerbstätige und mehr jüngere Ruheständler. Im mittleren Alter lag der Anteil der Erwerbstätigen 1970 etwas unter dem von 1999. Der Anteil der Nichterwerbstätigen an den Erwerbsfähigen war mit rund einem Fünftel sowohl 1970 als auch 1999 noch beträchtlich.

4. Folgerungen
Es ist die Frage, ob ein späterer Beginn der Erwerbstätigkeit durch eine intensivere Bildung und Ausbildung wettgemacht wird, und ob eine frühere Beendigung der Erwerbstätigkeit durch eine höhere Produktivität der Erwerbstätigkeit finanzierbar ist.

Aufgabe 2

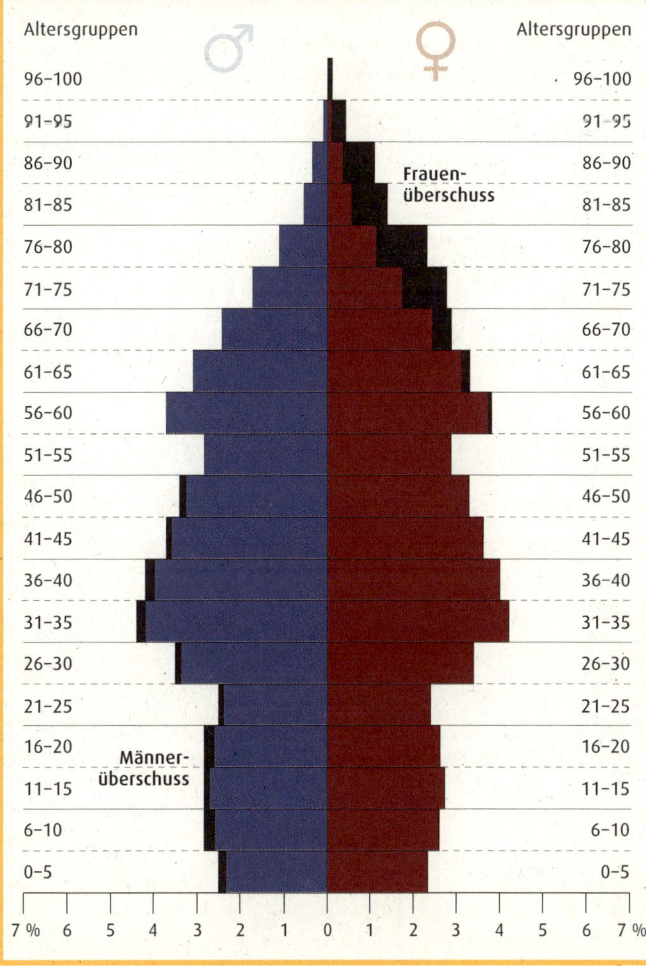

1. Vergleich der verschiedenen Altersgruppen nach Geschlecht und Anteil an der Gesamtbevölkerung

1.1 Vorschulkinder: Der Anteil der Vorschulkinder im Vergleich zu den darüber liegenden Altersgruppen ist kleiner. Es wurden etwas mehr Jungen als Mädchen geboren.

1.2 Grundschulkinder: Es gibt etwas mehr Grundschulkinder als Vorschulkinder. Auch hier dominieren etwas die Jungen.

1.3 Schülerinnen und Schüler der Sekundarstufe I und II: Die Altersgruppen der Sekundarstufe I und auch der Sekundarstufe II sind etwa gleich groß und ebenso zahlreich wie die Grundschulkinder. Es zeichnet sich also zwischen diesen drei Gruppen kein Unterschied ab. Auch hier überwiegen die männlichen Anteile etwas die weiblichen.

1.4 Erwachsene bis zu 65 Jahren: Bei den 21- bis 25-Jährigen liegt ein deutlicher Einschnitt vor, der bei den 25- bis 29-Jährigen etwas abgemildert wird. Dann wird die Gruppe der 31- bis 35-Jährigen wieder deutlich stärker. Die nachfolgenden Jahrgänge bis zu den 55-Jährigen nehmen kontinuierlich ab. Bei letzteren liegt wieder ein deutlicher Einschnitt, der aber danach wieder von den 55- bis 59-Jährigen deutlich wettgemacht wird. Die Anteile der darauf folgenden Altersgruppen nehmen kontinuierlich ab.

1.5 Ruheständler: Der Anteil der Ruheständler nimmt bei den Männern schneller ab als bei den Frauen.

2. Männer- bzw. Frauenüberschuss

Wegen der höheren Lebenserwartung verzeichnen die älteren Jahrgänge einen deutlichen Frauenüberschuss. Allerdings gibt es bei den jüngeren Jahrgängen bis zu 50 Jahren einen schwachen Jungen-/Männerüberschuss.

3. Regel- und Unregelmäßigkeiten

Die Gruppe der 21- bis 25-Jährigen fällt durch ihren geringen Anteil aus dem Rahmen, ebenso die Gruppe der 51- bis 60-Jährigen. Erstere stammen aus den Jahren der ersten Wirtschaftskrise der Nachkriegsjahre, letztere aus den Jahren des letzten Weltkrieges.

4. Folgerungen

Das Bevölkerungsdiagramm ist keine richtige Pyramide mehr mit einer jungen, nachwachsenden Bevölkerung. In den letzten drei Jahrzehnten wurden immer weniger Kinder geboren. Es zeichnet sich eine Überalterung ab, die auf eine deutlich verlängerte Lebenserwartung und zwar insbesondere der Frauen zurückzuführen ist. Insgesamt zeigt das Diagramm eine schrumpfende Bevölkerung.

1. Einordnung

1.1 Quelle: Weltbank und UNO

1.2 Veröffentlichungsjahr: 1982 und 1983

1.3 Thema bzw. Indikator: Entwicklung von Ländern nach den Indikatoren BSP/Kopf, Energieverbrauch, Lebenserwartung bei Geburt

1.4 Bezugsjahr: 1975–1980

1.5 Bezugsraum: 30 ausgewählte Länder

1.6 Art der Zahlenangaben: BSP/Kopf in US-$, Energieverbrauch/Kopf in kg SKE und Lebenserwartung bei Geburt in Jahren; die Zahlen sind gerundet und Durchschnittswerte mehrerer Jahre.

2. Auswertung

2.1 Maximalwerte: Die USA und Westdeutschland hatten in den späten 1970er-Jahren das höchste BSP/Kopf von fast 10 000 US-$. Dagegen haben Burkina Faso und Tansania die meisten Beschäftigten in der Landwirtschaft und zwar mehr als 80 % aller Erwerbstätigen. Im Energieverbrauch stehen die USA und Australien auf den beiden ersten Plätzen.

2.2 Minimalwerte: Burkina Faso und Indien haben das geringste BSP/Kopf zwischen 100 und 200 US-$. Dagegen haben die USA und Großbritannien mit nur 2 % den geringsten Anteil der Beschäftigten in der Landwirtschaft. Auch im Energieverbrauch liegt Burkina Faso mit nur 30 kg SKE/Kopf an letzter Stelle.

2.3 Durchschnittswerte: Der geschätzte Durchschnittswert liegt beim BSP/Kopf bei ca. 1 500 US-$, bei den landwirtschaftlich Beschäftigten bei ca. 40 % und beim Energieverbrauch bei ca. 2 000 kg SKE/Kopf.

2.4 Abweichungen von den Durchschnittswerten: Die Abweichungen vom Durchschnittswert sind bei allen drei Indikatoren sehr groß: beim BSP/Kopf 1 500 Einheiten nach unten und 8 000 Einheiten nach oben, bei den Beschäftigten in der Landwirtschaft 38 % nach unten und 43 % nach oben, beim Energieverbauch fast 2 000 kg SKE nach unten und über 9 000 kg SKE nach oben.

2.5 Vergleich von Einzelwerten: Vergleicht man z. B. die Werte des BSP/Kopf zwischen Indien und Australien oder die Werte des Energieverbrauchs/Kopf zwischen Tansania und den USA, so wird der riesige Unterschied in der wirtschaftlichen Entwicklung der Länder sehr deutlich. Ebenso zeigt der Unterschied zwischen den in der Landwirtschaft Beschäftigten z. B. in Burkina Faso und in Großbritannien, wie verschieden die Lebensverhältnisse in einem Agrar- und einem Industrieland sind.

2.6 Hauptaussage: Alle drei Indikatoren zeigen sehr große Unterschiede zwischen Entwicklungsländern und Industrieländern.

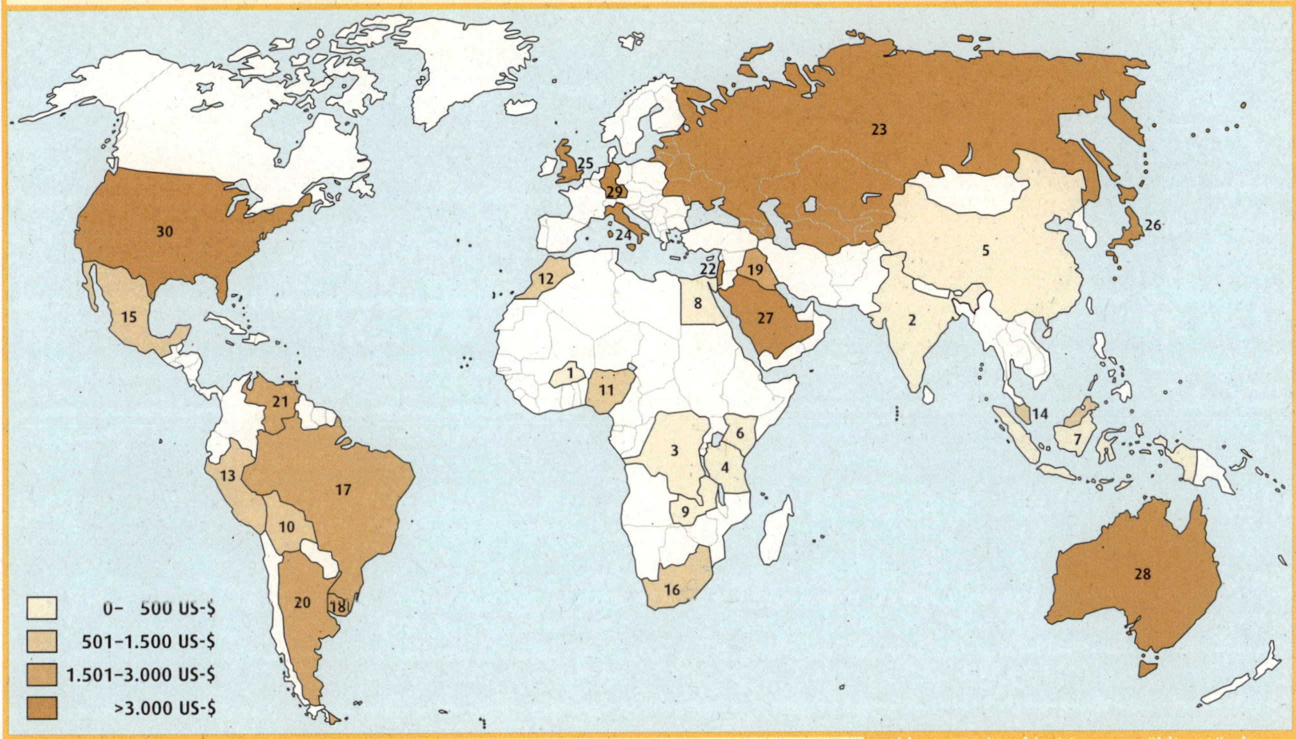

Abb. 1: BSP/Kopf in 30 ausgewählten Ländern

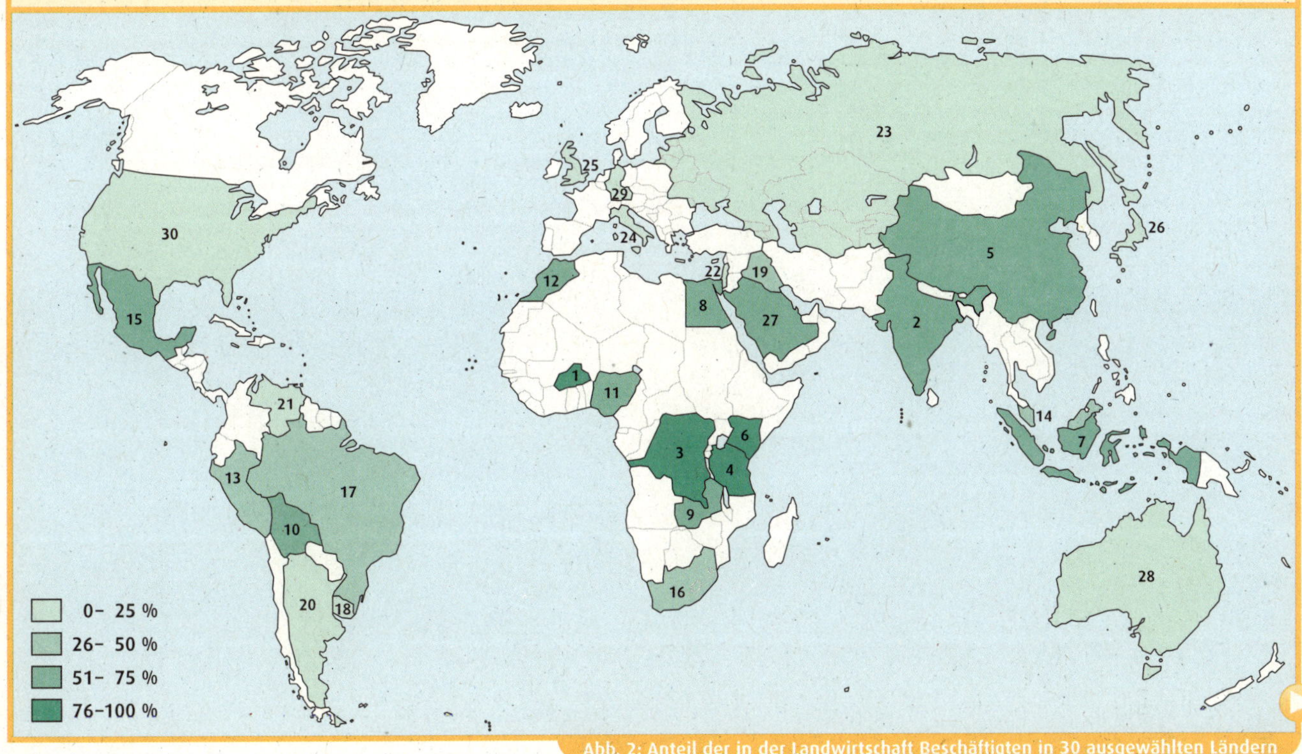

Abb. 2: Anteil der in der Landwirtschaft Beschäftigten in 30 ausgewählten Ländern

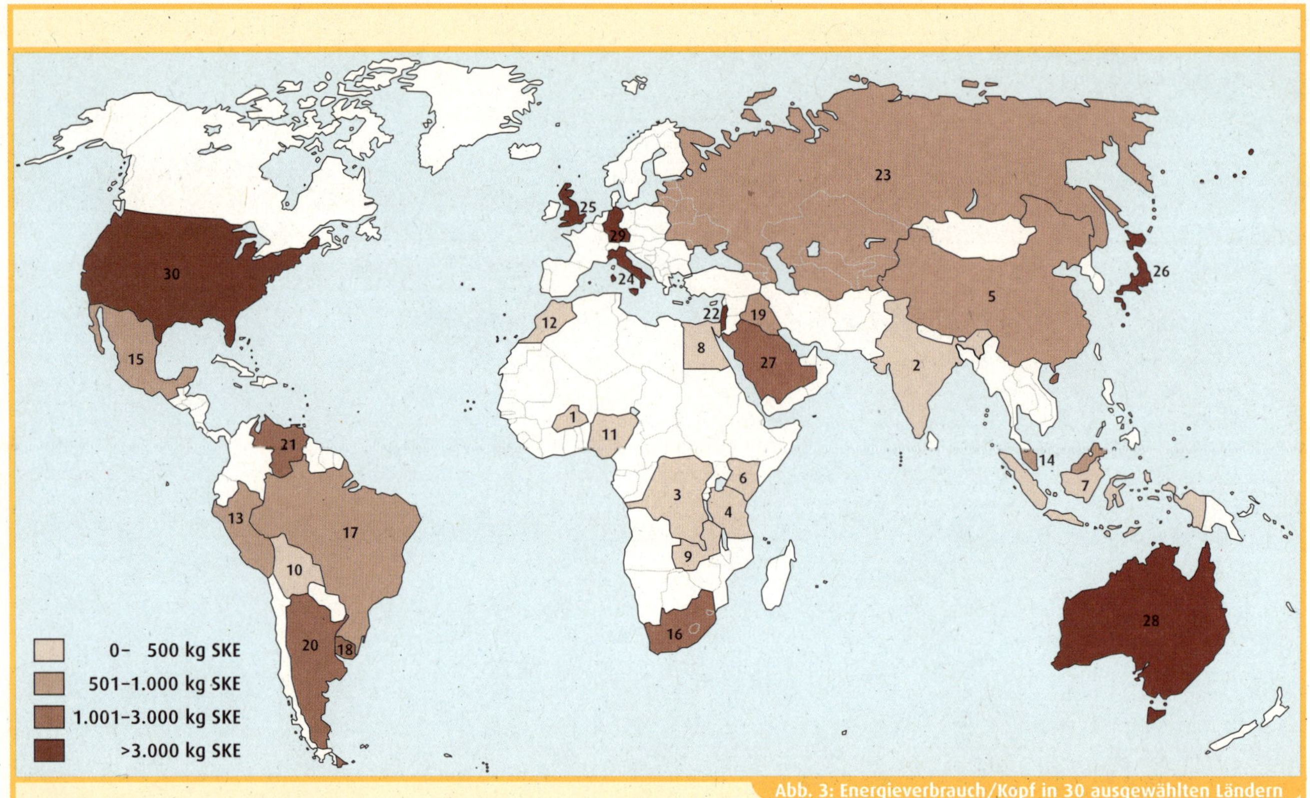

Abb. 4: BSP/Kopf und Anteil der Beschäftigten in der Landwirtschaft in 30 ausgewählten Ländern

3.2 Statistische Weiterverarbeitung

Berechnung des Korrelationskoeffizienten

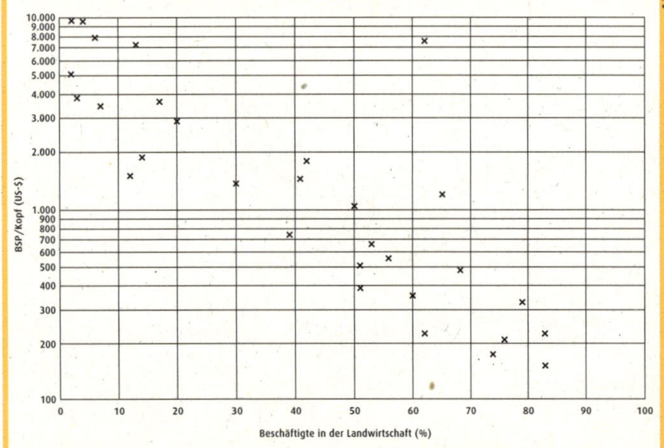

	BSP/Kopf (US-$)	Rang BSP/ Kopf	Beschäftigte in der Land- wirtschaft (%)	Rang Beschäft. in der LW	Differenz Rang BSP/ Kopf – Beschäft. in der LW	Differenz zum Quadrat
Indien	180	10	74	2	8	64
Kenia	330	9	79	1	8	64
Marokko	670	8	53	3	5	25
Südafrika	1.480	7	30	4	3	9
Israel	3.500	6	7	6	0	0
Italien	3.850	5	3	9	4	16
Japan	7.280	4	13	5	1	1
Australien	7.990	3	6	7	4	16
W-Deutsch-land	9.580	2	4	8	6	36
USA	9.590	1	2	10	9	81
Summe der Differenzen zum Quadrat:						312

$$R = 1 - \frac{6 \times 312}{1.000 - 10} = 1 - \frac{1.872}{990} = 1 - 1{,}89 = -0{,}89$$

Es besteht eine sehr starke negative Korrelation zwischen dem BSP/Kopf und dem Anteil der in der Landwirtschaft Beschäftigten. Das heißt: Je höher das BSP/Kopf, desto geringer ist der Anteil der in der Landwirtschaft Beschäftigten.

4. Bewertung

4.1 Zuverlässigkeit der Quelle: Die o. a. Quellen gelten als seriöse Quellen, wenn auch manche Werte – besonders aus Entwicklungsländern – nur Annäherungen sein werden. Außerdem gehen beim BSP weder der Produktionswert der Subsistenzwirtschaft noch der Produktionswert der Schattenwirtschaft ein. Trotzdem scheinen die Werte zum Vergleich der Lebensbedingungen brauchbar. HDI-Werte (Werte der menschlichen Entwicklung) würden noch aussagekräftiger sein.

4.2 Form der Angaben: Die Werte sind in US-$, in Prozent und in kg SKE (Steinkohleneinheiten) angegeben. Sie sind meistens umgerechnet, immer Durchschnittswerte und deshalb fast immer mit Fehlern behaftet. Ebenso verdecken Durchschnittswerte in einem Land die dortigen Unterschiede zwischen Gruppen und Regionen.

Karten verstehen, S. 80–88

Übung mit einer Weltkarte – Orte mit Längen und Breiten

Längenkreis	Breitenkreis	Ort/Gebiet
30° östl. Länge	30° nördl. Breite	Kairo
77° westl. Länge	47° nördl. Breite	Ottawa
18° östl. Länge	23,5° südl. Breite	Windhuk
104° östl. Länge	2° nördl. Breite	Singapur

Übung mit einer Europakarte – Städte mit Längen und Breiten

Längenkreis	Breitenkreis	Stadt
19° östl. Länge	51° nördl. Breite	Krakau
14° östl. Länge	41° nördl. Breite	Neapel
1° westl. Länge	45° nördl. Breite	Bordeaux
11° östl. Länge	60° nördl. Breite	Oslo
30° östl. Länge	60° nördl. Breite	St. Petersburg

Übung mit einer Deutschlandkarte – Höhenstufen von Bergen, Städten und Gebieten

Ort	Stufe in m ü. N. N.
Zugspitze	> 2 000 m
Feldberg im Schwarzwald	1 000–2 000 m
Brocken im Harz	1 000–2 000 m
Fuchskaute/Westerwald	500–1 000 m
Erfurt	200–500 m
Magdeburg	100–200 m
Greifswald	10–100 m
Eiderstedt	0–10 m
tiefstes Gebiet östlich von Bremerhaven	< 0 m

Je enger die Höhenlinien beieinander liegen, umso **steiler** sind dort die Flächen.

Je weiter die Höhenlinien auseinander liegen, umso **flacher** sind dort die Flächen.

Sich mit einer Wanderkarte orientieren, S. 89–94

Station 1: Sasbach
a) eine schmalspurige, eingleisige Bahn
b) ein Haltepunkt
c) 1 cm = 400 m
d) 2,5 cm = 1 km

Station 2: Am Fuß des Lützelbergs
a) 180 m ü. M.
b) 219 m ü. M.
c) 39 m
d) Wein
e) ja
f) ein kleiner Wald

Station 3: Auf dem Gipfel des Lützelbergs
a) Wyhl
b) Rhein und Grand Canal d'Alsace
c) auf einen alten Prallhang und auf eine Überschwemmungsebene des Rheins
d) 272 m ü. M.
e) 53 m
f) zuerst abwärts bis auf 200 m ü. M. und dann nur aufwärts

Station 4: Limberg
a) Limburg
b) ein Naturschutzgebiet
c) 96 m
d) Rhein, Grand Canal d'Alsace, Altrheinarme
e) eine große Eisen- oder Betonbrücke, die über den Rhein führt
f) eine Doppelschleuse
g) ein Wasserkraft- bzw. Laufkraftwerk mit Hochspannungsleitungen
h) nach Nord-Nord-Ost
i) eine Staatsgrenze
j) Frankreich
k) Service de la Navigation, Usine Electrique, Maison Forestière

Station 5: Entengrund
a) über einen Damm
b) ein nicht befahrbarer Damm
c) Nein, denn man sieht klar, wie der Rhein begradigt und zwischen Dämmen eingezwängt wurde.
d) 2 km
e) Das Kieswerk deutet darauf hin, dass hier Kies und Sand gebaggert wurden oder werden und dass die Kiesgrube sich mit Grundwasser gefüllt hat.
f) Terrassenablagerungen des Rheins

Station 6: Wyhl
a) eine Holzbrücke
b) Das Gebiet heißt „Altrhein", was besagt, dass dort früher der Rhein geflossen ist bzw. dass dort Nebenarme des Rheins flossen. Die vielen Gewässer und das sumpfige Gebiet, das durch die gestrichelten Flächen in der Karte deutlich wird, deuten darauf hin, dass es hier oft zu Überschwemmungen gekommen ist. Diese werden aber heute durch den hohen Damm am Rhein weitgehend zurückgehalten.
c) Das ist ein nicht befahrbarer Damm, vor dem der Mühlbach fließt. Der Damm ist sicher ein zweiter Schutzdamm, der Wyhl vor Hochwasser bewahren soll.
d) auf beiden Seiten etwa 173 ü. M.
e) Wyhler Mühle

f) Die Gruppe, die über die Hauptstraße fahren will, möchte die Rallye möglichst schnell beenden. Die Gruppe, die über den Mittelweg fahren will, möchte wahrscheinlich den Straßenverkehr meiden und lieber ungestört über Feldwege fahren. Sie hat aber vielleicht übersehen, dass sie doch noch ein größeres Stück über eine Hauptstraße fahren muss.

g) etwa 3 km

h) etwa 4 km

i) Nein, das Gebiet ist fast eben und liegt auf einer Höhe von rund 178 m ü. M.

j) Aus den Baggerseen wird Kies und Sand gefördert. Kies und Sand sind typische Flussablagerungen. Deshalb ist die Ebene wohl als ehemaliges Flussbett und heutige Flussterrasse des Rheins zu verstehen.

k) 5334.2 Hochwert und 3397.4 Rechtswert

Atlaskarten lesen, S. 95–101

Analyse der **geologischen Reliefkarte der Gebiete am Oberrhein**

1. Thema erfassen

Die Karte thematisiert die Geologie und das Relief.

2. Raum begrenzen

Die Karte umfasst die Gebiete am Oberrhein, die teils zu Deutschland, teils zur Schweiz und teils zu Frankreich gehören.

3. Maßstab beachten

Die Karte zeigt eine Maßstabsleiste, die 1,4 cm für 100 km angibt. Das ergibt einen abgerundeten Maßstab von 1 : 1,71 Mio.

4. Legende lesen

Die Legende unterscheidet zwischen dem ältesten paläozoischen Gestein, dem folgenden mesozoischen Gestein und dem jüngsten Gestein vom Tertiär bis zum Quartär.

Zum Paläozoikum zählen Granit und Gneis, vulkanische Decken, Karbone und ältere Ablagerungen und schließlich Rotliegendes aus dem Perm.

Das Mesozoikum gliedert sich vom Ältesten zum Jüngsten von Buntsandstein über Muschelkalk zum unteren, mittleren und oberen Keuper, zum Schwarzen, Braunen und Weißen Jura und schließlich zur Kreide. Außerdem gibt die Legende den Hinweis, dass das Mesozoikum ein Schichttafelgebirge bildet.

Im Tertiär wird zwischen Lockergestein und vulkanischem Gestein unterschieden. Außerdem zeigt die Legende noch für den Weißen Jura eine tertiäre Klifflinie an, also die Küste eines Tertiärmeeres.

Im Quartär wird eine Lössdecke, eine ältere und eine jüngere Endmoräne unterschieden. Schließlich folgen noch Lockergesteine des Pleistozän und Holozän.

In der Legende gibt es zwar keinen Hinweis auf die Darstellung des Reliefs. Dieses ist aber in der Karte leicht erkennbar.

5. Karteninhalte beschreiben

Die Hauptachse der Karte wird vom Oberrhein gebildet. Dieser fließt im Oberrheingraben, also einem grabenartigen Einschnitt zwischen den Randgebirgen. Direkt in Rheinnähe liegt holozänes Lockermaterial, das also in der Nacheiszeit vom Rhein abgelagert wurde. Weiter zum Gebirgsrand folgen pleistozäne, also eiszeitliche Ablagerungen und schließlich tertiäre, also voreiszeitliche Schichten, die in der Regel mit Löss bedeckt sind.

Der Fuß der Randgebirge wird durch eine scharfe Linie angezeigt, an der Schwarzwald, Vogesen, Pfälzer Wald und Odenwald steil emporsteigen.

Während die höchsten bzw. südlichen Teile von Schwarzwald und Vogesen, aber auch der Odenwald aus Granit und Gneis bestehen, werden der Nordschwarzwald, die Nordvogesen, der Pfälzer Wald und die östlichen Teile des Odenwaldes mit dem Spessart zusammen von Buntsandstein überdeckt. Dieser bildet am Ostrand des Pfälzer Waldes und auf der Westseite der östlichen Buntsandsteindecke jeweils eine steil ansteigende Stufe.

Während vor dieser Stufe in der Zaberner Senke sich Gesteine des Jura in tieferer Lage befinden, wird der ebenso tiefer gelegene Kraichgau vor allem mit Muschelkalk bedeckt. Den Nordpfälzer Wald bauen vor allem Rotliegendes aus dem Perm und ältere vulkanische Gesteine auf. Spiegelbildlich zeigen sich im Westen von Vogesen und Pfälzer Wald und im Osten von Schwarzwald und Odenwald mehrere Stufen. Mit diesen Stufen beginnt immer eine neue Schicht – nämlich nach dem Buntsandstein Muschelkalk vom Heckengäu bis zum Bauland, danach Keuper, Schwarzer, Brauner und schließlich Weißer Jura bis zu den Höhen der Schwäbischen Alb.

Am Bodensee zeigen sich vor allem Jungmoränen. Im Hegau liegt ebenso wie im Kaiserstuhl ein Vulkangebiet aus dem Tertiär.

6. Karteninhalte erklären

Die auffälligste Erscheinung ist der Oberrheingraben. Seine geradlinigen Ränder deuten auf Verwerfungen und sein Name deutet auf einen grabenartigen Einbruch. Nicht zuletzt weist der Vulkanismus im Kaiserstuhl auf eine Schwächezone in der Erdkruste hin.

Die holozänen Lockermaterialien im Rheingraben sind wohl als Schotterablagerungen vom Rhein und seinen Nebenflüssen zu deuten. Die Lössbedeckung lässt sich aus Staubverwehungen aus den in den Kaltzeiten des Holozäns trocken liegenden Sanden des Rheins erklären. Betrachtet man die Deckschichten über den ältesten Gesteinspaketen, so ist aus der Abfolge der Stufen und anschließenden Ebenen eine Schichtstufenlandschaft sowohl in Frankreich als auch in Deutschland leicht zu erkennen. Die Schichten fallen vom Rhein aus nach außen hin ab in größere Tiefen.

Dies lässt darauf schließen, dass die Schichten in Rheinnähe irgendwie einmal in eine größere Höhe gelangt sind und dass somit die Schichten nach Westen und nach Osten pultförmig abgesenkt wurden. Schließlich ist der zentrale Teil eingebrochen und hat damit den heutigen Oberrheingraben gebildet. Die älteren Gesteine müssten demnach in der Tiefe des Rheingrabens liegen. Durch dieses Zerbrechen der Erdkruste ist sicher auch der Vulkanismus im Kaiserstuhl und im Hegau zu erklären.

Auf der Schwäbischen Alb ist eine tertiäre Klifflinie eingetragen. Dies bedeutet, dass hier während des Tertiärs eine Meeresküste lag und dass die tertiären Ablagerungen sowohl im Alpenvorland als auch im Oberrheingraben Meeresablagerungen sein müssen.

Im Bodenseegebiet liegen zahlreiche Endmoränen. Ihre kranzförmige Anordnung um den Bodensee deutet darauf hin, dass ein Gletscher durch den Bodensee geflossen und noch weiter nach Nordwesten vorgedrungen ist und damit eine eiszeitliche Hügel- und Moränenlandschaft geschaffen hat.

7. Raumtypen bilden

Der Oberrheingraben kann als Grabeneinbruch angesprochen werden, die über den ältesten Gesteinen liegenden Decken als Deckgebirge bzw. wegen ihrer Morphologie als Schichtstufenlandschaft, die ältesten Gesteinsgebiete, die wohl noch im Untergrund der Decken weiterreichen als Grundgebirge, die eiszeitlich überformten Gebiete am Bodensee als Moränenlandschaft und schließlich gibt es noch die alten Vulkangebiete des Nordpfälzer Waldes und die jungen Vulkangebiete des Kaiserstuhls und Hegaus.

8. Eigenes Kartenlesen kritisch prüfen

Beispiel (individuell unterschiedliche Antworten):

8.1 Habe ich die Karte systematisch analysiert?

Ich hätte zwar zuerst das Relief und dann den Gesteinsaufbau beschreiben können, ich glaube aber, dass mein Weg auch ein systematischer Weg ist.

8.2 Habe ich die Karte ausführlich genug beschrieben?
Möglicherweise hätte man noch mehr ins Detail gehen können,
z. B. die Unterscheidung zwischen Granit und Gneis oder zwischen unterem und oberem Keuper.

8.3 Habe ich etwas übersehen?
Beim letzten Überblick über die Karte sehe ich, dass ich den Huns-
rück mit seinen paläozoischen Gesteinen nicht erwähnt habe.

8.4 Hatte ich für meine Erklärung sichere Argumente?
Als Argument aus der Karte hatte ich nur das Relief, teilweise die
Gesteinsart und immer das Alter des Gesteins. Eigentlich muss
man schon die Namen der geologischen Perioden kennen und
viel über die Erdgeschichte wissen, um die Karte annähernd richtig deuten zu können.

**8.5 Welche weiteren Quellen sollte ich darüber hinaus zu Rate zie-
hen?**
Eigentlich müsste ich meine Beschreibung und Erklärung noch
einmal mit einer wissenschaftlichen Abhandlung über die Erdgeschichte im Gebiet des Oberrheins vergleichen.

Aufgabe 2 (Lösungsvorschlag)

1. Ausgangsfrage
Wie kommt es zur Entstehung verschiedener Talformen?

2. Hypothesen
Hypothese 1: Bei geringen und sanften Niederschlägen versi-
ckert der Niederschlag und es kommt zu keiner Bodenerosion.
Hypothese 2: Bei stärkeren und längeren Niederschlägen sammelt sich der Regen in kleinen Rinnsalen und trägt dort den
Boden ab. Dabei kommt es zu kleineren, linienhaften Vertiefungen.
Hypothese 3: Bei starken Niederschlägen sammelt sich viel
Wasser in allen Vertiefungen. Je mehr Wasser zusammenkommt
und je schneller das Wasser fließt, umso mehr schneidet es sich
in die Erde ein. Starkes Gefälle verstärkt die Erosion. So entstehen tief eingeschnittene Täler wie z. B. Kerbtäler.

3. Versuchsaufbau
Ein Sandhaufen auf einer ebenen Fläche (im Schulhof, im Garten oder
in einem Sandkasten) soll eine Landschaft darstellen. Mit einem Was-
serschlauch oder einer Gießkanne werden geringe, kurze, starke und
längere Niederschläge simuliert.

4. Versuchsdurchführung
Versuch 1: Bei einem dünnen und kurzzeitigem Wasserstrahl ver-
sickert das Wasser im Sand. Es kommt zu keiner Abtragung.
Versuch 2: Bei einem stärkeren und länger andauernden
Wasserstrahl kommt es zu einer beginnenden Zertalung des
Sandberges.
Versuch 3: Bei einem starken Wasserstrahl schneidet das Wasser
tiefe Täler in den Sandberg. Wo der Berg am steilsten ist, schnei-
det sich das Wasser am tiefsten ein.

5. Hypothesen überprüfen
Alle drei Hypothesen haben sich als richtige Vermutungen erwiesen.

6. Vergleich mit der Wirklichkeit
In der Natur kann man viele Phänomene entdecken, die den Ergeb-
nissen der Experimente entsprechen: flächenhafte Abtragung und
Ablagerung, linienhafte Erosion in Form von Schluchten, Kerbtälern,
Kastentälern und Muldentälern, Prall- und Gleithänge, Mäander, Fluss-
terrassen, ...

1. Quelle: Der Spiegel

2. Datum: 24.02.2001

3. Interviewer: Journalist Rüdiger Falksohn

4. Interviewter: Ministerpräsident der Balearen-Region Antich

5. Thema: Überfremdung durch deutsche Dauergäste

6. Geographischer Raum: Balearen (Mallorca, Menorca, Ibiza, For-
mentera), am Rande auch Sardinien, Sizilien, Korsika, Spanien,
Osteuropa, Nordafrika und Deutschland

7. Teilthemen
- Zustrom ausländischer Residenten und fremden Geldes
- Zustrom ausländischer Touristen und Arbeitskräfte
- Aufnahmekapazität der Balearen
- Steuerung durch Raumplanung
- Mallorca-Image und Wahrung der einheimischen Kultur
- Die Mittelmeerinseln als Soziallabor und Treffpunkt der Kul-
  turen
- Erhöhung der Preise durch verstärkte Nachfrage
- Brücke zwischen dem reichen Norden und dem armen Süden
- Sprach- und Besitzprobleme
- Radikalismus und Fremdenfeindlichkeit
- Regionalpolitik der westlichen Mittelmeerinseln
- Herausforderungen: Zuwanderung, Wassermangel, Müllberge,
  Rückgang der Lebensqualität

8. Frageverhalten des Interviewers
Das Frageverhalten des Journalisten ist teils an Inhalten orientiert,
teils aber auch provokativ. Er fragt nach den o. a. Teilthemen, er pro-
voziert aber auch den Interviewten, indem er ihn z. B. auf seine
Amtszeit hinweist und behauptet, es habe sich ja doch noch nichts
geändert, und indem er ihn am Ende des Interviews fragt, ob er nicht
aus seiner Heimat fliehen möchte. Seine Sprache ist zum Teil auch
sehr drastisch. So spricht er von den „Horden aus dem Norden" mit
ihrer „Remmidemmi-Kultur" und vom „Ausverkauf" der Inseln.
- **aktiv fragend:** Der Journalist fragt sehr aktiv und herausfor-
dernd und lenkt das Gespräch vor allem auf Probleme, weniger
auf Erfolgreiches oder Schönes auf den Balearen.
- **reaktiv auf Antworten eingehend:** Der Journalist greift immer
die Antworten des Interviewten auf und benutzt diese zu neuen
herausfordernden Fragen.
- **nicht Erfragtes zulassend:** Der Interviewte hat nur wenig
Gelegenheit, eigene Ideen und Informationen neben der
Beantwortung der gestellten Fragen einzubringen.
- **wertend:** Der Journalist wertet sehr oft – allein schon durch
seine Wortwahl wie „Invasion" statt „Einwanderung", „Horden
aus dem Norden" statt „Touristen" oder „Remmidemmi-Kultur"
statt „Urlaubsverhalten".

9. Antwortverhalten des Interviewten
- **sachlich informierend:** Der Ministerpräsident antwortet stets
sachlich und informierend – insbesondere bezüglich der oben
unter „Teilthemen" genannten Inhalte.
- **Sprache/Verständlichkeit/Sachbegriffe:** Seine Sprache ist
verständlich, allerdings wird sie höchstwahrscheinlich vom
Journalisten aus dem Spanischen übersetzt worden sein. Er formuliert auch gemäßigt und spricht z. B. von „Integrations-
problemen" statt von „Ausländerproblemen".

– **auf Fragen reagierend:** Er reagiert auf jede Frage und versucht sie kurz und präzise zu beantworten.

– **nicht Erfragtes aktiv vortragend:** Neben den Antworten auf die gestellten Fragen gibt der Ministerpräsident keine zusätzlichen Informationen. Er hat aber auch wegen der gezielten und teils provokativen Fragen kaum Gelegenheit dazu.

– **wertend:** Der Ministerpräsident wertet sehr oft. Er bezeichnet z. B. die Zahl der Dauergäste auf Mallorca als moderat, die Aufnahmekapazität der Insel für Touristen als Kernproblem. Er fordert das ungehemmte Wachstum zu bremsen, die einheimische Kultur zu schützen, Radikalismus zu bekämpfen und die Zusammenarbeit der Mittelmeerinseln zu fördern.

Fragebogen beurteilen und erstellen, S. 118–128

1. Begleitschreiben
1.1 Absender: vorhanden –> Modellklasse ...
1.2 Thema: vorhanden –> Kennst du deine Nachbarn?
1.3 Anrede: vorhanden –> Liebe Schülerinnen ...
1.4 Begründung der Befragung: vorhanden –> Dort, wo Deutschland, Frankreich und die Schweiz aneinandergrenzen, ist es aufgrund der guten Kontaktmöglichkeiten wichtig, etwas über das nachbarschaftliche Verhältnis zu erfahren.
1.5 Unterstützung und Erlaubnis: Es werden Institutionen genannt, die die Untersuchung unterstützen.
1.6 Datenschutz: Den Befragten wird Anonymität zugesichert.
1.7 Anleitung zu konkreten Tätigkeiten: Die Befragten erfahren, was sie tun müssen, nämlich in die Kästchen Kreuze machen, die ihre Meinung widerspiegeln. Ihnen wird gesagt, was sie tun sollen, wenn sie eine Frage nicht beantworten können oder wollen, nämlich in das Feld „keine Antwort" ein Kreuz machen.
1.8 Zeitangabe: Es wird angegeben, dass das Ausfüllen ca. fünf Minuten dauert.
1.9 Dank und Unterzeichnung: Der Brief schließt mit einem Dank ab und ist von jemandem unterschrieben worden, der auch gleichzeitig für die Untersuchung verantwortlich ist.

2. Fragen
2.1 Hinführung zur Frage: Es wird auf die Verbundenheit der Menschen zu verschiedenen geographischen Räumen hingewiesen.
2.2 Handlungsanweisung: Die Befragten sollen in das Kästchen ein Kreuz machen, das ihre Meinung widerspiegelt.
2.3 Hinweis bei Nichtbeantwortung: Der Befragte erfährt, dass er ein Kreuz in das Kästchen „keine Antwort" machen kann, wenn er die Frage nicht beantworten will oder kann.
2.4 Abfolge der Fragen: Der Auszug aus dem Fragebogen zeigt zwei Themenbereiche:
– Fragen zur Verbundenheit mit geographischen Räumen
– Fragen zu Selbst- und Fremdbildern.
Bei der Verbundenheit mit geographischen Räumen beginnt die Frageliste mit der Verbundenheit mit Deutschland. Es wird davon ausgegangen, dass eine klare Vorstellung darüber besteht und deshalb als „Anker" für die übrigen Verbundenheiten dienen kann. Es könnte sein, dass die Gewichte anders ausfallen, wenn die erste Frage z. B. die Frage zur Verbundenheit mit der eigenen Wohngemeinde wäre.

3. Angaben zur Person
3.1 Allgemeine Angaben zur Person: Es werden Fragen zur Nationalität, zum Alter und zum Geschlecht gestellt.
3.2 Spezielle Angaben zur Person: Es werden sehr konkrete Fragen gestellt zu:
– Sprachkenntnissen
– Schulleistungen
– Wechsel von Wohnorten
– Auslandsreisen
– Schulbesuch der Eltern usw.

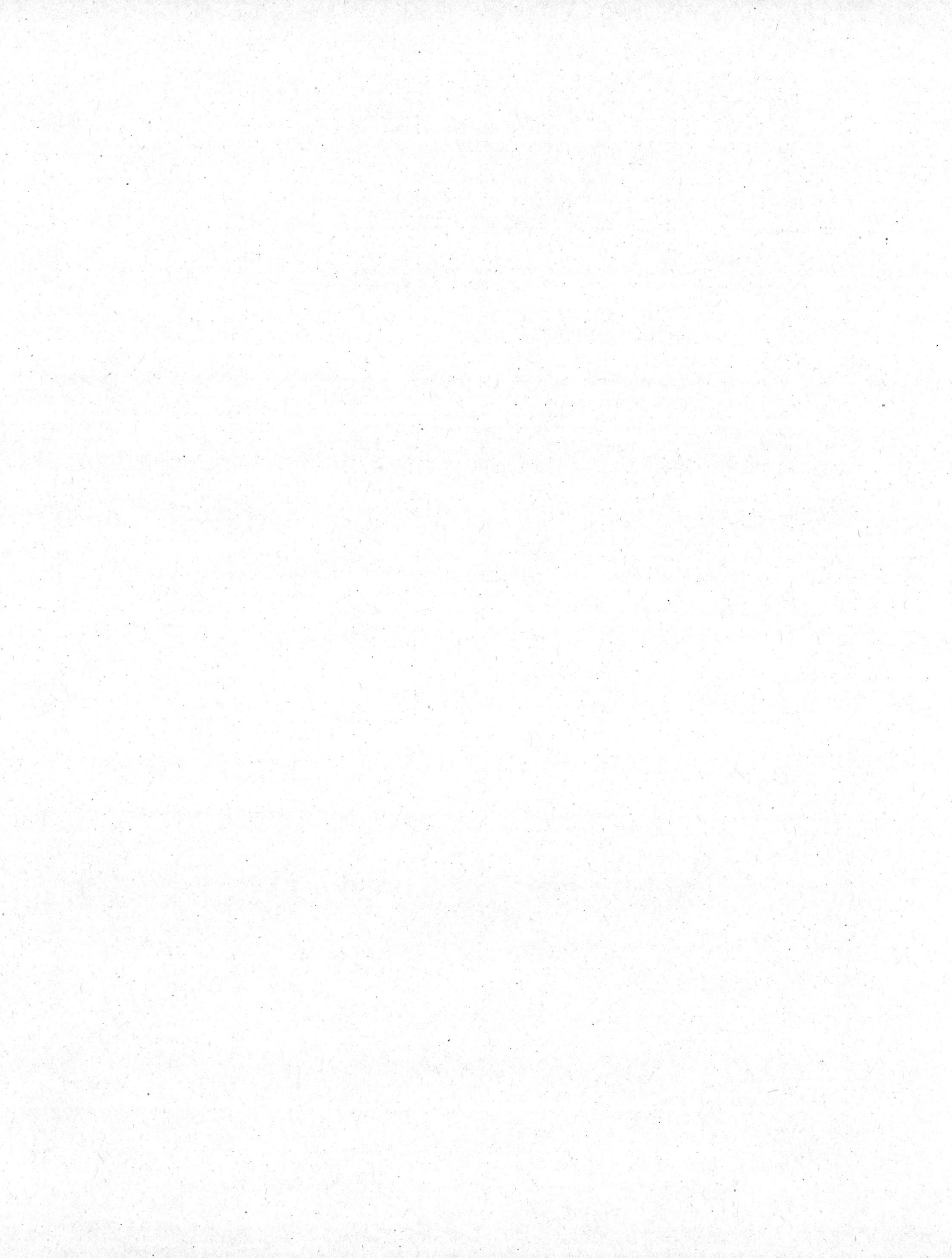